Studien zur Geschichte.

Altertum – Mittelalter – Neuzeit

von Rolf Helfert

vierte Neuauflage

2026

Inhalt

1

2

1. Einleitung

Dieses Buch enthält neun Texte, die zwischen 2006 und 2024 einzeln veröffentlicht worden sind [*]. Zwei betreffen das Altertum: der 3. punische Krieg und die Spätantike der Zeit um 400. Die Abhandlungen über Kaiser Ludwig IV. und Kaiser Sigismund beinhalten Themen zur mittelalterlichen Geschichte. Mallorcas Vergangenheit berührt Altertum, Mittelalter und Neuzeit.

Auf bisher größtenteils unbekannten Archivalien zur preußisch-deutschen Geschichte basieren die letzten vier Beiträge: König Friedrich Wilhelm II., Antisemitismus, Hochverrat, preußischer Heeres- und Verfassungskonflikt. In allen Studien geht es vor allem um die Analyse.

Dem interessierten Laien sollen Erkenntnisse, die über den Rahmen des jeweiligen Themas hinausgehen, geboten werden. Wie das gemeint ist, wird im Folgenden näher ausgeführt.

Roms grausamster Feldzug. Die Zerstörung Karthagos im 3. punischen Krieg

Unerhört brutal machte Rom das längst entmachtete Karthago 146 v. Chr. dem Erdboden gleich. Dank der Unerbittlichkeit seines Staats- und Machtbewusstseins avancierte das kleine Rom zur Weltmacht. Trotz vieler Siege

---

[*] Jeder Text erschien als Ebook. Der Aufsatz über den Förster Hedemann steht auch in: Landesgeschichtliche Vereinigung für die Mark Brandenburg, Heft 2, 2018. Das Online-Portal „Arbeitskreis Zukunft braucht Erinnerung" hat 2017 den Beitrag über die „Hepp-Hepp"-Unruhen in Danzig veröffentlicht.

Hannibals zerbrach Karthago an der römischen Staatsräson.

Angesichts des brennenden Karthagos soll Scipio Aemilianus Roms Untergang prophezeit haben. Tatsächlich fielen die Römer der immanenten Dialektik ihrer eigenen Eroberungen zum Opfer. Das riesengroße und kulturell gespaltene Imperium musste diktatorisch regiert werden, um nicht auseinander zu fallen.

Die vom Kaisertum verdrängten Staats- und Bürgertugenden fehlten bei der Abwehr äußerer Gefahren. Scipios Prophezeiung ging 600 Jahre später in Erfüllung.

West- und Ostrom am Scheideweg. Galla Placidia und Synesios von Kyrene

Sobald vom „Untergang Roms" gesprochen wird, ignorieren viele, dass die Osthälfte des Reiches noch 1000 Jahre länger existierte. Warum besiegten die Germanen Westeuropa, nicht aber Ostrom? Gelingt es, diese Frage zu beantworten, die den Hebelpunkt meiner Analyse bildet, dann ist der katastrophale Absturz des Westens erklärt.

In Konstantinopel forderte der Philosoph Synesios, germanische Invasoren energisch zu bekämpfen. Hingegen repräsentierte die Kaisertochter Galla Placidia einen Wandel, der das Abendland tief prägen sollte, die sogenannte „römisch-germanische Synthese". Religiöse Differenzen bewirkten nicht bloß die jeweils verschiedene Germanenpolitik der beiden Reichsteile. Dem Zerfall Westroms folgte sogar eine neue geschichtliche Epoche.

Kaiser Ludwig IV. Analyse eines verhängnisvollen Herrschers

Schwach verwurzelt ist die nationalstaatliche Tradition der deutschen Geschichte. Ottonen, Salier und Staufer wollten das Römische Imperium erneuern und Europa dominieren. Doch die breit gefächerte Staatenwelt des Abendlands passte nicht zur anachronistischen Rom- und Italienpolitik, die alle Kaiser überforderte, bis das Reich etwa 1250 kollabierte. Am Ende unterjochten zahllose Fürsten die ins Elend gefallenen Deutschen. Der Griff nach dem leeren Himmel bedingte das Scheitern auf Erden.

Ludwig IV., der 1314 das Königsamt erlangte, versuchte gar nicht erst, einen Frühnationalstaat zu schaffen, sondern wiederholte die Fehler seiner Vorgänger, insofern der Bayer die fatale Rompolitik erneuerte, wodurch er das Papsttum zu einem Kampf herausforderte, den kein deutscher Monarch gewinnen konnte und Ludwig vom Kurfürstenstand abhängig machte. Kläglich misslangen sein Italienzug und die Territorialpolitik. Das Unglück deutscher Geschichte ist am Beispiel Ludwigs, der staatsmännisch total versagte, gut darzustellen.

Dennoch preisen deutsche Historiker des Kaisers Torheiten statt sie zu analysieren. Die Geschichte der Staatskunst verdient größte Beachtung. Wie schlecht es damit in deutschen Landen aussieht, soll dieser Beitrag offenlegen.

Kaiser Sigismund. Der gescheiterte Universalmonarch

Kaiser Sigismund, eine der wichtigsten Gestalten des deutschen Mittelalters, lebte von 1368 bis 1437 und stand lange im Schatten des historischen Interesses. Im Zeitalter der großen Reformkonzilien restaurierte er die Einheit der Papstkirche, statt deren Schwäche zu nutzen und eine reformierte deutsche Landeskirche auf den Weg zu bringen. Als Verbündeter des Papstes ließ er den Kirchenkritiker Jan Hus ermorden und entfesselte dadurch die Hussitenkriege. Mit alledem trug Sigismund zur Katastrophe der religionspolitischen Spaltung Deutschlands im 16. Jahrhundert maßgeblich bei.

Die Geschichte Mallorcas. Ein Blick auf 10 000 bewegte Jahre

Erläutert wird die fast zehntausendjährige Kulturgeschichte einer berühmten Insel. Der Leser gewinnt Einblicke in historische Besonderheiten Spaniens.

Obwohl Mallorca integral zur Geschichte Spaniens gehört, pflegt es seine Identität und bewahrt relative Autonomie. In dieser schöpferischen `Pendelbewegung` gedeiht Mallorcas Anziehungskraft.

„Räsonieren" verboten! Das „Sklavenjoch" in der preußischen Armee und die Niederlage von 1806

Analysiert wird das Preußen Friedrich Wilhelms II. Der Ausgangspunkt sind die barbarischen Misshandlungen preußischer Soldaten durch ihre Vorgesetzten. Untersucht wird auch die enge Verbindung zwischen Militärverfassung und Monarchie in Preußen vor dem Hintergrund der

Französischen Revolution. Bisher unbeachtete Archivalien wurden ausgewertet.

"Todesurteil" gegen Juden. Die "Hepp-Hepp"-Unruhen in Danzig 1819

Keineswegs darf man die antijüdischen Tumulte in Danzig 1819 isoliert betrachten. Damals erfassten die "Hepp-Hepp"-Exzesse mehrere Städte in Deutschland und stellten eine historische Zäsur dar.

Das pogromartige Ereignis fungierte als Transformator zwischen altem und neuem Judenhass. Schrittweise wurde der religiöse Antijudaismus des Mittelalters in den Rassenantisemitismus, der eine unwandelbare jüdische `Natur` behauptete, umgeformt und verweltlicht.

Der Förster als "Hochverräter". Die Tatsachen im Fall Hedemann

Nahezu unbekannt war bisher Carl von Hedemann, der 1821 in Westpreußen vier Städte besetzen und nur herausgeben wollte, wenn Friedrich Wilhelm III. eine Verfassung erließ. Gemessen an deutscher Bravheit plante Hedemann, wie der Staatskanzler Hardenberg betonte, eine "verwegene" Rebellion.

Angsterfüllt knickte Hedemann jedoch ein und ließ die Umsturzideen fallen. Trotzdem wurde er – auch auf Initiative Hardenbergs – zu lebenslanger Festungshaft verurteilt. Schon bald wandelte er sich zum eifrigen Untertanen und wollte sogar der Geheimpolizei beitreten. Die Obrigkeit zerbrach Hedemann seelisch – und er hat sich brechen lassen.

Einheit, Freiheit, Militärreform. Der preußische Hee-
res- und Verfassungskonflikt

Dieser erstmals Anfang 2006 veröffentlichte Text syn-
thetisiert und erweitert zwei vorherige Publikationen des
Autors zum gleichen Thema: 1) Der preußische Liberalismus und die Heeresreform von 1860, Bonn 1989. 2) Die
Taktik preußischer Liberaler von 1858 bis 1862, in: Militärgeschichtliche Mitteilungen, Band 53, Heft 1, 1994.

Lange Zeit wurde angenommen, dass preußische Liberale die Heeresreform von 1860 abgelehnt hätten, weil sie
ihre Verfassungsrechte durchzusetzen hofften.

Unsere Historiker ignorierten, dass die meisten liberalen
Abgeordneten 1860 und 1861 die Heeresreformkosten
„provisorisch" bewilligt hatten, *bevor* 1862 der Konflikt
anfing. Fast alle Liberalen akzeptierten 1860 die Heeres-
vermehrung; sie wollten es der preußischen Regierung ermöglichen, Deutschland zu vereinigen. Drohten Kriege
gegen Dänemark und Österreich, war militärische Tüch-
tigkeit gefragt.

Erst die Stagnation der preußischen Außenpolitik enttäuschte die nationalen Erwartungen der Liberalen. Deshalb verwarfen sie 1862 mehrheitlich die Heeresreformkosten. Der Streit um das Budgetrecht resultierte aus dieser Entscheidung, verursachte sie aber nicht. Otto von Bismarck, fälschlich als „Reaktionär" abqualifiziert, wurde
nicht zugetraut, dass er beabsichtige, die deutsche Einheit
herbeizuführen. Den wichtigsten Schlüssel zum Verständnis der Konfliktszeit beinhalten die beiden „Provisorien".

Quellenbasis und Analyse des hier veröffentlichten Beitrags beruhen wesentlich auf der Publikation von 1994. Insofern liegt eine veränderte und ergänzte Neuauflage jenes Textes vor. Weitere unbekannte Quellenaussagen, jüngere Sekundärliteratur, auch neue analytische Gesichtspunkte habe ich eingearbeitet oder alte präzisiert.

Letzteres gilt beispielsweise für das Problem der dreijährigen Dienstzeit. Zahlreiche Historiker behaupten, dass die Verlängerung der Dienstzeit den Konflikt maßgeblich hervorgerufen habe. Aber die dreijährige Dienstzeit war bei der zweimaligen „provisorischen" Bewilligung der Heeresreform mit eingeschlossen. Auch später hätte die Mehrheit des Parlaments die neue Dienstzeit hingenommen, wären Bismarcks außenpolitische Ziele bekannt gewesen. Folgerichtig haben die meisten Liberalen *nach* Königgrätz trotz der dreijährigen Dienstzeit eine Indemnität erteilt.

Zu erörtern ist auch die Frage der zeitweiligen (vermeintlichen) Abdankungsgedanken Wilhelms I. Der irrige Vergleich zwischen Bismarcks Preußen und der englischen Stuartzeit wird ebenso untersucht wie die Bedeutung der Indemnität. Nicht zuletzt sind die dreisten Lügen der Ära Adenauer zu kritisieren, in welcher die Erkenntnis schwand, dass die Selbstbestimmung eines Volkes den Nationalstaat voraussetzt. Einheit und Freiheit benötigen sich wechselseitig.

2. Roms grausamster Feldzug. Die Zerstörung Karthagos im 3. punischen Krieg

Dem Menschen aber macht es Freude,
seinen Mitmenschen zugrunde zu richten.

Seneca

Der Weg in die Katastrophe

„Laut schreiend" rissen die karthagischen Gesandten „die Hände empor" und schleuderten „erbitterte Flüche den Römern ins Gesicht". Sie „warfen sich auf die Erde und schlugen sie mit ihren Händen und Häuptern; manche „rissen sich sogar die Kleider vom Leibe und zerfleischten ihren Leib, man hätte sie für wahnsinnig halten können".

Zuvor hatte der Konsul Censorinus das Todesurteil über Karthago verkündet. „Denn diese eure Stadt", sprach er, „wollen wir von Grund auf zerstören!" Drei Jahre später, 146 v. Chr., wurde das blühende Karthago eingeäschert.

Warum dies geschah, ist umstritten, zumal nur (oft bruchstückhafte) römische Berichte vorliegen. Die Landmacht Rom und das maritime Karthago der Fernhändler hätten sich arrangieren können. Mehr als 200 Jahre lang, von 508 bis 278 v. Chr., regulierten Verträge die beiderseitigen Einflusssphären.

Der erste punische Krieg begann, weil Rom die zugesicherte Integrität Siziliens nicht anerkannte. Ebenso willkürlich entfesselten die Herrscher am Tiber den zweiten Krieg; erneut ignorierten sie gültige Vereinbarungen.

Dank seines Staatsbewusstseins behielt Rom jedes Mal die Oberhand. Der Senat befehligte Bürgerheere, während Karthago Söldner einsetzte, die nur bei der Fahne blieben, wenn sie Geld erhielten. Jahrelang meuterten die Söldner und hätten Karthago beinahe ruiniert.

Auch war Roms Verfassung flexibler und sozial durchlässiger gestaltet als die karthagische. Mittels eines abgestuften Bürgerrechts und relativer Freizügigkeit der „Bundesgenossen" funktionierte der römische Staat gut. Karthago behandelte seine Bundesgenossen wie „Untergebene"; im Krieg neigten sie zur Treulosigkeit.

Trotz schwerer Niederlagen gab Rom nie auf. Hannibal verkannte die mentale Härte der Römer. Freilich wohnte dem römischen Denken eine fürchterliche Kehrseite inne. Nicht einmal Hannibal gedachte Rom zu vernichten; der Senat aber duldete keine Konkurrenz.

Verlorene Schlachten belasteten die Punier weit stärker. Hannibals Vater, Hamilkar, bemängelte, dass Karthago 241 v. Chr. den Kampf vorzeitig abgebrochen habe. Nach dem Ende des zweiten punischen Kriegs verpflichtete Hannibal die karthagische Oberschicht, öffentliche Projekte zu finanzieren. Jedoch verrieten die Oligarchen Hannibal an Rom und stellten ihre Eigensucht über das Wohl des Staates.

201 v. Chr. nahmen die Punier drakonische Friedensbedingungen hin. Alle nichtafrikanischen Ländereien mussten sie preisgeben. Binnen 50 Jahren hatten die Karthager 10 000 Talente Silber zu entrichten. Fast jedes Kriegsschiff verloren sie. Zwar blieb Karthago unabhängig, durfte aber

nur innerhalb Afrikas Krieg führen und benötigte hierzu Roms Erlaubnis. Garantiert wurde der verbliebene karthagische Besitzstand. Allerdings sollte der Numiderkönig Masinissa nicht genannte punische Territorien erhalten. Karthago war keine Großmacht mehr.

Masinissa und Cato

Dennoch gedieh das Restreich demographisch genauso wie ökonomisch. Schon 191 v. Chr. wollte Karthago die noch ausstehende Reparationssumme begleichen und weckte deshalb in Rom das Unbehagen.

Häufig okkupierte Masinissa karthagisches Gebiet; parteiische „Schiedssprüche" der Römer legitimierten solche Gewaltakte. Weil der skrupellose Numider das gesamte punische Land beanspruchte, obsiegten in Karthago jene, die verlangten, Masinissa zu bekämpfen.

Faktisch gab es für die Punier nur zwei Varianten des Untergangs: entweder vereinnahmte sie Masinissa oder Rom intervenierte. Als der unersättliche König 153 v. Chr. das Bagradastal begehrte, hielt Rom Karthago so lange hin, bis Numidien erneut triumphiert hatte.

Dann kam eine senatorische Delegation unter Marcus Porcius Cato. Die Karthager beklagten das Vorgehen Masinissas und lehnten weitere römische Schiedssprüche ab. Catos Argusaugen erspähten die Wirtschaftskraft des Gegners; er forderte nun Karthagos Zerstörung.

Als Masinissa 150 v. Chr. eine karthagische Stadt belagerte, griffen die Punier zur Waffe, ohne Rom gefragt zu haben. Ihr Feldherr Hasdrubal zog mit 58 000 Mann gegen Numidien; sie wurden völlig geschlagen.

Angsterfüllt versuchten die Punier, Rom zu besänftigen, verurteilten Hasdrubal zum Tode, schickten Gesandte in die Tiberstadt. Der Senat erwartete eine unbestimmte „hinreichende Genugtuung": der Friedensvertrag sei gebrochen. Zuvor hatte jedoch Rom den rechtswidrigen Landraub Masinissas gebilligt.

Jetzt beschlossen die meisten Senatoren, Karthago auszulöschen. Ihre Entscheidung hielten sie geheim und erklärten 149 v. Chr. Karthago `nur` den Krieg. Rom wollte die Punier nicht zum Verzweiflungskampf provozieren. Die Konsuln Marcus Manilius und Lucius Marcius Censorinus versammelten 84 000 Legionäre.

Die Entwaffnung

Punische Gesandte baten den Senat um Frieden. Karthago dürfe unabhängig bleiben, sagten die Römer, wenn es 300 vornehme Söhne als Geiseln übergebe. Außerdem seien weitere, noch unbekannte Forderungen zu erfüllen. Heimlich wurden Manilius und Censorinus angewiesen, Karthago zu vernichten.

Die Punier, friedenswillig und naiv, durchschauten die Bosheit der Römer nicht, sondern lieferten hunderte Kindergeiseln aus. Bei deren Einschiffung klammerten sich ihre Mütter „mit rasendem Wehgeschrei an die Kleinen". Manche der Frauen „schwammen weit ins Meer hinaus und begleiteten die Schiffe, tränenüberströmt und den

Blick auf die Kinder gerichtet". Andere Mütter „schlugen sich auf die Brust, als wenn sie bereits Tote betrauerten".

Zunächst wurden die römischen Truppen in das nordafrikanische Utica verlegt. Dort sollten die Karthager erfahren, wie der Krieg zu beenden sei. Utica hasste Karthago und kollaborierte mit Rom. Vergeblich beschworen die Punier in Utica die „Milde und Mäßigung" des Todfeindes. Das entmachtete Karthago habe keine Schiffe und betraure 50 000 im Krieg gegen Masinissa gefallene Soldaten. Warum schickte Rom ein großes Heer? Der Senat versprach Freiheit und Selbstständigkeit!

Wenn Karthago den Frieden wolle, entgegnete Censorinus, möge es sein gesamtes Kriegsgerät herausgeben. Und Karthago legte die Rüstungen für 200 000 Mann, 2000 Katapulte, unzählige Lanzen sowie Speere dem Feind vor die Füße. Nur die 20 000 Mann des Hasdrubal standen noch unter Waffen.

Censorinus lobte den „willigen Gehorsam" der Karthager; gleich im nächsten Satz verkündete er das Todesurteil! Ihre Stadt sollten die Punier räumen und künftig im Binnenland siedeln. Wie oben erwähnt, verfluchten jene so schmählich Betrogenen die Römer.

Hunderttausende konnten nicht auf bloßer Erde existieren: Rom plante einen Genozid. Unmöglich sei es, betonten die Karthager, „Männer auf das Festland zu verpflanzen, die vom Meer leben". Schont die Stadt, flehten sie, „die euch kein Leid angetan hat, tötet dafür uns, bitte, die ihr uns umsiedeln wollt!"

Arglistig behaupteten die Römer, dass Karthago erklärt habe, sich jeder Forderung zu beugen. Aber Karthago hatte „frei und unabhängig" bleiben sollen; auch handelten die Punier in dem Glauben, dass der Frieden wiederherzustellen sei.

Karthago bäumt sich auf

Sobald man in Karthago die Absichten der Römer kannte, begann ein „blindwütiges, rasendes Toben". Wer verlangt hatte, Geiseln und Waffen auszuliefern, wurde erschlagen. „Ein ans Wunderbare grenzender Stimmungsumschwung" beseelte das nun kampfbereite Volk.

Rehabilitiert kehrte Hasdrubal zurück. Sklaven erhielten die Freiheit; in pausenloser Tag- und Nachtarbeit schmiedete man Waffen und baute Schiffe. Da die Konsuln den wehrlosen Gegner nicht ernstnahmen, gönnten sie sich Zeit, die Karthago nutzte. Ungeachtet schwerster Bedingungen widerstanden die Punier drei Jahre lang. Große Festungsanlagen, die freilich am Handels- und Kriegshafen vernachlässigt waren, schützten sie.

Manilius und Censorinus erstürmten weder Karthago noch bezwangen sie Hasdrubal. Dem Hasdrubal, der zunächst außerhalb Karthagos kämpfte, unterlag Manilius sogar. Publius Scipio Aemilianus, damals Militärtribun, regelte nach Masinissas Tod die Erbfolge in Numidien. Fortan leistete König Gulussa Rom militärische Hilfe. Auch bewog Scipio den karthagischen Reiteroffizier Phameas mit etwa 2000 Soldaten zur Fahnenflucht.

Die nächsten Konsuln, Calpurnius Piso und Lucius Mancinus, belagerten meist erfolglos Städte, die Karthago unterstützten. Der numidische Offizier Bithyas und 800 Reiter liefen zu Karthago über. Laut Appian gewannen die Punier „Selbstvertrauen, Mut und Ausrüstung". Hasdrubal
erhielt das Amt des Kommandanten.

Scipio

Doch nun stieg Scipio trotz seines jungen Alters zum Konsul auf, befreite den Mancinus aus einer gefährlichen Situation, reorganisierte auch das Heer des Piso. Kurzzeitig
drang Scipio in Karthago ein: wegen der unklaren Lage
befahl er den Rückzug. Hasdrubal ließ gefangene Römer
foltern und „lebend von der Stadtmauer herunterwerfen".

Jetzt wollte Scipio Karthago aushungern; wenige Schiffe
brachten der Stadt noch Lebensmittel. Daher ließ Scipio
vor der Hafeneinfahrt einen Damm errichten; prompt gruben die Karthager einen Kanal vom Hafen zum Meer.

Mit 50 neugebauten Triremen fuhren die Belagerten hinaus und hätten die Feindflotte besiegen können. Aber sie
vergaben die letzte große Chance. Scipio erkannte, dass
die Mauer am Hafen, vor der ein kleines Stück Land lag,
die Achillesferse der Stadt bildete.

Todeskampf

Zur Jahreswende 147/146 v. Chr. besiegte Scipio die letzten karthagotreuen Städte. Dann attackierte er Karthagos
Handelshafen, den Hasdrubal verteidigte. Fast unbemerkt
überwand der römische Offizier Laelius die Mauer am
Kriegshafen. Rasch stießen die Legionäre zur Byrsa vor,

jener Burg- und Tempelfestung der Stadt, die auf einem Hügel lag. Hier verschanzten sich etwa 50 000 Karthager.

Sechs Tage und Nächte wurde in drei Straßenzügen, die zur Byrsa führten, erbittert gerungen. Manche Verteidiger warfen von Hausdächern Steine herab; die Römer schleuderten diese Kämpfer „auf das Pflaster" oder in „aufgerichtete Lanzen". In schmalen Gassen fochten „Mann gegen Mann". Scipio ließ den ganzen Stadtteil abbrennen, wobei viele „Greise, Kinder und Frauen" qualvoll starben. Um leichter vorrücken zu können, stießen die Römer noch lebende Karthager in Gruben, deren „Beine aus der Erde herausragten und lange zappelten; andere schauten mit ihren Köpfen aus dem Boden".

„Zwänge des Krieges", behauptet Appian, verursachten solche Gräueltaten. Doch schildert er lediglich die Kämpfe in wenigen Straßenzügen. Wie erging es hunderttausenden Zivilpersonen im restlichen Karthago? Wurden sie niedergemetzelt? Der Bericht des Polybios, der an Scipios Seite den Untergang Karthagos erlebte, ist großenteils verschollen.

Schließlich ergaben sich fast alle Verteidiger der Byrsa. Scipio hatte versprochen, sie nicht zu töten. 50 000 Menschen endeten in der Sklaverei. Der letzte Akt ähnelte einer klassischen Tragödie. Die 800 numidischen Überläufer und Hasdrubals Familie verharrten in der Byrsa. Hasdrubal aber flüchtete zu Scipio und musste vor ihm niederknien, damit ihn seine Frau erblickte, die Hasdrubal als „Verräter am Vaterland" beschimpfte. Daraufhin stürzten sich die Numider, Hasdrubals Frau und ihre beiden Kinder ins Feuer.

Der römische Vernichtungswille

Geplündert wurde Karthago, dem Erdboden gleichgemacht, die Neubesiedlung verboten. Woher rührte diese Grausamkeit? Keinesfalls hatte Rom die geschwächten Karthager noch zu fürchten. Im gleichen Jahr 146 v. Chr. zerstörten römische Soldaten ebenso Korinth. Alle sollten wissen, was ihnen drohte, wenn sie nur die mindeste Widersetzlichkeit zeigten. Das grenzenlose Machtstreben der Wölfe vom Tiber bedingte ihren Vernichtungswillen.

Polybios erzählt, dass Scipio, als Karthago brannte, prophezeite: „Kommen wird einst der Tag", da Rom hinsinkt wie Troja. Wohl wahr! Zuerst verloren die Römer ihre republikanische Freiheit; in fernen Ländern stationierte Feldherrn vermochte niemand zu kontrollieren. Ohnehin erzwang das riesige und vielgestaltige Imperium eine autokratische Regierungsform, die das alte Staatsbewusstsein, welches den Aufstieg Roms möglich gemacht hatte, zwangsläufig abtötete.

Dem eroberungssüchtigen Rom fehlten starke Bündnispartner. Immer längere Grenzen wurden gezogen, immer zahlreichere Invasoren strömten herbei. So endete die Gier in Selbstzerstörung und Machtlosigkeit. Karthago blieb nicht ungerächt. 455 besetzten und plünderten die Vandalen das große Rom. Sie kamen – aus Karthago.

Quellen und Literatur:

Appian, Afrikanisches Buch, Teil 1, in: Appian von Alexandria, Römische Geschichte, Bd. 1, Die römische

Reichsbildung, übersetzt von Otto Veh, Bibliothek der Griechischen Literatur, Stuttgart 1987.

Polybios, Der Aufstieg Roms. Historien, hrsg. von Lenelotte Möller, Wiesbaden 2010.

Livius, Römische Geschichte, Buch XLV, hrsg. von Hans Jürgen Hillen, Darmstadt 2000.

Diodoros of Sicily, translated by Francis R. Walton, Bd. 11, London 1957.

Klaus Zimmermann, Rom und Karthago, Darmstadt 2005.

Ders., Karthago - Aufstieg und Fall einer Großmacht, Stuttgart 2010.

Werner Huß, Karthago, München 1995.

3. West- und Ostrom am Scheideweg.

Galla Placidia und Synesios von Kyrene

Inhalt

1. Einleitung

Der Geist ist selbst sein eigener Ort und
macht aus Himmel Hölle sich, aus Hölle Himmel.

John Milton, Das verlorene Paradies

Der Philosoph und Schriftsteller Synesios von Kyrene hielt 399/400 in Konstantinopel eine dramatische Ansprache. Germanische Söldner wollten die Macht im Staat an sich reißen, warnte Synesios und forderte, den alten Römergeist zu erneuern, der allein die Germanen bezwingen könne.

395 war das Römische Reich endgültig in eine West- und Osthälfte zerfallen. Die Idee der Reichseinheit bestand weiter, doch gingen beide Teilreiche getrennte politische und kulturelle Wege. In Ostrom, das 400 kurz vor dem Untergang stand, kontrollierten Germanen die Hauptstadt und große Teile des Landes. Das Westreich aber, regiert vom tatkräftigen Heermeister Stilicho, verlebte relativ sichere Tage.

Wenige Jahre später sah die Lage völlig anders aus. Den gleichen Germanen, die der Osten abgewehrt hatte, erlag das Westreich. 410 plünderten Goten die Stadt Rom; der letzte weströmische Kaiser wurde 476 abgesetzt. Die Frage, warum dem Osten gelang, woran der Westen scheiterte, bildet den Dreh- und Angelpunkt meiner Studie.

Gelingt es, dieses Rätsel zu lösen, ist noch eine andere Frage beantwortet. Warum gingen aus dem Römischen Reich zwei unterschiedliche *Kulturen* hervor, die oströmisch-byzantinische und das westliche Mittelalter? Bekanntlich war das Mittelalter eine neue Epoche.

Synesios repräsentierte ein an Vorbildern der heidnischen Antike orientiertes Denken. Im Westen verkörperte die Kaisertochter Galla Placidia, die Römer und Germanen zu verschmelzen hoffte, das genaue Gegenteil. Beide stehen für zwei sehr verschiedene kulturgeschichtliche Konzepte. Erst der Vergleich offenbart das Spezifische und ist das wichtigste Mittel historischer Erkenntnis.

Der Zeitraum der Untersuchung beginnt 376, als gotische Stämme die Donau überquerten und endet mit der Plünderung Roms 410, die eine Ära abschloss, in der welthistorische Entscheidungen fielen.

Interessierten Laien soll eine komprimierte Darstellung geboten werden. Die Schilderung der Fakten basiert auf den angegebenen Quellentexten und Geschichtsbüchern. Meine Analyse enthält Elemente, die in der einschlägigen Sekundärliteratur nicht oder nur ansatzweise vorzufinden sind [1].

2. Der frühe Beginn der Spätantike

Wann die Spätantike begann, ist sehr umstritten. Vielen gilt der Tod Mark Aurels 180 als wichtige Zäsur, anderen die Krise des 3. Jahrhunderts. Nicht wenige verweisen auf Diokletians Staatsreformen, die Legalisierung des Christentums oder den Anfang der Völkerwanderung 376. Mei-

---

[1] Dieser Text basiert auf einem Vortrag, den der Verfasser 1983 über Synesios von Kyrene und die epochale Wichtigkeit des Sieges über die Goten in Konstantinopel (400) gehalten hat.

nes Erachtens begann die Spätantike mit der Errichtung des Principats durch Augustus. Nicht zufällig stiegen damals jene Kräfte empor, welche die Zukunft gestalteten: Germanen (Schlacht im Teutoburger Wald) und Christen. Bereits Cäsar und Augustus rekrutierten germanische Söldner für ihre Leibwachen.

Roms Aufstieg war dem Staatsbewusstsein der Bürger in republikanischer Zeit zu verdanken. Aber nur eine Militärmonarchie konnte das enorm vergrößerte und vielgestaltige Reich effektiv regieren. Bürgersinn und Staatsbewusstsein verkümmerten. Der Niedergang trat früh unter der Herrschaft despotischer Kaiser zutage (Caligula, Nero). Schon im Vierkaiserjahr 69 n. Chr. rivalisierten mehrere Generäle um das höchste Staatsamt.

Die Kaiser mussten privilegierte Gruppen des Militärs oder der Prätorianer materiell befriedigten. Lange bevor die Germanen Rom existentiell gefährdeten, versteigerten Prätorianer 193 das Kaiseramt. Der Staat funktionierte wie eine entseelte Maschine; statt des Bürgersinns benötigte sie Geld.

Der inneren Selbstschwächung folgte außenpolitischer Druck. Immer längere Grenzen hatte der römische Imperialismus gezogen, die immer schwerer zu verteidigen waren, sobald feindliche Offensiven gleichzeitig an mehreren Stellen erfolgten. Die römische Expansion brachte ihr eigenes Gegenteil hervor – eine lehrreiche historische Dialektik [2].

---

[2] Jedoch erklärt die Größe des Reiches, das über beträchtliche Ressourcen verfügte, keinesfalls den kulturhistorischen Umbruch, der in der Spätantike stattfand, zumal die Osthälfte des

Jahrhundertelang vermochte Rom zahlreiche Kulturen und Völkerschaften in sein Herrschaftssystem einzubauen. Wieder begann, als der Bogen überspannt wurde, eine dialektische Umkehr. Symptomatisch hierfür ist die inflationäre Ausdehnung des römischen Bürgerrechts 212. Die *Kehrseite* der gleichen Prinzipien, die Rom einst groß gemacht hatten, stürzten es in die Krise.

Viele Germanen, zunächst vor allem Franken, wanderten ins Römische Reich ein. Anfangs fassten sie in den Hilfstruppen Fuß und besetzten später hohe Offiziersränge. Diokletian, Konstantin I. und Theodosius I. rekrutierten dem Reich nicht angehörende germanische Stammesgruppen.

Der Historiker Zosimos schildert eindringlich die gefährlichen Konsequenzen der Aufnahme von „Barbaren" in das römische Heer. Denn die Germanen „hegten freilich insgeheim den Gedanken, dass sie bei wachsender Zahl den Staat leichter angreifen und alles in ihre Hand bekommen könnten". Und sobald die außerhalb der Reichsgrenzen befindlichen Germanen „die Schwäche des Römerheeres bemerkten, glaubten sie den Augenblick gekommen, das in so großer Sorglosigkeit dahinlebende Reich anzugreifen" (Zosimos, Neue Geschichte) [3]. Rom verlor schrittweise die Kontrolle über das eigene Militär.

Bürgerkriege, Soldatenaufstände und Gegenkaiser (Usurpatoren) bestimmten Mitte des 3. Jahrhunderts den

---

Imperiums nicht unterging. Roms Größe war nur eine Bedingung der Möglichkeit des Niedergangs.

[3] Vgl. bei allen zitierten Autoren das unten angefügte Verzeichnis der Quellen und Literatur. Textübersetzungen stammen nicht vom Verfasser.

römischen Alltag. Gleichzeitig wuchs die außenpolitische Bedrohung des Reiches. Um 240 machten erstmals Goten von sich reden; sie plünderten römische Provinzen. Unter ihrem König Cniva gingen sie etwa 250 über die Donau und stießen bis Thrakien vor. Nahe Abritus mussten die Römer 251 gegen die Invasoren eine katastrophale Niederlage hinnehmen, bei der Kaiser Decius den Tod fand - eine Parallele zur Schlacht bei Adrianopel 378 [4].

Balkanvölker griffen Dakien und Moesien an, während im Osten die sassanidischen Perser, denen Rom Tribut zahlte, immer größere Probleme verursachten. Kaiser Valerian geriet 260 in die Gefangenschaft der Perser, die mehrere römische Provinzen verheerten.

Die am Rhein ansässigen Franken, Alemannen und andere Germanen attackierten Norditalien und Gallien. Sonderreiche (Gallien, Palmyra) mussten gewaltsam beseitigt werden. Rom blickte in den Abgrund. Erst in der zweiten Jahrhunderthälfte stellte Kaiser Aurelian eine halbwegs stabile Situation her.

Diese relative Konsolidierung setzte Diokletian fort, der seit 284 regierte und mit dem viele Historiker die Spätantike beginnen lassen. 286 machte Diokletian, der den Osten regierte, Maximian zum Mitkaiser (Augustus) im westlichen Teil des Reiches.

Anfang der 290er-Jahre führte Diokletian das Regierungssystem der Tetrarchie ein. Das Imperium regierten nun zwei gleichberechtigte Kaiser (Augusti), denen jeweils ein Caesar als Nebenregent zur Seite stand. Ange-

---

[4] Vgl. unten Kap. 3.1.3

sichts der Mehrfrontenkriege sollte die Tetrarchie das Reich besser schützen. Jedoch bereitete Diokletian unfreiwillig die Teilung des Gesamtstaates vor.

Außerdem schuf der Kaiser einen straffen Verwaltungsapparat aus 119 Provinzen, zusammengefasst in 12 Diözesen, reformierte das Militär, erließ ein Höchstpreisedikt und legitimierte sich religiös, indem er Jupiter zu seinem Schutzgott erhob und den Beinamen Jovius annahm.

Auch Konstantin I. wollte das Kaisertum religionspolitisch stabilisieren und führte 313 die Religionsfreiheit ein, die dem Christentum zugutekam, welches zur alleinigen Religion aufstieg und das Imperium stützen sollte. Konstantin privilegierte die Kirche massiv; so zahlten Kleriker keine Steuern, waren vom Militärdienst freigestellt und durften öffentlichen Ämtern fernbleiben.

Unzählige innere Streitigkeiten der Christen zwangen Konstantin, der Kirche viel Zeit und Kraft zu widmen. Die 314 und 325 vom Kaiser einberufenen Konzilien sollten religiöse Unstimmigkeiten lösen. Gegen Ende des 4. Jahrhunderts beanspruchten Bischöfe erstmals, die Kaiser zu maßregeln, [5] welche christliche Intoleranz zu spüren bekamen. Konstantin hatte die Büchse der Pandora geöffnet und scheiterte wie Diokletian.

Den eigentlichen Grund der allgemeinen Krise erkannten beide nicht. Seit der frühen Kaiserzeit wandelte sich das römische Denken und verursachte den Niedergang des Staatsbewusstseins. Mehr und mehr verabschiedeten sich die Römer aus der Welt ins Himmlische.

---

[5] Vgl. unten Kap. 7.2

Der Historiker Ammianus Marcellinus beklagte Ende des 4. Jahrhunderts die Gleichgültigkeit vieler Bürger dem Imperium gegenüber. Das Heidentum verlor seine Energie und ermöglichte den Aufstieg des Christentums. Teils resultierte die christliche Religion aus der Tendenz zur Weltflüchtigkeit und hat sie andererseits verstärkt. „Jesus von Nazareth" hat es nie gegeben; diese Figur ist eine Erfindung, die bereits *vorhandene* Bedürfnisse zufrieden stellte.

Christen verweigerten den Militärdienst; an die Stelle des römischen Soldaten trat der Klosterinsasse. Nichtsnutzige Mönche und Nonnen in Legionsstärke vergeudeten enorme Ressourcen (E. Gibbon, Bd. 4), predigten Unterwürfigkeit, Feigheit, knechtische Duldsamkeit. Hasserfüllt bekämpfte das katholische Christentum jegliche heidnische Bildung und Wissenschaft; es lehrte die heilige gläubige Einfalt. „Von allen Büchern der Heiden enthalte dich!" (zit. nach C. Nixey, Heiliger Zorn). Manche Christen riefen dazu auf, Selbstmord zu begehen.

Fast alle Germanen verachteten die asketisch-weltflüchtige Moral besonders des Katholizismus. Der berühmte Heide Celsus, der das Christentum kritisierte, erkannte schon um 170, welche Gefahr die neue Religion heraufbeschwor.

Einer der wichtigsten Theologen des frühen Christentums namens Origines (185-253) kastrierte sich mit eigener Hand. Origines beging diese Grausamkeit, weil er den Forderungen des Evangeliums gehorchen wollte (Eusebius, Kirchengeschichte). Der Entmannung des Origines entsprach die geistige Selbstkastration des Römertums [6]. Natürlich galt das nicht für alle Römer in gleicher Weise, doch änderte das nichts an der generellen Tendenz. Jacob Burckhardt schrieb in den „Weltgeschichtlichen Betrachtungen", dass in der Spätantike die Religion das Staatsbewusstsein ersetzte und der Staat durch die Kirche abgelöst wurde.

Trotz alledem bleiben die drei wichtigsten Fragen, die nun zu erörtern sind, ungeklärt. Warum behauptete sich das oströmische Reich, und aus welchem Grund beschritt der Westen nicht den gleichen Weg? Wieso endete mit Westrom eine ganze Epoche?

3. Ostrom am Abgrund

3.1 Die Invasion der Goten

3.1.1 Angriff der Hunnen

Lange Zeit war die nördlich des Schwarzen Meeres gelegene Region politisch ruhig geblieben. Ende 375 verunsicherten Gerüchte die Römer; es gebe harte Kämpfe zwischen mehreren Stammesvölkern. Unheimliche Vorzeichen, schreibt Ammianus Marcellinus, weissagten bereits den Tod des Kaisers Valens, der die Osthälfte des Römischen Reiches regierte [7].

Goten und andere Völkerschaften lebten zwischen Donau und Schwarzem Meer. Der gotische Volksstamm der Ter-

---

[6] Keinesfalls darf diese religiös bedingte, geisteskranke `Selbstkastration` mit `Dekadenz` verwechselt werden; hier besteht ein gewaltiger Unterschied.

[7] Ammian verfasste seine Darstellung in den 390er-Jahren.

wingen, die in Moldawien und der Walachei siedelten, zog mehrheitlich an die Donau. Bald folgten ihnen Teile der Greutungen von diesem anderen gotischen Stammesverband.

Terwingen, zahlreich wie „Sandkörner", erreichten Mitte 376 das Nordufer der unteren Donau (Ammianus, Buch 31). Niemand kennt ihre genaue Zahl; manche Historiker schätzen sie auf etwa 200 000. „Mit zahllosen Wagen und Zugtieren", mit Weib und Kind, die eine „gewaltige Prozession" bildeten (P. Heather, Untergang), pochten sie an die Tore des Römischen Reiches. „Ganz zu Anfang nahmen unsere Leute die Sache nicht ernst", notierte Ammianus (B 31), aber schon bald eskalierte die Situation zur ungeahnten Katastrophe.

376 begann die „Völkerwanderung" und endete genau 100 Jahre später mit der Absetzung des letzten weströmischen Kaisers. Wie viele andere stellt Peter Heather *nicht* die Frage, warum das oströmische Reich weiter existierte, obwohl die germanische Invasion diesen Reichsteil zunächst weit stärker als den Westen traf.

Das nomadische Reitervolk der Hunnen, glaubte Ammian, habe die Wanderung der Goten verursacht. Die wegen ihrer Grausamkeit gefürchteten Hunnen kamen aus der eurasischen Steppe und gliederten sich in autonome Gruppen. Stets attackierten sie zu Pferde und schossen dank ihres Reflexbogens mörderische Pfeile aus großer Entfernung ab.

Warum die Hunnen vorstießen, ist ungeklärt. „Diese kampfestüchtige, unbändige Menschenrasse" brenne „vor entsetzlicher Gier nach Raub fremden Gutes". Die Hunnen

31

besäßen „gedrungene, starke Gliedmaßen" und seien so hässlich, dass sie an „zweibeinige Bestien" erinnerten und die „allergefährlichsten Kämpfer" seien (Ammianus, B 31).

Zuerst besiegten die Hunnen 375 das sarmatische Volk der Alanen, die sie unterwarfen und teilweise ihren Scharen eingliederten. Erfolglos versuchten die Greutungen, den Hunnen und Alanen zu widerstehen. Der Gotenkönig Ermanerich beging Selbstmord oder wurde geopfert, sein Nachfolger Widimir fiel in der Schlacht. Nun gaben die Greutungen den Kampf verloren und setzten sich teilweise zur unteren Donau ab.

Am Dnjestr begegneten ihnen die von Athanarich geführten Terwingen, die kein Bündnis mit den Greutungen abschlossen, sondern allein gegen die Hunnen kämpften. Geschlagen zogen die Terwingen in die Nähe der Karpaten; dort hielten sie den Hunnen ebenfalls nicht stand. Die meisten Terwingen verließen Athanarich und zogen unter Fritigern und Alaviv an die Donau. Durch Gesandte baten sie den oströmischen Kaiser Flavius Valens „demütig um Aufnahme, wobei sie versprachen, sie wollten ein friedliches Leben führen und, wenn nötig, Hilfstruppen stellen" (Ammianus, B 31).

Bei den Römern liefen „furchtbare Gerüchte" um, dass barbarische „Nordvölker" aufgebrochen seien und manche Gruppen die Donau erreicht hätten (Ammianus, B 31).

Waren die Hunnen an allem schuld? Hätte ohne sie die Völkerwanderung nicht stattgefunden? Keineswegs bedrohten Hunnen, die plündern, aber nicht erobern wollten, nahe der Donau ansässige Germanen. Auch waren Terwingen und Greutungen, die gemeinsam die Asiaten hätten bekämpfen können, nicht endgültig geschlagen worden.

Ostgermanen mieden die Landwirtschaft, denn sie bevorzugten eine nomadische Lebensweise. Längst waren Germanen in das Römische Reich eingewandert und dienten als Soldaten. Der Gedanke, römisches Land zu besiedeln, wurde durch die Hunnen verstärkt und ausgelöst, kam den Goten aber schwerlich erst 376.

Das Asylbegehren der Goten schuf eine neue und höchst kritische Situation. Erstmals forderte eine ganze Volksgruppe, auf römischem Boden leben zu dürfen. Erstaunlicherweise verkannte Kaiser Valens, der in Antiochia weilte, die enorme Gefahr. Valens begrüßte die Ankunft der Goten, denn sie sollten Roms Legionen verstärken, um „dadurch ein unbesiegliches Heer zu gewinnen" (Ammianus, B 31). Außerdem spare das Reich Steuergelder, glaubte der naive Herrscher, weil der Staat keine Römer ausheben müsse. Tatsächlich hatten Goten seit den 330er-Jahren zeitweise Kriegsdienst für Rom geleistet.

Warum sollte Rom *eigene* Kräfte entwickeln, wenn Fremde ihre Dienstleistung anboten? Der unfähige Kaiser holte „das Verderben in die römische Welt" (Ammianus, B 31). Valens erlaubte den Terwingen, die Donau zu überqueren und in Thrakien zu siedeln, ganz wie sie es gefordert hatten. Dafür sollten sie das römische Heer unterstützen, und hochgestellte Goten waren verpflichtet, das Christentum anzunehmen. Dass nur wenige römische Truppen die Balkangrenze bewachten, irritierte Valens nicht. Nun kamen die Goten „Tag und Nacht auf Schiffen, auf Flößen und auch auf Einbäumen herüber" (Ammianus, B 31).

Dabei hatte Valens bereits Ende der 360er-Jahre harte Kämpfe gegen Athanarichs Terwingen ausgefochten! 369 brach er diesen Krieg ab, weil die Perser Armenien und andere römische Provinzen gefährdeten. Größtenteils lagen Valens` Truppen nahe dem Kaukasus; mit einer zweifachen Gefahr sah sich das Ostreich konfrontiert.

3.1.2 Erster Aufstand der Goten

Kaum hatten die Terwingen unter Fritigern das Südufer der Donau erreicht, entstanden neue Probleme. Die römischen Militärkommandanten Lupicinus und Maximus nutzten die Hungersnot der Germanen und verkauften ihnen Lebensmittel. Einen hohen Preis zahlten die Goten; eigene Landsleute schickten sie in römische Sklaverei.

Obwohl Roms Schicksal auf dem Spiel stand, dachten Lupicinus und Maximus nur an ihren persönlichen Gewinn – so tief war das Staatsbewusstsein gesunken. Auch die Machtergreifung des Christentums setzte die *vorherige* Auflösung des Staatsgedankens voraus. Das Neue siegte dort, wo das Alte geschwächt war.

Derweil erreichten auch die erwähnten Greutungen [8] sowie jene Terwingen, die bei Athanarich verblieben waren, das Nordufer der Donau. Die Bitte der Greutungen, den Fluss überschreiten zu dürfen, lehnte Valens jedoch ab [9].

---

[8] Sie wurden von Alatheus und Safrax geleitet.

[9] Heather mutmaßt, dass Valens die Terwingen nur deshalb ins Land ließ, weil er dies nicht habe verhindern können. Warum hat er dann aber den Greutungen den Eintritt ins Römische Reich verwehrt? Wenn er meinte, die Terwingen nicht aufhalten zu können, dann wäre ihm dies bei den Greutungen ebenso wenig

Athanarich hielt es nun für zwecklos, das gleiche Ersuchen an Valens zu richten, zumal er mit ihm verfeindet war, und ging mit den Restterwingen wieder in die Nähe der Karpaten zurück.

Da bei den Migranten südlich der Donau Not und Zorn herrschten, erwartete Lupicinus Unruhen und befahl ihnen, Marcianopel aufzusuchen. Römische Soldaten, die er kommandierte, begleiteten die Goten. Den Abmarsch des Lupicinus nutzten die Greutungen und überquerten die Donau. Fritigern, der ein Bündnis mit den Greutungen anstrebte, zog nur langsam ab.

In Marcianopel gab es sogleich Streit zwischen Römern und Germanen. Nur Fritigern und andere gotische Häuptlinge durften die Stadt betreten. Den Fritigern wollte Lupicinus töten, doch der entkam und besiegte ihn. Das Grenzregime der Römer brach völlig zusammen.

Auch in früheren Zeiten, schreibt Ammianus, habe Rom schwerste Krisen wie die Invasion der Kimbern und Teutonen bewältigt. Nur war damals Rom „nicht durch die Verweichlichung eines zügellosen Lebens angesteckt", das Genuss „und verbrecherischen Gewinn" begehrte. Vorbei sei die Zeit, da die Römer „zum rühmlichen Tod fürs Vaterland" eilten (Ammianus, B 31). Auf diese zu oberflächliche Dekadenztheorie, die nicht erklärt, warum das Ostreich überlebte, wird noch einzugehen sein.

Rom habe seit alter Zeit, erinnert Peter Heather, Immigranten in seinen Staatsverband aufgenommen. Kaiser Nero

---

gelungen, denn jetzt standen Goten nördlich und südlich der Donau und jegliche Grenzverteidigung war erst recht erschwert.

siedelte beispielsweise 100 000 Personen, die ebenfalls von nördlich der Donau stammten, in Thrakien an. Derartiges sei aber stets in kontrollierter und gelenkter Form geschehen.

Man sollte hinzufügen, dass Integration nur funktionierte, wenn Römer besonders das Militär dominierten. Sonst entstand ein Ungleichgewicht, die Dinge liefen aus dem Ruder. Bereits *vor* 376 war dieser Punkt erreicht worden; die Invasion der Goten brachte das Fass zum Überlaufen.

Eine andere Schar Goten, die Sueridus befehligte, verstärkte Fritigerns rebellische Terwingen. Erstere siedelten bei Adrianopel und waren mit den Bürgern der Stadt in Konflikt geraten, als Valens den Goten befahl, in die Provinz Hellespont umzusiedeln. Stattdessen machten sie mit den Terwingen gemeinsame Sache; beide Gruppen belagerten, wenn auch vergeblich, Adrianopel. Lange hatten die Goten des Sueridus auf römischem Boden gesiedelt und Soldaten gestellt. Und doch unterstützten sie jetzt Fritigern!

Nahrungsmittel brachten die Römer in befestigte Städte, sodass die Goten weiter hungerten. Fritigern ließ nun „die fetten und fruchtbaren Landstriche" Thrakiens plündern und abweiden. Germanen, die versklavt unter Römern lebten, traten Fritigerns Goten bei, die fürchterliche Massaker begingen. Waffenfähige römische Männer wurden erschlagen, deren „schöne Frauen" versklavt und weggebracht, fort von der „zu Asche verwandelten Heimat" (Ammianus, B 31).

3.1.3 Die Schlacht von Adrianopel

Indessen hatten die Hiobsbotschaften von der Donau Kaiser Valens erreicht. Zunächst musste er den Krieg im Osten rasch beenden, wollte er die Balkanfront stabilisieren. Mit den Persern schloss er Frieden und sandte einige Truppen unter Profuturus und Traianus auf die östliche Balkanhalbinsel. Den Westkaiser Gratian, der sein Neffe war, bat Valens um militärischen Beistand. Gratian schickte Soldaten, die anfangs Frigeridus, dann Richomeres unterstanden.

Profuturus und Traianus drängten die Terwingen ins Balkangebirge zurück. Nachdem sich Richomeres mit Profuturus und Traianus vereinigt hatte, kam es im Spätsommer 377 bei Ad Salices zu einem unentschiedenen Gefecht. Die Römer hinderten ihre Feinde daran, die Südpässe des Gebirges zu verlassen. Auf römischer Seite hoffte man, solange standzuhalten, bis Valens und Gratian die Hauptmasse ihrer Legionen heranführten. Valens sandte noch eine geringe Verstärkung, während Richomeres in Gallien weitere Truppen mobilisierte.

Sobald Hunnen (!) und Alanen das Gotenheer unterstützten, wichen die Römer zurück. Nun überfluteten Goten das thrakische Land und begingen „Raub und Mord, mit Blut, Brand und Vergewaltigung freier Menschen". Sie wurden „Glied für Glied zerfleischt" oder endeten „unter Schlägen und Folter als Sklaven" (Ammianus, B 31). Bei der Stadt Dibaltum besiegten Goten Ende 377 eine Abteilung römischer Soldaten.

Gotische Horden kamen bis nahe Konstantinopel. Erst Araber, die in römischen Diensten standen, und deren barbarische Kriegsführung selbst die Goten erschreckte, hielten sie auf. Außerdem wurden Goten und mit ihnen verbündete Taifalen unweit des Succi-Passes von den Römern bezwungen.

Der Hauptteil des römischen Ostheeres erreichte im Frühjahr 378 Konstantinopel. Valens betrat Ende Mai die Stadt, deren Bewohner den Kaiser, der die Raub- und Mordzüge der Goten nicht verhinderte, wenig schätzten. Gratian und Valens hatten vereinbart, die Goten gemeinsam niederzuwerfen. Doch nun gab es Probleme am Rhein. Ein Alemanne, der Rom diente, hatte seinen Landsleuten berichtet, dass Gratian Truppen in den Osten entsandte.

Daraufhin plünderten Alemannen im Februar 378 am Oberrhein römisches Gebiet. Anfangs zurückgeschlagen, griffen sie erneut an. Nun rief Gratian die Valens geschickten Legionen zurück und bekämpfte die Alemannen.

Der Westkaiser sicherte erst die Rheinfront, bevor er Valens unterstützte. Mehrere Brände gleichzeitig löschen zu müssen, ist der Fluch jedes Großreiches. Der verräterische Alemanne entlarvte die Unzuverlässigkeit vieler Söldner germanischer Herkunft. Langfristig gelang es nicht, Germanen durch Germanen niederzuhalten, wenn die Zahl römischer Soldaten sank.

Vorerst kam Gratian nicht in den Osten, sodass Valens, der bei Melanthias Truppen inspizierte, in Bedrängnis geriet. Sollte er Gratians Ankunft abwarten?

Dann verheerten gotische Banden die Gegend bei Adrianopel. Geleitet von Sebastianus, der Traianus abgelöst hatte, brachten die Römer diesen Streifscharen aus dem Hinterhalt eine Niederlage bei. Jetzt versammelte Fritigern nördlich von Adrianopel die gotischen Krieger.

Valens konzentrierte seine Legionen im Süden der Stadt; noch immer kam Gratian nicht. Endlich erfuhr Valens, dass Gratian, der die Alemannen besiegt hatte, Adrianopel rasch näher rückte.

Gratians Siege machten Valens neidisch. Den Ostkaiser ermahnte Gratian, die Goten nicht allein anzugreifen. Doch Sebastianus drängte Valens, die Goten sofort niederzuwerfen. Andere Generäle schlugen klugerweise vor, nichts ohne Gratian zu tun, weil die Goten nur vereint zu schlagen seien.

Zuletzt glaubte Valens Höflingen, die schmeichlerisch behaupteten, dass er den Siegesruhm ungeteilt ernten werde. Valens missachtete das Wohl des Ganzen und riskierte eine verheerende Niederlage.

Fritigerns Gesuch, die Terwingen und Greutungen in Thrakien anzusiedeln, wies der Kaiser zurück. Irrtümlich vermutete er, dass ihm nur 10 000 gotische Krieger entgegenstünden. Am 9. August 378 marschierten die Truppen des Valens zum Lager des Feindes.

In Sichtweite der kreisrunden gotischen Wagenburg entfaltete sich das römische Heer. Beauftragte der Goten gewannen Zeit, indem sie Scheinverhandlungen führten; die Kavallerie der Greutungen sollte das Schlachtfeld vor dem Beginn des Kampfes erreichen. Valens, der es eben noch eilig hatte, vertat kostbare Stunden, und die gotischen Reiter trafen rechtzeitig ein. Ammian nennt Valens einen

„Zauderer und trägen Menschen", der von Strategie nichts verstand (Ammianus, B 31).

Das lange Warten zermürbte Valens` Soldaten. Noch bevor die Verhandlungen endeten, stieß der linke römische Flügel unerwartet vor, den aber die greutungische Kavallerie überrannte. Umzingelte römische Fußtruppen waren bewegungsunfähig; ein wilder Kampf entbrannte. Rasch bedeckten „sich die Gefilde mit Leichen an Leichen, und die Klagerufe der Sterbenden und Versehrten hörten sich grauenvoll an" (Ammianus, B 31).

Zertrümmert war das oströmische Heer. Die Soldaten des Valens ergriffen die Flucht und wurden gejagt. Der Kaiser floh in ein Bauernhaus, das Goten in Brand setzten. Sein Leichnam wurde nie gefunden; auch Sebastianus und Traianus fielen in der Schlacht. Der gesamte Balkan bis Konstantinopel stand den Goten offen.

Zwei Drittel der Soldaten, die Valens kommandierte, etwa 10 000 Mann, starben in einer Schlacht, die Ammian mit Cannae verglich. Dennoch sollte man ihre Bedeutung nicht zu hoch veranschlagen. Edward Gibbon hat festgestellt, dass Rom solche Verluste wettmachen konnte. Das römische Heer zählte einige hunderttausend Soldaten - 10 000 Gefallene waren zu verkraften [10]. Insgesamt vermochten die Goten nur wenige zehntausend Mann ins Feld zu schicken.

Etwa 60-70 Millionen Menschen lebten im Römischen Reich, das zahlreiche Waffenarsenale und Rüstungsmanu-

---

[10] Auch P. Heather schreibt, dass sich Ostrom von der Niederlage bei Adrianopel rasch erholte.

fakturen besaß, ein gewaltiger Vorsprung an Menschen und Material. Gut befestigte Städte eroberten die Germanen selten; römische Soldaten wurden auch besser ernährt als die oft ausgehungerten Goten. Dass Rom zwangsläufig einer germanischen Übermacht erlegen sei, ist eine oft vertretene und doch unhaltbare These.

Das *eigentliche* Problem liegt woanders. Auch die besten Bedingungen fruchten nur dann, wenn man sie nutzen *will*. Ein gotischer Offizier sagte kurz nach der Schlacht von Adrianopel, dass er „des Gemetzels müde sei, dass er aber staune, wie ein Volk, das vor ihm wie eine Herde Schafe geflohen wäre, es fortwährend wagen könnte, den Besitz seiner Schätze und Provinzen streitig zu machen" (zit. nach E. Gibbon, Bd. 4). Im Klartext hieß das: `Wir Goten sind gekommen, euch schwachen Römern alles wegzunehmen. Wollt ihr uns daran hindern, schlagen wir euch tot`. Eben das taten sie dann auch.

Das kleine Volk der Vandalen demontierte binnen weniger Jahrzehnte des 5. Jahrhunderts fast das halbe weströmische Reich. Der Kampfmoral von 15 000 vandalischen Kriegern und Seefahrern hatten Millionen Weströmer nichts entgegenzusetzen. Sogar ihre Schiffe, mit denen die Vandalen durch das Mittelmeer kreuzten, hatten sie den Römern abgejagt. Das Geistig-Seelische bestimmt den Ablauf der menschlichen Dinge.

Daher lautet die Frage, ob die (Ost)römer die Niederlage von Adrianopel mental überwanden und die richtigen Schlussfolgerungen ableiteten, wie es ihre Vorfahren nach Cannae getan hatten.

3.2 Das Ende des Gotenkrieges

Ungehindert durchzogen Fritigerns Goten die Balkanhalbinsel, plünderten und massakrierten. Gratian ernannte im Januar 379 den erfahrenen spanischen Militär Flavius Theodosius zum Kaiser des Ostens. Theodosius erhielt auch die von Goten gefährdeten Diözesen Dakien und Makedonien zugesprochen; beide Gebiete hatten bisher zum Westreich gehört.

Theodosius I. sollte Valens rächen, die Goten schlagen und des Reiches Autorität wiederherstellen. Zunächst verbesserte er das römische Heer, rekrutierte neue Soldaten und berief Veteranen ein, disziplinierte die Truppe und stärkte ihr Selbstvertrauen. Nahe befestigter Plätze bezwangen die Römer vereinzelte Scharen der Goten. In einer Lobpreisung des Theodosius hieß es, dass man ihm zutraue, die gotische „Feuersbrunst löschen zu können". Denn nun „fassen wieder die Reiter, fassen wieder die Fußsoldaten Mut" (zit. nach P. Heather, Der Untergang).

Günstige Umstände kamen den Römern entgegen. 380 trennten sich die Greutungen von den Terwingen und zogen fort. Bei den Goten gab es Konflikte, die Rom geschickt anheizte. Manche Goten liefen zu den Römern über; der kluge Fritigern starb.

Aber das eigentliche Ziel, die Goten entscheidend zu besiegen, verfehlte Theodosius. Um die Jahresmitte 380 unterlag er dem Feind in Makedonien. Auf Bitten des Ostkaisers entsandte Gratian seine germanischen Generäle Bauto und Arbogast; sie vertrieben gotische Marodeure aus Thessalien und Makedonien.

Nun versuchte Theodosius, die Krise diplomatisch zu lösen. Der Gotenfürst Athanarich leitete nach Fritigerns Tod die meisten Terwingen. Athanarich und Theodosius schlossen Frieden und vereinbarten einen Bündnisvertrag. Der Kaiser lud den Goten im Januar 381 sogar in das glanzvolle Konstantinopel ein, wo der tief beeindruckte Athanarich sagte: „Wahrlich, der Imperator ist ein Gott auf Erden, und wer gegen ihn die Hand erhebt, wird dem Tod verfallen" (zit. nach E. Gibbon, Bd. 4).

Wenige Tage später starb Athanarich; ihm wurde in Konstantinopel ein Denkmal errichtet. Das terwingische Heer war nun mit Theodosius verbündet; im Oktober 381 erneuerten beide Seiten dieses Abkommen.

Schließlich wurde 382 ein Friedensvertrag ausgehandelt, der den Gotenkrieg beendete. Die Terwingen durften südlich der Donau siedeln und autonom leben. Formal bildeten sie kein unabhängiges Königreich und hatten Ostrom Soldaten zu stellen. Erstmals siedelte eine geschlossene Volksgruppe legal und halb souverän innerhalb des Reiches.

Früher wurden Einwanderer stets zu römischen Bedingungen und weit verstreut angesetzt. Jahrhundertelang hatte Rom auf diese Weise fremde Gruppen integriert. Nun verkehrten sich die Dinge ins Gegenteil: das Reich zerfiel.

Theodosius feierte den Friedensvertrag wie einen Sieg; andere sahen in ihm eine große Schmach. De facto hatte der Kaiser kapituliert und nur einen Waffenstillstand erreicht. Immer dringlicher war zu klären, ob Germanen oder Römer herrschen würden.

Im Heer, dem Schlüssel zur Macht, besetzten Germanen wichtige Ämter und vergrößerten ihren Einfluss. Laut Gibbon lernten die kampflustigen Nordmänner Roms Heeresdisziplin kennen und wurden doppelt gefährlich. Rom nährte die Schlange an der Brust; meistens vertraten die angesiedelten Fremden ihre eigenen Interessen. „Während das zweifelhafte Schwert der Barbaren" den Staat „beschützte oder bedrohte, erloschen in den Herzen der Römer auch die letzten Funken des kriegerischen Feuers" (E. Gibbon, Bd. 4).

Theodosius, der hoffte mochte, Germanen durch Germanen zu bekämpfen, balancierte auf einem schwankenden Seil. Römische und germanische Heeresteile misstrauten einander. Tiefe und langfristige Änderungen des römischen Denkens waren der Krise vorausgegangen [11].

An der Donau bezwang 386 ein General des Theodosius Greutungen und andere Völkerschaften. Manche der geschlagenen Feinde ließ Theodosius in Phrygien siedeln; später bereiteten sie große Probleme [12].

---

[11] Vgl. unten Kap. 7. Dass „sozialökonomische Strukturen" diesen Wandel wesentlich herbeigeführt hätten, wie Alexander Demandt behauptet, kann nicht stimmen, weil das oströmische Reich die Germanen abwehrte (vgl. Kap. 7.3.1). Unglaubwürdig erscheint ebenso Demandts These, wonach Ostrom seine Rettung auch dem Balkangebirge zu verdanken habe. Erstens durchzogen gotische Stämme das Balkangebirge mehrfach, zweitens waren die Alpen das wesentlich größere geografische Hindernis, verhinderten aber den Untergang Westroms nicht.

[12] Vgl. unten Kap. 5.1.3

4. Theodosius I. – die scheinbare Stabilisierung

4.1 Ausschaltung der Usurpatoren

In Westrom bekam es Theodosius mit zwei Usurpatoren zu tun. 383 rebellierte in Britannien der zum Kaiser ausgerufene Heerführer Magnus Maximus, der auch Gallien dominierte, das Gratian vernachlässigt hatte und dessen Soldaten, die der fränkische Heermeister Merobaudes befehligte, vielfach zu Maximus überliefen. Bei Lyon wurde Gratian im August 383 enthauptet.

Notgedrungen anerkannte Theodosius 384 Maximus als Mitkaiser neben Gratians jüngerem Bruder Valentinian II. Außer Britannien regierte Maximus ebenso Gallien und Spanien, Valentinian beherrschte Italien, Afrika und das westliche Illyrien.

387 ging Maximus siegreich in Italien gegen Valentinian vor, der Theodosius um Hilfe bat, die ihm der Ostkaiser gewährte, obgleich Maximus wie er selbst Katholik war und Valentinian den Arianismus bevorzugte. Vermutlich fürchtete Theodosius, der Valentinians Schwester Galla heiratete, die Kriegstüchtigkeit des Maximus. Der unerfahrene Jüngling Valentinian stellte keine Bedrohung dar. Theodosius schlug Maximus 388 in zwei Schlachten; der Usurpator wurde hingerichtet.

Dann geriet Kaiser Valentinian in die Abhängigkeit des fränkischen Heermeisters Arbogast. Valentinian ließ er im Mai 392 ermorden oder trieb ihn in die Selbsttötung. Zum Nachfolger bestimmte Arbogast einen Höfling namens Eugenius, der vergebens um die Anerkennung des Theodosius warb. Zwar gehörte Eugenius dem christlichen Glauben an, kooperierte aber mit heidnischen Senatoren und verschaffte Nichtchristen religiöse Bewegungsfreiheit. Virius Flavianus, Italiens heidnischer Präfekt, befahl den Christen, geraubtes Tempelgut herauszugeben.

Theodosius reagierte empört und ernannte 393 seinen jüngeren Sohn Honorius zum Augustus des Westens. Schon 383 hatte er den älteren Arcadius zum künftigen Ostkaiser bestimmt. Das Heer des Theodosius, in dem mehrheitlich Goten dienten, bezwang 394 am Frigidus die großenteils fränkischen Soldaten des Arbogast. Der Heermeister und Eugenius starben und das Römische Reich war bis zum Tod des Theodosius 395 vereint. Der Kaiser und seine Legionen blieben im Westen, um die dortigen Verhältnisse zu ordnen.

4.2 Die Religionspolitik des Theodosius

Die Zeit des Eugenius gilt als letztes Aufbäumen des geschwächten Heidentums. In der Schlacht am Frigidus erwarteten Arbogasts Soldaten religiösen Beistand seitens heidnischer Götter.

Radikal bekämpfte Theodosius das Heidentum und die im Osten stark vertretenen Arianer. Als erster römischer Kaiser lehnte er den Titel „Pontifex Maximus" ab. Ende Februar 380 erließen Theodosius, Gratian und Valentinian II. in Thessalonike ein fundamentales Religionsedikt: jeder Römer sei verpflichtet, das katholische Christentum anzunehmen. Zivilrechtliche Beschränkungen wurden 381/83 zum heidnischen Glauben zurückgekehrten Christen auferlegt.

In Rom ließ Gratian den Altar der Siegesgöttin endgültig aus der Senatskurie entfernen. Heidnische Senatoren versuchten später, diesen symbolisch wichtigen Akt rückgängig zu machen, scheiterten jedoch an der Widerrede des Mailänder Bischofs Ambrosius [13].

Nichtchristliche Kulte unterdrückte Gratian; er enteignete Grund und Boden der heidnischen Tempel. Theodosius verbot 391/92 gesetzlich die Ausübung der heidnischen Religion in jeglicher Form.

Kaum herrschte der Katholizismus, verfolgte die Kirche sogenannte Ketzer, worunter besonders die Arianer schwer litten. In dem Edikt von 380 hieß es: „Wir befehlen, dass diejenigen, welche dies Gesetz befolgen, den Namen `katholische Christen` annehmen sollen; die übrigen dagegen, welche wir für toll und wahnsinnig erklären, haben die Schande zu tragen, Ketzer zu heißen ... Sie müssen zuerst von der göttlichen Rache getroffen werden, sodann auch von der Strafe unseres Zornes".

425 erneuerten und verschärften Theodosius II. und Valentinian III. die zitierten Bestimmungen. Christliche Tyrannis und Weltflucht verdunkelten und ruinierten das Altertum.

Auch der Hass, den Christen gegen Juden hegten, verkündete das Mittelalter. 388 wurde die Synagoge der Stadt Kallinikon zerstört, die wiederaufzubauen Theodosius befahl, der jedoch auf Geheiß des Ambrosius seine Verfügung zurücknahm und tief das Haupt vor dem Priester

---

[13] Vgl. unten Kap. 7.1

beugte [14]. Ambrosius eröffnete eine von Päpsten wie Gregor VII. fortgesetzte historische Kontinuität.

5. Der Kampf um Konstantinopel

5.1 Zweiter Aufstand der Goten

5.1.1 Alarich

Seit 382 lebten in Thrakien hunderttausende „foederati" genannte Goten; vorerst erhoben sie niemanden zum König. Greutungen und Terwingen vereinigten sich wieder. Viele Goten dienten im Heer des Theodosius; manche lebten in Konstantinopel.

Unter den Goten gab es eine Friedenspartei, welche mit den Römern kooperierte und eine starke Gruppierung, die das ablehnte. Letztere führte Eriulf, den jedoch Fravitta, der zur anderen Partei gehörte, in Konstantinopel ermordete. Theodosius nutzte diese Streitigkeiten und gab Fravitta, der auch Staatsämter bekleidete, eine Römerin zur Frau. Aber der Kaiser bewältigte die latente Staatskrise nicht; der geringste Anlass brachte das Kartenhaus in Gefahr.

Der etwa 372 geborene Alarich diente ebenfalls im oströmischen Militär und stammte aus der Adelsgruppe der Balten. In der Schlacht am Frigidus leitete Alarich eine

---

[14] Vgl. unten Kap. 7.2. Ambrosius nötigte dem Kaiser 390 sogar eine öffentliche Buße auf, weil er ihn für den Tod zahlreicher Einwohner der Stadt Thessalonike verantwortlich machte. Erfolgreich widersetzte sich der Mailänder Bischof auch dem Ansinnen Valentinians II., einen arianischen Gottesdienst abzuhalten (vgl. unten Kap. 7.2).

große Zahl gotischer Kämpfer. An der Vereinigung von Terwingen und Teilen der Greutungen zum Volk der Westgoten war er maßgeblich beteiligt [15].

Die Goten schmerzten ihre großen, am Frigidus erlittenen Verluste. Als Theodosius, den viele Goten zu schätzen wussten, Anfang 395 in Mailand starb, wuchs der Unwille.

Das nun dauerhaft geteilte Römische Reich unterstand den schwachen Söhnen des toten Kaisers. Nie wieder zog ein römischer Kaiser in eine Schlacht; den germanischen Heermeistern kam diese Abstinenz gelegen. Am Hof des Arkadius rivalisierten Gruppierungen, die wie die Goten in eine Friedens- und Kriegspartei zerfielen. Die `Germanenfrage` beherrschte das gesamte oströmische Staatsleben.

Den Anstoß oder Vorwand zum Aufstand der Westgoten gab der kaiserliche Hof. Gelder, die man den Goten zugesagt hatte, reduzierte der Kaiser und lehnte es ab, Alarich zum Heermeister zu ernennen.

5.1.2 Ostrom in größter Gefahr

Sogleich ergriffen Alarichs Goten die Waffen, öffneten germanischen Zuwanderern die Donaugrenze, plünderten bis dicht vor Konstantinopel. Weil er die stark befestigte Metropole nicht erobern konnte, zog Alarich nach Makedonien und Griechenland. Statt sich ihm bei den Thermopylen in den Weg zu stellen, flüchteten die römischen Truppen. Regelmäßig haben Goten die waffenfähigen rö-

---

[15] Die Ethnogenese der Ostgoten wurde nach heutiger Auffassung erst Jahrzehnte später abgeschlossen.

mischen Männer niedergemetzelt „und die schönen Frauen samt der Beute hinweggetrieben" (E. Gibbon, Bd. 4). Etwa zur gleichen Zeit bedrängten Hunnen vom Kaukasus her das Reich.

Ostrom war zutiefst gefährdet. Der Großteil seiner Truppen stand noch in Italien und folgte dem Kommando des Heermeisters Flavius Stilicho, Sohn eines Vandalen und einer römischen Mutter, den Theodosius zum Vormund des Honorius bestimmt hatte.

Ob auch Arcadius Stilicho unterstellt war, wie der Heermeister behauptete, ist eher unwahrscheinlich. Aber Stilicho hatte seine Laufbahn im Osten begonnen und wollte das gesamte Imperium beherrschen. Flavius Rufinus, der das Ostreich regierte, misstraute Stilicho.

Der in Konstantinopel verhasste Rufinus trug germanische Kleidung, wenn er den Goten schmeichelte. Rufinus machte Alarich Zugeständnisse, um Stilicho daran zu hindern, ihn abzusetzen. Alarich lieferte er Griechenland aus und ernannte ihn zum Magister Militum für Illyrien. West- und Ostrom stritten um die östliche Hälfte Illyriens, die der Gote dem Osten eingliedern sollte.

Zosimos glaubt, dass Rufinus, der seine Tochter mit Arcadius verheiratet hatte, die Plünderung Griechenlands erfreute, weil ihn solche Not auf den Kaiserthron bringen würde. Stilicho gedachte mit Alarichs Hilfe die Hoheit über das Ostreich zu erlangen.

Auch wegen Illyrien marschierte Stilicho 396 in Griechenland ein; er umstellte die Wagenburg der Goten. Aber Stilicho griff sie nicht an, sondern gestattete Alarich, nach

Epirus abzuziehen und seine Beute zu behalten. Erpresserisch wollte der Heermeister abwarten, bis Arcadius ihn zum Gebieter des Ostreiches ernannte.

Doch Arcadius befahl ihm, alle oströmischen Truppen freizustellen, die ein anderer Feldherr kommandieren sollte, der entschlossen sei, die Goten zu schlagen. Stilicho gehorchte und kehrte ins heimatliche Italien zurück.

Arkadius und Rufinus handelten richtig, wenn auch die Goten weiter plünderten und vier griechische Waffenfabriken zwangen, Schwerter und Speere für ihr Heer anzufertigen. Die Rüstungsschmieden stellten eine wichtige römische Trumpfkarte dar! Alarich erhoben die Westgoten zum König und proklamierten damit auf römischem Gebiet ihre Unabhängigkeit.

5.1.3 Eutrop und das Scheitern des Appeasement

Im oströmischen Heer, das zurückgekehrt war, diente der gotische Offizier Gainas, den wahrscheinlich Stilicho beauftragt hatte, Rufinus umzubringen. Ende 395 töteten Soldaten des Gainas Rufinus in der Öffentlichkeit, während Kaiser Arcadius direkt neben ihm stand.

Jetzt übernahm der Eunuch und ehemalige Sklave Eutropius, der bereits mit Stilicho gegen Rufinus konspiriert hatte, als Konsul die Regierung. Auf seine Initiative heiratete Arcadius Aelia Eudokia, die Tochter des fränkischen Heermeisters Bauto, die Eutrop unterstützte. Arcadius ergebene Generäle schickte der Eunuch in die Verbannung.

Eutrop bat Stilicho, dem bedrängten Ostreich beizustehen. Immer noch verwüsteten Alarichs Goten, die brandschatzten und versklavten, das leidgeprüfte Griechenland. Anfang 397 versuchte Stilicho erfolglos, die Westgoten zu unterwerfen; eigene Truppen plünderten ebenfalls griechisches Land.

Da auch Hunnen das Ostreich angriffen, verhandelte Eutrop mit Alarich, der eine Niederlage gegen die einheimische Bevölkerung erlitten hatte [16]. Noch 397 ernannte Eutrop den Alarich (wieder) zum Magister Militum für Illyrien; der oströmische Staat musste Alarichs Truppen verpflegen und bewaffnen. Eutrops Beschwichtigungspolitik stieß auf innerrömische Opposition.

Gegen Stilicho unterstützte Eutrop den aufständischen Militärbefehlshaber in Nordafrika namens Gildo. Ende 397 schloss sich Gildo dem Osten an und gefährdete Roms Getreideversorgung. Aber Gildos Bruder Masceldelus besiegte ihn; die Provinz Afrika gehörte wieder dem Westen. Stilicho beneidete Masceldelus wegen seines Erfolges und ermordete ihn heimtückisch.

Die Krise verschärfte Tribigild, der jenen Goten angehörte, die Theodosius 386 an der Donau geschlagen hatte. Tribigild kämpfte im Ostheer gegen die Hunnen und fühlte sich zu wenig belohnt. Daran gab er Eutrop die Schuld und ließ Phrygien plündern. Römer wurden ermordet, gotische Sklaven befreit, die Tribigild seiner Streitmacht hinzufügte. Möglicherweise erstrebte er den gleichen Status, wie ihn Alarich genoss. Eutrop vermochte Tribigild nicht zu besänftigen.

---

[16] Dass Provinzrömer Germanen bekämpften, ist höchst bedeutsam!

Nun mobilisierte der Eunuch zwei Heere, eines bei Konstantinopel stationiert, das Gainas befehligte, der Tribigild daran hindern sollte, die Hauptstadt zu bedrohen, das andere vom Feldherrn Leo kommandierte in Kleinasien.

Tribigild verheerte zunächst Kleinasien, aber Provinzrömer schlugen die Goten vernichtend. Leos germanische Soldaten liefen jedoch zu Tribigild über und entwerteten diesen Erfolg. Ebenso wechselten Soldaten, die Gainas dem Leo gesandt hatte, die Fahne. Leos Restheer wurde zertrümmert, und Gainas wagte es nicht, Tribigild anzugreifen, weil auch ihm fast nur unzuverlässige Germanen unterstanden. Noch dazu waren Gainas und Tribigild miteinander verwandt. Die alte Taktik der Römer, Germanen gegen Germanen kämpfen zu lassen, scheiterte völlig.

Es kam noch weit schlimmer! Gainas glaubte, berichtet Zosimos, dass ihn Eutrop geringschätzte; ohnehin gönnte er dem Eunuchen sein hohes Amt nicht. Anfangs unterstützte Gainas den Tribigild heimlich, dann offen und vergrößerte die Staatsnot ins Unermessliche.

In Kleinasien verstärkte Gainas Tribigilds Horden; die Verratsthese des Zosimos erscheint glaubwürdig. Tribigilds Macht nutzte Gainas und setzte die oströmischen Senatoren unter Druck. Eutrop sei zu entfernen, behauptete Gainas, weil er Tribigild beleidigt und das Unglück heraufbeschworen habe. Die Politik der Verständigung, die Rufinus und Eutrop angewandt hatten, endete katastrophal.

Zumal auch Perser das Reich bedrohten, bettelte Eutrop wieder bei Stilicho um Hilfe. Westrom erlebte damals eine Phase relativer Sicherheit; am Rhein wie auch in Britannien funktionierte der Grenzschutz halbwegs. Stilicho wollte allerdings nur dann Beistand leisten, wenn zuvor der Eunuch ausgeschaltet wurde, der gegen ihn in Afrika vorgegangen sei.

Arcadius, schwach und ängstlich, gehorchte Gainas ebenso wie Stilicho. Gedrängt auch von Eudokia, lieferte er seinen engsten Berater Eutrop dem Henker aus. Ende 399 wurde der Eunuch hingerichtet.

Alarich, Gainas und Tribigild dominierten Ostrom; in Italien wartete der Halbvandale Stilicho darauf, Konstantinopel zu unterwerfen. Bald schon beanspruchte Gainas das Oberkommando über alle oströmischen Soldaten! 23 Jahre waren seit dem Donauübergang der Goten vergangen; nun hatten sie das Ziel beinahe erreicht.

5.2 Triumpf der antigermanischen Opposition

5.2.1 Die Brandrede des Synesios von Kyrene

Erst einmal war die schicksalhafte Frage zu klären, wer die Nachfolge des Konsuls Eutrop antreten sollte. Zur Debatte standen Aurelian, ehemaliger Stadtpräfekt, der die Germanen scharf kritisierte, und sein Bruder Caesarius, den das Volk hasste und schmähte, weil er die Forderungen der Goten billigte. In Konstantinopel ging es um Sein oder Nichtsein. Genau jetzt kam ein Freund des Aurelian, Synesios von Kyrene (ca. 370-414), Philosoph und Schriftsteller, der vermutlich noch Heide war, an den kaiserlichen Hof.

Dort hielt Synesios etwa um die Jahreswende 399/400 einen legendären Vortrag, der als „Königsrede" in die Geschichtsbücher einging [17].

Synesios erläuterte Arcadius, wie ein guter Monarch in der Stunde der Not zu agieren habe. Die Mühen und Leiden seiner Untertanen muss er teilen und das Wohlleben verschmähen. Der tüchtige Kaiser sorge für Gerechtigkeit, Tapferkeit und Besonnenheit. Nur der Tyrann macht das eigene falsche Verhalten zum Gesetz. Zu warnen sei Arcadius, der oberflächlichen Genüssen huldige und einer Molluske ähnle, vor Schmeichlern und Hofschranzen.

In alter Zeit führten die Kaiser, „geschwärzt von der Sonne, einfach in der Tracht", ihre Heere in den Krieg. Seit jedoch Goten die Donau überquerten, weichen die Römer erschrocken vor ihnen zurück, die sogar noch „Lohn" fordern, „damit sie Frieden halten".

Wolle ein Kaiser das Vertrauen der Soldaten erlangen, müsse er bei ihnen leben, an den Übungen teilnehmen und Waffen gebrauchen können. Nur so gewinne er die „lebendige Freundschaft" der Soldaten und entfache ihren Kampfgeist, ohne den keine Schlacht zu gewinnen sei.

Aber nur römische Truppen verdienten Anerkennung, nur sie beschützten die Einheimischen zuverlässig. Die Wächter des Staates gleichen treuen Hunden, unter die

---

[17] Vgl. den Inhalt der Rede bei Grützmacher, Synesios. Umstritten ist, ob der überlieferte Wortlaut völlig mit der Ansprache übereinstimmte, die Synesios am Kaiserhof hielt. Es wird aber davon ausgegangen, dass zumindest die wesentlichen Textpassagen identisch sind.

man keine germanischen Wölfe mischen dürfe, die Hunde und Hirten angreifen, sobald diese „Schwäche zeigen". Der Versuch, Germanen und Römer zu verbünden, war Synesios zufolge missglückt.

Wie der Arzt Fremdkörper aus dem Leib des erkrankten Patienten entfernt, möge auch der Staatsmann handeln. Wenn im Staat die Bewaffneten (das männliche Element) und die Waffenlosen (das weibliche Element) unterschiedlichen Stammes seien, werden Erstere die Letzteren unterjochen. Besonders der im römischen Auftrag errungenen Siege der Germanen habe man sich zu schämen. „Ehe man duldet, dass diese Skythen [= Westgoten] hier im Land in Waffen einhergehen, sollte man alles Volk der Römer zu Schwert und Lanze rufen".

Schändlich sei es, dass die volkreichen Römer Fremden den Kriegsruhm überlassen. Hier berührte Synesios einen besonders wichtigen Gesichtspunkt. Weshalb erstarrte eine Bevölkerung, der Millionen Menschen angehörten, die gefüllte Waffenarsenale, gute Rüstungsschmieden und Werften besaß, eine intakte Landwirtschaft geschaffen und zahlreiche Straßen gebaut hatte, vor einigen hunderttausend Germanen und sah tatenlos zu, wie Invasoren ganze Regionen verheerten, deren Einwohner töteten oder versklavten? Synesios erkannte die Ursache im Niedergang des alten Römergeistes. Es bleibt zu klären, warum es dazu kam und wieso Ost und West unterschiedliche Wege gingen.

Die Germanen, klagte Synesios, verachteten die Sitten der Römer auch dann, wenn sie aus taktischen Gründen in der Senatskurie die Toga trugen. Sie verspotteten die Toga, weil diese sie daran hindere, das Schwert zu ziehen.

In Pelze gekleidete, eigentlich zum Sklavendasein bestimmte Germanen kommandierten römische Soldaten, erteilten der Staatsführung Ratschläge oder Anweisungen und stiegen zur neuen Obrigkeit auf. Kein Römer dürfe sich mit Barbaren gemein machen. Der kleinste Vorwand genüge den Goten und sie ergreifen endgültig die Macht. Dann müssten Ungeübte gegen Erfahrene kämpfen. Außerdem befürchtete Synesios, dass gotische Sklaven, die in römischen Haushalten lebten, Gainas zulaufen werden. Der Staat sei einer tödlichen Gefahr ausgeliefert.

Alles hänge davon ab, dass der unheilvolle Einfluss der Goten im Heer gebrochen wird. Sie müssten das Militär verlassen und Römer sollen zum Waffendienst einberufen werden. Aber nicht nur Bauern seien zu rekrutieren. „Wir müssen den Philosophen aus seiner Studierstube, den Handwerker aus seiner Werkstatt aufstehen heißen, wir müssen den Kaufmann aus seinem Laden" und die Müßiggänger aus dem Theater holen, damit „die Römer ihre eigenen Kräfte zeigen". Dieses leidenschaftlich vorgetragene Programm der Wehrhaftmachung entsprach den Vorstellungen Aurelians.

Des Theodosius falsche Großmut, der die Goten aufnahm, ihnen Heeresposten und das Bürgerrecht verschaffte, der den „Erbfeinden" sogar römischen Boden aushändigte, belohnten sie mit Undank. Jetzt gebe es nur zwei Möglichkeiten. Entweder müsse man die Germanen wie messenische Heloten behandeln oder sie über die Donau zurückwerfen. Ihren Stammesgenossen werden sie melden, dass bei den Römern nicht mehr die Milde herrscht, sondern ein junger und edler Held an der Spitze steht.

Synesios repräsentierte Denkweisen des oströmischen Christentums; es enthielt realistisch-heidnische und antike Prinzipien. Nicht zufällig verehrte Synesios später auch als Christ die neuplatonische Philosophin Hypathia, welche heidnische Bildung und Wissenschaft pflegte und die katholische Fanatiker grausam ermordeten.

Der Byzantinist R.-J. Lilie betont, dass die christliche Konfession des Ostens „heidnische Elemente beibehielt", deren „Kenntnis als unerlässliche Probe" galt, wenn jemand die Aufnahme ins orthodoxe Christentum begehrte. Der große Unterschied zwischen byzantinischen und katholisch-abendländischen Christen wird noch systematisch zu erörtern sein [18].

5.2.2 Die Niederwerfung der Goten in Konstantinopel

Die patriotische Rompartei, durch Synesios angefeuert, errang einen wichtigen Sieg; zum neuen Konsul wurde Aurelian bestimmt. Auch gab es eine tief verwurzelte, antigermanische Strömung im Provinzvolk, das Alarich und Tribigild die erwähnten Niederlagen beibrachte. Schon 390 hatte die Bevölkerung von Thessalonike einen germanischen Offizier getötet. Theodosius beantwortete diesen Aufruhr mit einem Massaker an den Stadtbürgern.

Weil Eudoxia das Römertum unterstützte, ernannte Aurelian sie zur kaiserlichen Mitregentin und berief gemäß dem Programm, das Synesios verkündet hatte, Römer ins Heer ein, die auszubilden und zu bewaffnen freilich Zeit benötigte. Ostrom zahlte Alarich keine Tribute mehr; der Gotenkönig plünderte nun Illyrien.

---

[18] Vgl. unten Kap. 7.3

Gainas, den man beschuldigte, Tribigild unterstützt zu haben, wurde ein Prozess angedroht. Daraufhin beschlossen Gainas und Tribigild, in Kleinasien zu marodieren. Wieder sank Arcadius auf die Knie und verhandelte mit Gainas bei Chalcedon wie mit einem ebenbürtigen Herrscher [19]. Gainas verlangte den Oberbefehl über das oströmische Heer und die Auslieferung der antigermanischen Frondeure. Arcadius billigte diese Forderungen, die einem Staatsstreich gleichkamen.

So verschärfte sich die Lage im Juli 400 dramatisch. Aurelian und zwei andere Römer wurden in das Lager des Gainas gebracht, der Aurelian in die Verbannung schickte und durch Caesarius ersetzte. Gainas und Tribigild räumten Kleinasien; die Goten zogen in Konstantinopel ein, das die meisten römischen Soldaten verließen. Ostrom, gefangen im harten Griff der Germanen, schien zu kollabieren.

Die Entscheidung nahte, als Gainas forderte, den arianischen Goten eine Kirche der Stadt zu übergeben. Der Kaiser, den Caesarius beriet, stimmte zu, aber Konstantinopels Bischof Johannes Chrysostomos widersetzte sich Gainas, der einen taktischen Fehler beging und dem Bischof nachgab. Empörte Römer griffen Goten an; in den Straßen loderten Hass und Misstrauen. Die Römer fürchteten, dass auch Konstantinopel der Plünderung anheimfallen werde. Endgültig wollte Gainas, notiert Zosimos, die Macht ergreifen. Viele römische Zivilpersonen verschafften sich Waffen und bereiteten den Kampf vor.

---

[19] Zuvor hatte Gainas Chalcedon erobert und Tribigild Gebiete um Lampsakos besetzt (Zosimos, Neue Geschichte).

Am 12. Juli 400 zündete ein Funke die Explosion; unfreiwillig brachte Gainas den Stein ins Rollen. Der gesundheitlich angeschlagene Gote verlor die Nerven und suchte Stärkung in einer außerhalb der Stadt gelegenen Kirche. Gotische Soldaten, die Gainas schützten, begleiteten ihn. In Konstantinopel verbliebene Goten argwöhnten, dass Gainas die Flucht ergreife und liefen mit Frau und Kind zu den Stadttoren. Seitens der Römer verdächtigte man die Goten, sich ihrer Familien entledigen zu wollen, um Konstantinopel ungehindert zu plündern [20].

Bewaffnete römische Zivilisten liefen herbei; es kam zu blutigen Kämpfen. Manche Goten vereinigten sich mit Gainas, andere wurden aus der Stadt herausgedrängt. Eilig marschierte Gainas zurück, fand aber die Tore der Stadt geschlossen vor.

Noch etwa 7000 desorientierte Goten, die annahmen, dass römische Soldaten ihre Landsleute vertrieben hätten, befanden sich in Konstantinopel. Fälschlich hielten sie die Lage für aussichtslos und legten ihre Waffen nieder; wutentbrannt metzelten die Römer sie nieder. Überlebende Goten flüchteten in eine Kirche, die auf Weisung des Arcadius verbrannt wurde. Auch besetzten Römer die Mauern der Stadt und verteidigten sie erfolgreich gegen Angriffe auswärtiger Goten. Konstantinopel war „von der Gotengefahr befreit" (O. Seeck, Bd. 5) und gleichsam eine Minute vor Zwölf gerettet worden.

---

[20] Zosimos (Neue Geschichte) schreibt, dass Gainas plante, die Stadt von außen her anzugreifen. Diese Behauptung klingt wenig plausibel. Warum hätte Gainas Konstantinopel verlassen sollen, wenn er in der Stadt die Macht zu übernehmen gedachte?

Gainas „wichtigstes Unternehmen" (Zosimos, Neue Geschichte) scheiterte katastrophal. Möglicherweise wollte sich der schwächliche Arcadius mit Gainas wieder aussöhnen. Doch die Bewohner der Stadt öffneten die Tore nicht. Ein neues römisches Heer wurde organisiert, das zunächst Fravitta leitete. Inzwischen plünderte Gainas, den römische Fahnenflüchtige unterstützen, Thrakien. Städte konnte er nicht einnehmen und beschloss, nach Kleinasien überzusetzen, woran ihn die römische Kriegsflotte hinderte, der die meisten Goten zum Opfer fielen.

Bald kehrte Gainas über die Donau zurück und ließ die wankelmütigen römischen Deserteure umbringen. Der Hunnenanführer Uldin besiegte Gainas Ende 400 in einer Schlacht; sein Kopf wurde nach Konstantinopel gesandt und im Triumpf durch die Stadt getragen [21].

Aurelian kehrte aus der Verbannung zurück und übernahm erneut die Regierung. Der 401 geborene Kaisersohn Theodosius wurde zum Mitkaiser des Arcadius ernannt und sicherte den Bestand der Dynastie.

Konsequent wurde der zivile Hofstaat ausgebaut, sodass eine Usurpation, wie sie Gainas beabsichtigt hatte, kaum noch stattfinden konnte (M. Meier, Völkerwanderung). Wie dauerhaft die Rompatrioten gesiegt hatten, unterstrich das Todesurteil für den Goten Fravitta. Man beschuldigte ihn, die Truppen des Gainas nicht restlos vernichtet zu haben. Auch der `Kollaborateur` Caesarius kam vor Gericht. Zielstrebig entfernte Aurelian germanische Offiziere aus dem Heer. Künftig erhielten die Goten weder Getreide

---

[21] Das Schicksal Tribigilds ist nicht geklärt; vermutlich starb auch er 400.

noch Waffen. Ostrom nutzte also weitere der oben erwähnten strategischen Vorteile.

Gainas und Tribigild waren niedergeworfen. Aurelian triumphierte, der Alarich keine Subsidien zahlte und die Vereinbarung, die der Gote mit Eutrop abgeschlossen hatte, für nichtig erklärte. Jegliche neue Verhandlungen lehnte Aurelian ab; standhaft nahm er die Plünderung Illyriens in Kauf. Sobald die Goten nichts mehr zu rauben vorfanden, brachen sie ihre Zelte ab und zogen westwärts. Alarich war gescheitert.

Mühsam und opferreich betrat Ostrom den Weg der Genesung. Trotz mancher Rückschläge bewältigte das Reich auch die nächste große Herausforderung. 454 kamen die Ostgoten vom Hunnenjoch frei; bald gefährdeten sie Byzanz ähnlich wie einst Alarich und Gainas. Der alanische Heermeister und Konsul Aspar (400-471) stützte sich auf ostgotische Söldner und begehrte die Macht im Staat. Kaiser Leo I. ließ ihn 471 töten; deutlich ging der germanische Einfluss zurück. Auch der andere Gotenstamm vermochte Byzanz nicht zu unterwerfen und verließ in der Regierungszeit des Kaisers Zenon den Osten.

Römer besetzten die wesentlichen Offiziersstellen. Sofern auf Söldner zurückgegriffen wurde, traten sie nicht als Völkerschaften ins Heer ein, sondern vermengt mit römischen Truppen. Unter Kaiser Herakleios (reg. 610-641) bestand das oströmische Heer großenteils aus wehrdienstpflichtigen Römern.

Das regenerierte Byzanz eroberte im 6. Jahrhundert umfangreiche Teile Westroms. Die Niederwerfung der Goten in Konstantinopel 400 bedeutete eine tiefe historische Zäsur und ermöglichte den Wiederaufstieg des Ostreiches [22].

6. Westrom erliegt den Germanen

6.1. Kampf um Italien

6.1.1 Alarichs erster Italienzug

Der von Synesios beschworene Römergeist rettete Byzanz vor dem Untergang. In den Jahren der Stabilisierung des Ostens ging Westrom gleichsam umgekehrt proportional zugrunde. Warum gelang dem Westreich die Abwehr der Germanen *nicht*?

Alarich verließ den Osten aufgrund des Sieges der antigermanischen Partei. 400/401 wanderten die Goten nach Italien ab, das von römischen Truppen entblößt war, die in Raetien Vandalen bekämpften. Die Westgoten benötigten Siedlungsland, erreichten im November 401 Aquileja und zogen dann plündernd und mordend durch Italien.

Das Westreich leitete der Heermeister Stilicho; schon sein Vater hatte in römischen Militärdiensten gestanden. Nach dem Sieg über Eugenius ernannte Theodosius den Stilicho zum Befehlshaber der weströmischen Truppen und gab ihm seine Nichte Serena zur Frau.

Deren gemeinsame Tochter Maria heiratete 398 Kaiser Honorius, sodass Stilicho dem Thron näher kam. Dennoch

---

[22] Die unqualifizierte, 1983 geäußerte Behauptung des Alexander Demandt, dass den Ereignissen des Jahres 400 nur episodische Bedeutung zukomme, widerspricht den offenkundigsten Tatsachen und ist leicht zu entkräften.

lag ihm der Gedanke, den Kaiser zu beerben, wohl eher fern. Als Theodosius 395 starb, beanspruchte der Heermeister die Oberhoheit auch über den Osten. Seit Aurelian in Konstantinopel regierte, verschlechterte sich Stilichos Beziehung zum Ostreich endgültig.

Taktisch war Stilicho höchst flexibel; manchmal bekämpfte er die Westgoten, dann wieder machte er sie zu Verbündeten. Wahrscheinlich glaubte er, die zugewanderten Germanen romanisieren und das Gesamtreich fortsetzen zu können. Angesichts der Gegensätze zwischen Römern und Germanen war diese Idee zum Scheitern verurteilt.

Trotz der Invasion Alarichs blieb Honorius auf Geheiß Stilichos in seiner Residenzstadt Mailand und überließ dem Heermeister jegliche Initiative. In Raetien zog Stilicho Vandalen und andere Germanen auf seine Seite, besiegte dann Alarich, der in Gallien zu siedeln plante, bei Pollentia. Frauen und Kinder, der gesamte gotische Tross, gerieten in Gefangenschaft. Alarich versprach den Römern, wieder Illyrien aufzusuchen und das Westreich gegen Konstantinopel zu schützen.

Doch ignorierte er die Abmachung und versuchte, Gallien zu erreichen. Stilicho bezwang ihn bei Verona. Mit den überlebenden Goten zog Alarich 402/03 nach Illyrien und harrte dort vier Jahre lang aus. Jammervoll endete Alarichs erster Italienzug.

6.1.2 Die Invasion des Radagaisus

Als die Goten Italien geräumt hatten, zog der Kaiserhof ins feste Ravenna. Außerhalb dieser Stadt war Honorius kaum noch zu sehen. Stilicho hatte immer größere Mühe, die vielen Barbaren des Heeres zu kontrollieren und rekrutierte mehr Römer. Doch kam es immer wieder vor, dass zahlreiche „waffenscheue Römer ausrissen" (O. Seeck, Bd. 5). So tief sank im Westen der Staatsgedanke, dass mancherorts barbarische Truppen Römer gewaltsam an der Fahnenflucht hinderten!

Trotzdem existierte auch hier eine antigermanische Opposition, die Stilicho zu Recht vorwarf, dass er Alarich habe entkommen lassen. Schon früher hatte Stilicho die Goten als Druckmittel gegen das Ostreich gebraucht. Jetzt intervenierte Stilicho erneut im Osten; er förderte die Anhänger des abgesetzten Bischofs Johannes Chrysostomos.

Statt Ost und West eng zu verbünden, wie es die politische Vernunft erforderte, koalierte Stilicho mit Alarich, der Illyrien dem Ostreich entreißen sollte. Der Heermeister vernachlässigte die Verteidigung Italiens und Galliens und wies Honorius an, den Alarich zum Magister Militum für Illyrien zu ernennen.

Gegen Ende des Jahres 405 brachen nördlich der Donau große germanische Völkerschaften auf. Unter Führung des Goten Radagaisus drangen insgesamt 200 000 bis 400 000 Goten, Sueben und Alemannen in Italien ein.

Stilicho, der Hunnen, Goten und sogar freigelassene Sklaven mobilisierte, zog Radagaisus entgegen, der seine Scharen in drei Gruppen teilte. Den größten dieser Verbände, der Florenz belagerte, umzingelte Stilicho. Radagaisus wurde ergriffen und hingerichtet; die übrigen Germanen gingen in die Sklaverei oder traten der römischen Armee bei.

Die beiden anderen Gruppen verließen Italien und schlossen sich Vandalen an, die den Rhein überqueren wollten. Während Stilicho Radagaisus bekämpfte, sicherten Franken die Rheingrenze, wofür sie Geld erhielten, weil Rom nicht imstande war, Gallien zu schützen.

Selbst in dieser höchst kritischen Situation eilte Stilicho nicht etwa an den Rhein. Gemeinsam mit Alarich plante er wegen Illyrien einen Kriegszug gegen das Ostreich. Römische Truppen hielt er in Italien fest, obwohl sie an der Rheinfront bitter fehlten. Die Katastrophe nahm ihren Lauf.

6.2. Rom wird erobert

6.2.1 Die antigermanische Opposition des Westens

Vandalen, Alanen und Sueben überschritten am 31. Dezember 406 den Rhein und stießen weit vor [23]. Sie plünderten Mainz und Trier, verwüsteten gallische Städte, kamen bis Paris und Bordeaux.

Angesichts der unverteidigten Rheingrenze beanspruchte Konstantin, der Militärbefehlshaber von Britannien, die Kaiserkrone. Schnell fasste er auch in Gallien Fuß und organisierte den Abwehrkampf. (409 besetzten die Invasoren Spanien und teilten die gesamte Halbinsel unter sich auf. Das volkreiche Westeuropa vermochte die Angriffe einiger zehntausend Krieger nicht abzuwehren!)

---

[23] Möglicherweise wurde diese Völkerbewegung wiederum von den Hunnen angestoßen.

Den leichtfertig geplanten Eroberungszug gegen Ostrom musste Stilicho 407 abblasen. Anfang 408 verlangte Alarich, der Italien vom Noricum aus bedrohte, den Goten `Schadensersatz` in Höhe von 4000 Pfund Gold zu leisten. Der Usurpator Konstantin (III.) stand bereits an der Rhone. Zwar schlug ihn der gotische Militärbefehlshaber Sarus kurzfristig zurück, aber Konstantins Truppen verjagten Sarus und marschierten in Richtung Italien.

Der Senat und Stilicho debattierten, wie mit der erpresserischen Forderung Alarichs, vor dem Stilicho einknickte, umzugehen sei. Die meisten Senatoren gehörten zur „Kriegspartei" und verfluchten Stilicho, der „dem Frieden Vorzug gebe und es über sich bringe, diesen zur Schmach des römischen Namens für Geld zu erkaufen" (Zosimos, Neue Geschichte).

Mehrere Senatoren verdächtigten Stilicho, die Germanen heimlich zu begünstigen; er oder sein Sohn Eucherius wollten angeblich die Kaiserkrone erlangen. Der alte heidnische Senator Lampadius beklagte wie Synesios Herrschaftsgelüste der Germanen: in Stilichos Absprache mit dem Gotenkönig sah er einen Pakt der Knechtschaft. „Non est ista pax; sed pactio servitutis!" (Zosimos, Neue Geschichte). Nach der Schlacht bei Cannae 216 v. Chr. hatte der Senat unbeugsam die Verheerung des eigenen Landes hingenommen.

Gegen Stilicho wagten aber sogar die heidnischen Senatoren nicht zu rebellieren. Lampadius flüchtete in eine christliche Kirche, um Drangsalierungen zu entgehen.

Katholische Christen des Westens kümmerte vor allem das himmlische Reich. Fast nur Heiden wie Lampadius vertraten antigermanische Standpunkte. Höchst bedenkenswert ist Otto Seecks Feststellung, dass die patriotische Rompartei des Senats „zugleich auch die heidnische war" (O. Seeck, Bd. 5). Aber das Heidentum war ermattet; dem Sieg des Christentums ging, wie erwähnt, die Schwächung der Heiden voraus.

Stilicho, der ein guter Militär war, aber staatsmännisch total versagte, wollte die Goten nicht an die Macht bringen, verantwortete aber aufgrund seiner gegen das Ostreich gerichteten Politik die Krise wesentlich. Er und Alarich waren gleichzeitig Verbündete und Gegner. Nun forderten die Goten, in einer weströmischen Provinz angesiedelt zu werden. Auch Stilicho gelang es nicht, Germanen gegen Germanen auszuspielen.

Der heidnische Teil des Senats opponierte gegen den Heermeister. Zur antigermanischen Opposition des Westens gehörte auch der GalloRömer Rutilius Claudius Namatianus, der 412 als magister officiorum die Kanzleien des Honorius leitete und noch Jahre später Verse schrieb, in denen er den Wiederaufstieg Roms verkündete und das Christentum scharf angriff. Uns mag Rutilius wie ein Phantast erscheinen. Es sei aber daran erinnert, dass auch das oströmische Reich eine verzweifelt schwierige Situation letztlich bewältigte. *Äußere* Bedingungen machten die Erholung Westroms *nicht* unmöglich, zumal sich ein Bündnis mit dem erstarkten Ostreich anbot.

6.2.2 Stilichos Tod

Empört über Stilichos Kniefall vor Alarich, ergriffen Honorius und zahlreiche Hofbeamte gegen ihn Partei. Das galt besonders für Olympius, den Stilicho selbst gefördert hatte. Honorius entglitt der Bevormundung des Heermeisters.

Kaiser Arcadius starb im Mai 408 und hinterließ einen noch unmündigen Sohn. Stilicho überredete Honorius, in Italien zu bleiben und wollte selbst nach Konstantinopel gehen und das Ostreich unter seine Kontrolle bringen. In Bononia (Bologna) traf Stilicho Reisevorbereitungen.

Olympius nutzte die Abwesenheit des Feldherrn und schürte das Misstrauen des Honorius gegen Stilicho, der in Konstantinopel Eucherius zum Kaiser erheben wolle und entschlossen sei, Honorius abzusetzen. Olympius ging zu den in Ticinum (Pavia) stationierten römischen Truppen, in deren Reihen eine antigermanische Stimmung herrschte, die Olympius, der zum Umsturz aufrief, zu nutzen verstand.

Der Staatsstreich begann am 13. August 408. Während Honorius, der nicht eingeweiht war, vor den Soldaten in Ticinum eine Rede hielt, töteten diese, auf ein Zeichen des Olympius „gewissermaßen in Raserei versetzt", vier hohe, von Stilicho ernannte Amtsträger und Offiziere (Zosimos, Neue Geschichte). Dann stürmten die Soldaten umliegende Häuser und töteten zahlreiche weitere, dem Stilicho ergebene Amtsträger. In diesem „Blutbade" verschaffte „der Antigermanismus sich Luft" (O. Seeck, Bd. 5).

Der entsetzte Stilicho wollte zunächst nach Ticinum eilen, erfuhr dann aber, dass Honorius die Aufständischen unterstützte. Nun ging Stilicho, der nicht daran dachte, gegen Honorius vorzugehen, ins scheinbar sichere Ravenna.

Auch in Ravenna beobachteten römische und germanische Soldaten einander feindselig. Vergebens flüchtete Stilicho in eine christliche Kirche; er wurde gefasst, legte jedoch keinen Wert darauf, dass ihn seine Anhänger befreiten. Der Kaiser verurteilte Stilicho zum Tode; passiv beugte er sich unter das Schwert. Eucherius fiel ebenso der Hinrichtung anheim. Weitere Anhänger Stilichos wurden festgenommen, gefoltert, umgebracht.

Auch töteten römische Soldaten in mehreren Städten zehntausende germanische Frauen und Kinder. Olympius erhielt das Amt des magister officiorum und war leitender Staatsmann. Der Kaiser verstieß seine Ehefrau Thermantia, eine Tochter Stilichos.

Die antigermanische Revolte vom August 408 glich auffällig dem geschilderten Umsturz in Ostrom; möglicherweise diente Letzterer italischen Römern sogar als Vorbild. Was in Konstantinopel geschah, konnte prinzipiell auch dem Westen gelingen. Allerdings scheiterten die Germanen in Konstantinopel wesentlich am Volkszorn, der in Westrom kaum zu bemerken war. Viel zu wenige Römer, welche die germanischen Söldner hätten ersetzen können, wurden rekrutiert.

Honorius versäumte es, die Militärpolitik grundlegend zu ändern. Westlich-katholische Christen verurteilten den

Kriegsdienst [24]; ohnehin mieden Römer das Militär. Der Kampfesleidenschaft der Germanen konnten sie nicht erfolgreich widerstehen. Die Moral des Duldens [25] erlag dem Heroismus des Kriegers. Der westliche Antigermanismus war auch unter den Soldaten heidnisch geprägt.

Tiefer wurzelte der Antigermanismus des Ostreiches; er war härter, konsequenter und dauerhaft. Die genauen Ursachen sind noch zu analysieren [26]. Jedoch standen auch im Westreich die Dinge zunächst auf des Messers Schneide.

6.2.3 Alarichs weitere Italienzüge und die Plünderung Roms

Die neue antigermanische Regierung verweigerte Alarich das zugesagte Gold. Daraufhin erklärte der Gotenkönig, dass ihm auch eine geringere Ablösesumme genüge, und er sein Volk, sobald der Kaiser zahle, ins ferne Pannonien zu führen gedenke. Auch diese Forderung wies der von Olympius beratene Honorius zurück.

Nun betrat Alarich italienischen Boden, aber Honorius, verschanzt in Ravenna, entsandte keine Truppen, welche die Alpenpässe hätten sperren können.

---

[24] Erst in späterer Zeit, als das Christentum konsolidiert war, änderte sich diese Einstellung, auch weil die katholische Kirche mehr weltliche Macht erstrebte. Vgl. unten Kap. 8

[25] Im frühen 5. Jahrhundert wurde Trier von den Franken verheert. Während noch Leichen in den Straßen lagen, forderten zahlreiche Trierer den Präfekten auf, Zirkusspiele zu veranstalten (Benrath, Galla Placidia).

[26] Vgl. unten Kap. 7

Alarich erreichte im Herbst 408 Rom. Ihn verstärkten 30 000 germanische Kämpfer, deren oben erwähnte Familien den Römern zum Opfer gefallen waren. Statt sorgsam die Verteidigung der Stadt vorzubereiten, ließ der Senat Stilichos Witwe Serena erwürgen, die Rom an die Goten verraten habe. Galla Placidia, die Tochter Theodosius I., Halbschwester des Honorius, glaubte ebenfalls an Serenas Schuld (Zosimos, Neue Geschichte).

Ansonsten warteten die furchtsamen Senatoren darauf, dass der unfähige Kaiser Hilfe leiste. Auch im Westen gab es (fast nur heidnische) Rompatrioten, denen jedoch die Leidenschaft und Hingabe eines Synesios oder Aurelian fehlten.

Im belagerten Rom, dem es an Kampfgeist mangelte, wüteten Hunger und Seuchen. Da Ravenna keinen Entsatz schickte, verhandelte der Senat mit Alarich. Man sei bereit, erklärten römische Gesandte, einen maßvollen Frieden abzuschließen; andernfalls würden zahlreiche Römer zum Schwert greifen. Alarich antwortete voller Hohn: „Dichteres Gras lässt sich leichter mähen als dünneres!" und fügte ein „lautes Gelächter" hinzu (Zosimos, Neue Geschichte). Frieden schließe er nur, wenn die Stadt alles Gold und Silber sowie die germanischen Sklaven herausgebe. Auch möge der Senat Honorius auffordern, mit den Goten Frieden und ein Waffenbündnis zu schließen.

Schamlos kapitulierte der Senat und legte den Goten 5000 Pfund Gold, 30 000 Pfund Silber sowie andere Güter zu Füßen. Sogar die goldene „Statue der Tapferkeit, welche die Römer Virtus heißen", wurde eingeschmolzen und dem Feind ausgeliefert. „Mit ihrer Vernichtung erlosch alles, was bei den Römern an Tapferkeit und männlichem Denken noch vorhanden war" (Zosimos, Neue Geschichte). Honorius akzeptierte die Friedensbedingungen und ersetzte Anfang 409 antigermanische Staatsdiener wie Olympius durch willfährige Personen.

Dann aber verabredete Honorius mit dem Usurpator Konstantin ein Bündnis gegen Alarich. Gute Truppen aus Dalmatien verstärkten das kaiserliche Heer. Die Verhandlungen mit Alarich endeten; neue Kampfhandlungen begannen. Der zurückgekehrte Olympius konnte allerdings, weil er voreilig handelte, eine gotische Truppe nicht oder nur teilweise zerschlagen. Deshalb gab der Kaiser seinen besten Mann preis und ließ Olympius töten.

Wieder besetzten Germanen wichtige staatliche Positionen. Alarich verlangte Kornlieferungen, ein Jahresgeld und die Ansiedlung der Goten in Venetien, Noricum und Dalmatien. Honorius billigte Alarichs Forderungen, fügte aber seinem Schreiben Sätze hinzu, die den Goten vermeintlich beleidigten. „Zornentbrannt" befahl Alarich, „auf der Stelle gegen Rom zu marschieren" (Zosimos, Neue Geschichte).

Der Hof zu Ravenna rüstete für den Krieg, doch Alarich bereute und machte ein Vermittlungsangebot. Ihm genüge das Noricum, er verzichte auf Geldleistungen und werde Roms Feinde bekämpfen. Bischöfe der katholischen Kirche intervenierten ins Staatsleben und rieten dem Kaiser, die Waffen zu strecken.

Trotzdem blieb Honorius, der auf ein Militärkontingent des Konstantin wartete, unbeugsam. Am Jahresende 409 bedrohte Alarich Rom erneut und forderte, dass der Senat den Präfekten Priscus Attalus zum (Gegen)kaiser erhebe.

Alle Weströmer hätten wie der Osten gegen den Landesfeind an einem Strang ziehen müssen. Aber die folgsamen Senatoren taten wie befohlen, und der Pseudokaiser ernannte Alarich zum Magister Militum. Anstelle des widerspenstigen Honorius sollte Attalus den Goten dienstbar sein.

Alarich erwog die Besiedlung der getreidereichen Provinz Afrika, doch glaubte Attalus, dass Afrika auch ohne gotische Besetzung Getreide liefern könne. Der Gegenkaiser entsandte einen Römer namens Constans, der Heraclanius, Statthalter in Afrika, abzulösen hatte.

Vorerst plante Alarich die Entmachtung des Honorius; gemeinsam mit Attalus belagerten die Goten Ravenna. Honorius akzeptierte Attalus als Mitregenten wie zuvor schon Konstantin. Attalus aber wollte allein regieren und Honorius nur den Kaisertitel belassen. Der Präfekt Jovius, vom rechtmäßigen Kaiser beauftragt, ihn zu vertreten, wechselte die Seiten und bot Attalus an, Honorius völlig zu entfernen.

Ein weiterer Amtsträger des Honorius, der Magister Militum Allobich, verbündete sich mit Konstantin, der in Ravenna den Kaiserthron zu besteigen hoffte. Honorius bereitete seine Flucht ins Ostreich vor.

Nach Stilichos Tod hatte Ostrom versprochen, dass Honorius Truppen erhalten werde, sobald die Hunnengefahr nicht mehr bestehe. Zur Jahresmitte 410 kamen 4000 oströmische Soldaten und bemannten die Stadtmauern von

Ravenna. Außerdem blockierte Heraclianus, der Constans besiegt hatte, die Getreidelieferungen für Italien. Alarich hob Ende Juni 410 die Belagerung Ravennas auf; künftig sollte Ligurien die Goten ernähren.

In Rom sponnen sich derweil Intrigen um den Schattenkaiser Attalus. Jovius wähnte seinen neuen Herrn auf verlorenem Posten und tauschte wieder die Fahnen. Dem Alarich erzählte er, dass Attalus ihn stürzen wolle. Der Gotenkönig verjagte die kaiserliche Marionette und suchte das Gespräch mit Honorius, der befohlen hatte, Rom wieder mit Korn zu beliefern und Allobich umzubringen.

Aber jetzt erlag Honorius, biegsam wie Schilfrohr, den Einflüsterungen des gotischen Militärführers Sarus, der einige gotische Soldaten töten ließ, weil er glaubte, Alarich bezwingen zu können.

Voller Grimm belagerten die Goten Rom erneut, in dem bald der Hunger wütete. Eine „fromme Christin" (O. Seeck, Bd. 5), Proba genannt, die Briefe mit Augustinus wechselte, sabotierte die Verteidigung der Stadt, deren Plünderung ihr als das kleinere Übel erschien. Heimlich öffnete sie nachts ein Stadttor. Am 24. August 410 stürmten die Goten Rom, plünderten und brandschatzten drei Tage lang, erschlugen Abertausende, versklavten Römer und setzten ganze Stadtviertel in Brand.

Zwar baute man Rom wieder auf, aber die psychologische Wirkung der Eroberung war enorm. Etwa gleichzeitig überrannten Germanen das westliche Europa; römische Soldaten verließen Britannien.

Erneut wollte Alarich die Provinz Afrika okkupieren, starb aber noch 410. Die Westgoten zogen 412 unter der Führung seines Schwagers Athaulf nach Südgallien (Narbonensis).

6.3 Galla Placidia

Wiederholt schreibt Ammianus Marcellinus, dass die Germanen waffenfähige Römer totschlugen, ihre „schönen Frauen" fesselten und wegschleppten. Die wichtigste `Beute`, welche die Goten 410 aus Rom fortbrachten, war Galla Placidia (392-450), die Tochter Theodosius I.

Oft wird der Geist einer Epoche in manchen Individuen verdichtet und personifiziert. Synesios von Kyrene, der einen wichtigen Beitrag leistete, den Staat in tiefster Not zu retten, vertrat die *oströmische* Denkweise. Byzanz wurde eine tausendjährige Geschichte eröffnet; fortan trug im Ostreich der wiedergeborene Römersinn ein christliches Gewand.

Schon von der Logik her liegt die Vermutung nahe, dass Westrom ein komplementäres *Gegenstück* zu Synesios hervorbrachte. Und tatsächlich existierte dieses in Gestalt der Galla Placidia. Seit dem Tod ihres Vaters stand sie gemeinsam mit Honorius unter der Vormundschaft Stilichos. Eucherius, Sohn des Stilicho und der Serena, erhielt sie 405 zum Verlobten.

Von 410 bis 416 lebte Placidia als Geisel bei den Westgoten, die Roms Heermeister Flavius Constantius bedrängte, der auch den Usurpator Konstantin ausschaltete. Einen zweiten Usurpator namens Jovinus unterstützten die Goten anfangs, nahmen ihn dann aber gefangen. Deshalb versprach Constantius den Goten, Getreide zu liefern. Galla Placidia sollte zurückkehren.

Allerdings erhielten die Goten kein Getreide, sondern Constantius bekämpfte sie. Athaulf ernannte nun Priscus Attalus 414 wieder zum Kaiser, heiratete Galla Placidia, die er zur Königin der Goten machte. Zwischen Rom und den Goten wollte sie ausgleichen und ein Bündnis schmieden. Mit Athaulf bekam sie ein Kind, das sie Theodosius nannten und den Kaiserthron hätte beanspruchen können, wäre ihr Sohn nicht früh verstorben.

Wegen der Getreidenot begannen die Goten seit 415 nach Spanien abzuwandern. Im August des gleichen Jahres fiel Athaulf der angeblichen Blutrache [27] eines Goten zum Opfer. Galla Placidia wurde kurzzeitig in Haft genommen.

Der neue Gotenkönig Wallia und Constantius vereinbarten, die Vandalen und Alanen in Spanien niederzuwerfen. Zum Dank sollten die Westgoten in Gallien noch größere Gebiete als vorher erhalten, Galla Placidia zurückgeben und Getreide empfangen. Zwischen 416 und 418 wurden die Vandalen und Alanen stark dezimiert; dann besiedelten die Westgoten ihnen zugewiesene Gebiete im südlichen Gallien. Das weströmische Reich hatte sich unter Flavius Constantius etwas erholt.

Galla Placidia lebte wieder bei den Römern und heiratete 417 Constantius. Das Paar bekam zwei Kinder, bevor Constantius 421 starb. Ihr Sohn Valentinian (III.) bestieg nach dem Tod des Honorius 425 im Alter von sechs Jahren

---

[27] Auch antirömische Tatmotive könnten eine Rolle gespielt haben.

den Kaiserthron. Lange Zeit regierte Galla Placidia und setzte ihre germanophile Politik fort. Sie unterstützte die Ansiedlung von Burgundern in Savoyen und initiierte die Verlobung des vandalischen Königssohnes Hunerich mit der Römerin Eudokia (Benrath, Galla Placidia). Nicht zuletzt vertrat sie eine strikt gegen Heiden und Arianer gerichtete katholische Politik.

Germanen und Römer wollte Galla Placidia verschmelzen und das Reich fortsetzen. Obgleich sie insofern wie Stilicho scheiterte, bestimmte die römisch-germanische Synthese in anderer Form das Abendland [28].

Synesios von Kyrene und Galla Placidia repräsentierten zwei konträre Denkweisen, die unterschiedliche Kulturen bedingten, deren geistige Hintergründe jetzt näher zu betrachten sind.

7. Die christlichen Religionen der Spätantike

7.1. Der Victoria-Altar

Kurz bevor Kaiser Gratian 383 starb, hatte er befohlen, den heidnischen Altar der Siegesgöttin aus der Senatskurie zu entfernen. Der Altar war eines der ehrwürdigsten altrömischen Heiligtümer.

Gratians zwölf Jahre alter Halbbruder Valentinian II. regierte nun das weströmische Reich. Beeinflusst vom heidnischen Heermeister Bauto, gewährte Valentinian dem

---

[28] Das wichtigste Resultat dieser Synthese war der europäische Nationalstaat, der römisches Staatsdenken und germanisches Stammesprinzip vereinigte.

Heidentum Freiräume. Der Kaiser ernannte den heidnischen Senator Quintus Aurelius Symmachus (ca. 342-403) zum Präfekten von Rom. Der mehrheitlich heidnische, von Symmachus geleitete Senat forderte, den Victoria-Altar wiederaufzustellen (R. Klein, Der Streit).

Symmachus erntete am kaiserlichen Hof viel Zustimmung, doch griff der Mailänder Bischof Ambrosius ein, der Valentinian drohte, ihn zu exkommunizieren, falls er Symmachus Folge leiste. Und tatsächlich sank der Kaiser vor dem Bischof auf die Knie! Der ehemalige Senator und Provinzstatthalter Ambrosius (339-397), ein sogenannter Kirchenvater, beeinflusste wesentlich die spätantike Geschichte. Symmachus und Ambrosius bekämpften einander; ihr Konflikt ist ebenso aufschlussreich wie der Gegensatz Synesios - Galla Placidia.

Der Altar sei wiederaufzustellen, erklärte Symmachus, weil die Göttin dem Staat Nutzen bringe und andernfalls die Germanen Rom erobern. „Wer ist den Barbaren so gewogen, dass er den Altar der Victoria nicht vermisst?" Erst die Victoria „verleiht euch den Triumpf über euere Feinde". Symmachus verknüpfte das Heidentum mit der Germanenabwehr. Auch gehe die Würde des Senats verloren, klaffe am Ort des Altars eine hässliche Lücke.

Das „Geheimnis" der Welt, schrieb der kluge Symmachus, finde niemand „nur auf einem Weg". Daher sei es falsch, bloß *eine* Religion zu erlauben. Aber die Förderer des heidnischen Kultus werden vom Staat enteignet und verlieren ihre Steuerprivilegien. Die Victoria symbolisiere den alten Römergeist, der die Germanen besiegen könne. Die Schriften des Symmachus gehören zu den letzten eindrucksvollen Lebenszeichen des antiken Heidentums.

Hingegen forderte Bischof Ambrosius in einem Brief an Kaiser Valentinian „Eifer im Glauben und in der Frömmigkeit". Zu verbieten seien „gottlose Bräuche". Der Gott der Christen müsse „vor allem anderen den Vorrang haben". Offensichtlich galt das *auch* für den Staat und die Abwehr der Germanen. Gebührte also der Kirche die Leitung der Welt? „Denn nichts ist wichtiger als die Religion, nichts steht höher als der Glaube". Valentinian müsse die Heiden fallen lassen, habe doch Jesus gesagt: „Ihr könnt nicht zwei Herren dienen". Ambrosius rief bis an sein Lebensende dazu auf, Heiden und Häretiker zu beseitigen.

Der Christ kämpfe „auf der Erde für den Himmel". Deshalb lebten bei den Christen ungleich mehr „Jungfrauen" als nur die sieben Vestalinnen der Heiden. „Sie versuchen nicht, durch ihre Schönheit zu reizen, sondern sie verbergen sie" und kennen nichts als „Übungen im Fasten". Tatsächlich hatte Ambrosius dafür gesorgt, dass viele Frauen, für die er eigens den Schleier erfand, in den Haushalten jungfräulich lebten. Im Anfang der christlich-abendländischen Kultur standen Askese und Weltverneinung.

Der völligen Geringschätzung des Irdischen sollte die Vergöttlichung der Erde folgen. Seit der Legalisierung des Christentums habe sich Rom, behauptete Ambrosius, zum Besseren entwickelt. Auch die Germaneninvasion änderte daran folglich nichts. Das Ideal der Römischen Republik, die den Dienst am Gemeinwesen benötigte, verwarf Ambrosius kategorisch und ersetzte ihn durch Hingabe an die Kirche. Ambrosius, der das Mönchtum lobte, verachtete Staatsämter und weltliche Berufe, bekämpfte alle Bildung, eingeschlossen die Kenntnis der römischen Geschichte und heidnischer Philosophie. Zu fordern sei die Unabhängigkeit und der Vorrang der katholischen Kirche.

Richard Klein (Der Streit) zufolge betonte Ambrosius den „Universalismus aller Länder und Völker". „Eine unübersteigbare Trennwand", die das weströmische Reich lähmte, errichtete der Bischof zwischen Heiden und Christen [29]. Stets vertrat er den *absoluten* Primat der Religion, hielt römisches Bürgerrecht und wahren Glauben für untrennbar. Der Bischof hieß Germanen willkommen, sofern sie die „Pax Romana" akzeptierten und den wahren Glauben annahmen. Eben das hat Ambrosius einer Königin der Markomannen empfohlen! Der ambrosianischen Logik entsprach es, dass christliche Römer getauften Germanen näher standen als heidnischen Römern.

Rom missionierte nach innen, wenn sich germanische Einwanderer zum Christentum bekehrten. Schon im sogenannten Taufbefehl des Jesus heißt es: „Geht zu *allen* Völkern und macht *alle* Menschen zu meinen Jüngern". Bei Ambrosius hat „das Ideal des Priesters die politischen Ideale verdrängt" (zit. nach R. Klein, Der Streit).

Wie bereits erwähnt, schrieb Jacob Burckhardt zutreffend, dass in Rom die Kirche den Staat und die Religion das Staatsbewusstsein verdrängten [30]. Was dieser funda-

---

[29] Dass Ambrosius (angeblich) Kriege gegen Barbaren mitunter bejaht haben soll, relativiert nichts. Diesem Missverständnis unterliegt H. Leppin, Die Kirchenväter und ihre Zeit. Laut O. Seeck neigten christliche Amtsträger zur Willfährigkeit gegenüber den Germanen.

[30] Die andersartige Entwicklung im ebenfalls christlichen Ostrom erklärt Burckhardt nicht.

mentale Wandel für die Germanenabwehr bedeutete, ist unschwer zu erkennen. Ein jahrhundertelanger Prozess der Spiritualisierung verursachte den Untergang des weströmischen Reiches. Ehemals harte römische Materialisten verwandelten sich in ihr eigenes Gegenteil. Insofern war der Streit um den Victoria-Altar, der nicht in die Senatskurie zurückkehrte, symbolisch höchst wichtig.

7.2 Ein Bischof bezwingt den Kaiser

Vor dem Kaiser machte der Herrschaftsanspruch des Ambrosius nicht Halt. 385 wollte Valentinian II. nahe Mailand eine arianische Kirche einrichten und beauftragte hiermit Ambrosius. Der Bischof jedoch mobilisierte Christen, die gegen Valentinian protestierten, der sein Vorhaben rasch aufgab.

Wenig später gewährte Valentinian den Arianern Versammlungsfreiheit. Als der Kaiser und arianische Christen in einer Mailänder Kirche den Gottesdienst feierten, besetzten Gefolgsleute des Ambrosius die Kirche und Valentinian suchte das Weite.

Nicht besser erging es Theodosius I. 388 zerstörten in Kallinikon katholische Christen eine Synagoge und den Versammlungsraum einer religiösen Sekte [31]. Der Kaiser befahl, die Täter zu bestrafen. Doch Ambrosius, der Juden genauso wie Heiden und Häretiker tödlich hasste, setzte Theodosius durch seine Mailänder Gemeinde unter Druck. Am Ende schreckte der Kaiser davor zurück, Strafmaßnahmen zu ergreifen. 390 verübten kaiserliche Truppen in

---

[31] Vgl. oben Kap. 4.2

Thessalonike ein Massaker [32]. Erneut krümmte Theodosius seinen Nacken vor dem Bischof und tat öffentlich Buße.

Die große Bedeutung solcher Vorgänge unterstreicht ein Vergleich mit Johannes Chrysostomos. Der 398 zum Bischof von Konstantinopel ernannte Prediger bevormundete das Kaiserhaus religiös-moralisch. Außerdem lehnte es Chrysostomos ab, ein vom Hof gefordertes Konzil einzuberufen. Aber Johannes wurde 403/404 in die Verbannung geschickt; welcher Gegensatz zur Priesterherrschaft in Westrom! Betrachten wir nun die Ursachen der west/östlichen Differenzen.

7.3 Streit um Jesus: die Grundlegung von Abendland und Byzanz

7.3.1 Bisherige Deutungen der Spätantike

Zunächst möchte ich die vier gängigsten Theorien zum Untergang des (west)römischen Reiches erörtern.

1) Dass viele Römer „dekadent" gewesen seien, parasitär ihre Tage verbrachten, jeglichem Luxus frönten, wurde oft betont. Tatsächlich hat es solche Phänomene gegeben.

Der bei weitem größte Teil der Reichsbewohner lebte aber sehr bescheiden oder ärmlich. Von „Dekadenz" zu reden, überzeugt schon deshalb nicht, weil man sonst das Mittelalter, geboren in der Spätantike, ebenfalls „dekadent" nennen müsste. Auch der Gegensatz von West- und Ostrom ist auf diese Weise nicht zu erklären. – Ebenso scheitert

---

[32] Vgl. oben Kap. 5.2.2

der Versuch, *das* Christentum in *jeder* Gestalt, in West *und* Ost, als ursächlich für den Untergang (West)roms anzusehen [33].

2) Eine Variante der „Dekadenz"-Theorie ist die Annahme eines biologisch-genetischen Verfalls der Römer. Otto Seeck meinte, dass das „herabgekommene" Römertum nur dadurch zu retten gewesen sei, dass „es gesünderes Blut [der Germanen] in sich aufnahm und dem eigenen Körper zu assimilieren strebte". Der Grund hierfür sei die „Ausrottung der Besten", die während des Bürgerkriegs in der römischen Republik stattgefunden habe.

Warum ging Rom aber erst vierhundert Jahre später zugrunde und weshalb nur der Westen? Dass große Menschenverluste auszugleichen sind, beweisen die Pestepidemie des 14. Jahrhunderts und der dreißigjährige Krieg in Deutschland. Bis heute fehlt jedes Anzeichen eines biologischen Niedergangs der Römer. Historiker, die genetisch argumentieren, haben ihren Beruf verfehlt.

3) Die Spätantike „sozialökonomisch" zu interpretieren, genießt in Deutschland, wo der Marxismus entstand, große Beliebtheit. Unsere Voll- und Halbmarxisten übersehen nicht nur, dass menschliche Entscheidungen die `sozialökonomischen Strukturen` schaffen. In West- und Ostrom existierten *gleichartige* wirtschaftliche Bedingungen. Kolonen und Sklaven gab es hier wie dort. Auch sie konnte man bewaffnen und zum Militärdienst heranziehen. Dass Ostrom die Germanen in fast letzter Minute abschüttelte,

---

[33] An dieser Stelle wäre E. Gibbon trotz seiner großen Verdienste zu kritisieren.

war *geistig* bedingt. *Keine* soziale Struktur erklärt den beispiellosen *kulturellen* Wandel der Spätantike.

4) Häufig wird die Krise des spätrömischen Reiches auf *äußere* Ursachen zurückgeführt. Viele Historiker betonen die Hunnenstürme und die verbesserte Organisation der germanischen Völker.

Und doch besaß Rom, das Westreich also eingeschlossen, weit größere Potentiale hinsichtlich Bevölkerungszahl, Wirtschaftskraft, Rüstung, Werften und Organisiertheit. Nicht zu verkennen ist die erfolgreiche Germanenabwehr des Ostens [34]. (Die Torheit geografischer Erklärungen und die problematische Größe des Imperiums wurden bereits erwähnt) [35].

Der Erklärungswert der ersten drei Ansätze ist gleich null zu veranschlagen. Die vierte These überzeugt nicht, weil sie die Selbstschwächung Roms ausblendet und die wichtigste Frage ignoriert: warum mündete der Untergang Westroms in eine neue kulturgeschichtliche Epoche?

Allen genannten Deutungen liegt die falsche Prämisse zugrunde, dass die spätantike Geschichte *zwangsläufig* verlaufen sei – determiniert durch Gene, sozialökonomische Strukturen, geografische Bedingungen, äußere Gefährdung. Denk- und Willensfreiheit konstituiert den Men-

---

[34] Möglicherweise wurzelte auch die bessere Zusammenarbeit der Germanen in römischer Schwäche, die es den Germanen aussichtsreich erscheinen ließ, ihre Anstrengungen effektiver zu koordinieren.

[35] Vgl. Anmerkung 9 und Kap. 2

schen und erfordert es, den *Wandel* des *Denkens* zu untersuchen.

7.3.2 Die Christologie des Ostens

In der Mailänder Vereinbarung von 313 anerkannten die Kaiser Konstantin I. und Licinius das Christentum als gleichberechtigte Religion und proklamierten die Glaubensfreiheit. Am Beginn des 4. Jahrhunderts lebten im Römischen Reich etwa sechs Millionen Christen, fünfzig Jahre später gab es über 30 Millionen.

Konstantin, seit 324 Alleinherrscher, forderte die religiöse und politische Reichseinheit. Wegen der Zerstrittenheit christlicher Gemeinden fand 325 auf Initiative des Kaisers in Nicäa ein Konzil statt. Umkämpft war die christologische Lehre des alexandrinischen Presbyters Arius (ca. 260-327). Vor allem in der Osthälfte des Reiches war der Arianismus beheimatet.

Nichts bereitete den spätantiken Christen größere Pein als ein abstraktes theologisches Problem. War Jesus Gott oder Mensch oder beides gleichzeitig? [36] Konnte nur ein Gott, der den Kreuzestod starb, die Menschheit erlösen? Arius sah in Christus keinen Gott, sondern einen geschaffenen, wenn auch vollkommenen Menschen. Auch der sogenannte Heilige Geist hatte für Arius nicht immer existiert.

Dabei ging es nicht nur um die individuelle Erlösung; die Christologie betraf das Verhältnis des Irdischen zum Gött-

---

[36] Man sprach von „wesensgleich" oder „wesensähnlich" (Sozomenos, Kirchengeschichte, Bd. 2, M. Clauss, Neuer Gott).

lichen *insgesamt*. Die Theologie des Arius bedingte eine realistischere, weniger spirituelle Sicht der Welt. Eben deshalb bevorzugten viele Germanen den Arianismus und verabscheuten die weltentrückte Askese der Katholiken.

Bereits eine *minimale* Akzentverschiebung innerhalb des fiktiven Jesusbildes konnte eine wesentlich andere Kultur hervorbringen. Auf den spätantiken Konzilien wurde nichts Geringeres verhandelt als die Grundlegung der byzantinischen und der abendländischen Geschichte.

In Nicäa brandmarkten die meisten Konzilsteilnehmer Arius als Häretiker und verkündeten die Wesensgleichheit von Gott, Jesus und Heiligem Geist (Trinität). Arius wurde exkommuniziert und in die Verbannung geschickt. Dennoch verfehlte der Kaiser seine politischen Ziele; der Streit um das Jesusbild ging weiter. Schon zwei Jahre später kehrte der Verbannte zurück. Seit 328 bekämpfte Athanasius, Bischof von Alexandria, den Arianismus. Dennoch blieben arianische Strömungen, welche die Papstkirche strikt verurteilte, in Ostrom rege und machtvoll. Die Kaiser Constantius und Valens hingen der arianischen Konfession an.

Der aus Spanien gekommene Theodosius I. unterdrückte die Arianer; das Konzil von Konstantinopel 381 bestätigte die nicänischen Glaubensbekenntnisse. Trotzdem prägten arianische Vorstellungen das oströmische Christentum und erlangten große Bedeutung. Den christologischen Streit setzten Monophysiten und Diophysiten fort.

Monophysiten, beheimatet in Ägypten, auch alexandrinische Richtung genannt, verkündeten die Verschmelzung von Gott und Mensch in Jesus (Einnaturlehre). Hingegen betonten diophysitische Antiochener, dass Göttliches und Menschliches in Jesus getrennt seien. Nestor, 428 zum Bischof von Konstantinopel ernannt, gehörte dieser Theologie an, deren Zweinaturenlehre dem Arianismus ähnelte und die östliche Orthodoxie beeinflusste [37].

Römische Arianer gab es im Westen nur wenige. Für die lateinische *und* griechische Welt setzten die Beschlüsse des Konzils von Chalcedon 451 den Maßstab. In Christus seien „zwei Naturen unvermischt, unverändert, ungeteilt und ungetrennt". Jesus vereinige das Eigentümliche beider Naturen; diese widerspruchsvolle Lehrmeinung [38] provozierte unterschiedliche Interpretationen.

Der Papst beanspruchte die Führung der Gesamtkirche, die oströmische Bischöfe verneinten. Weitere Streitigkeiten zwischen Ost und West entzündeten sich an theologischen Doktrinen des Augustinus.

7.3.3 Augustins „Gottesstaat" im Westen

Seit der Erstürmung Roms 410 gaben viele Heiden dem Christentum die Schuld am Niedergang Roms. Ihnen antwortete der Bischof von Hippo Regius in Nordafrika, Aurelius Augustinus (352-430), der zwischen 413 und 426

---

[37] In späterer Zeit lebten Monophysiten und Diophysiten vornehmlich in Randgebieten oder außerhalb des oströmischen Reiches.

[38] Was unvermischt ist, kann nicht zugleich ungeteilt, also eins sein. Diese Kompromissformel hat die Gegensätze eher verschleiert als gelöst.

ein Buch verfasste, welches die Gründungsurkunde des Abendlands darstellt.

Roms schwere Demütigung, meint Augustin, sei bedeutungslos; die Stadt gehöre nur dem irdisch - vergänglichen und vorläufigen Reich an. Des Christen wahres und ewiges Dasein erwarte ihn im Jenseits, das Augustin „Gottesstaat" nennt. Den Mailänder Bischof Ambrosius kannte Augustin persönlich und schöpfte seine Theologie aus der Ideenlehre Platons. Ursprünglich glaubte Augustin an die manichäische Zweiteilung der Welt in Gut und Böse; an ihre Stelle setzte er den Neuplatonismus des Philosophen Plotin (O. Seeck, Bd. 6).

Der Theologe aus Hippo wertete das irdische Leben radikal ab. Erfolg in weltlichen Dingen kümmere den frommen Christen nicht; allein der Glaube zählt und erfordere sogar, wie Theodosius zeigte, die Selbstdemütigung. Alle Menschen unterliegen der Erbsünde, ihr Schicksal ist durch Gott vorherbestimmt. Nur der göttlichen Gnade dürfe man vertrauen. Die Eroberung Roms 410 sei dem Urteil Gottes geschuldet, dem Christen gehorchen müssen, die andernfalls ihr jenseitiges Heil gefährden!

Otto Seeck schreibt, dass sich bei Augustin „nicht die leiseste Spur" eines Bedauerns der Erstürmung Roms findet. Den Neuplatonikern verwandt, fordert auch dieser Großfürst der Askese die rigorose „Abtötung des Fleisches" (O. Seeck, Bd. 6). Konsequent verdammt Augustin die heidnisch-weltliche Bildung; allein der feste religiöse Glaube zählt.

Selbstverständlich verschwendet Augustin keinen Gedanken an die Abwehr der Germanen. Den schon von

Ambrosius eingeschlagenen Weg geht Augustin bis zum letzten möglichen Punkt weiter. Ob „Römer oder Barbaren Sieger bleiben" (O. Seeck, Bd. 6), ob „Honorius oder Alarich" regiert, ist ein irdisches Problem, das den Christen, der Bürgerpflichten ohnehin abzulehnen hat, nichts angeht. Daraus folgte die religiöse Legitimierung der gesamten Völkerwanderung.

Der „Gottesstaat" enthält Widersprüche und Ungereimtheiten. Augustin trennt Welt- und Gottesstaat nicht völlig; er öffnet eine zweite Tür. Das Irdische diene der Vorbereitung des Jenseitigen und ordne das menschliche Dasein. So bediene sich „der himmlische Staat des irdischen Friedens". Möglichst weit soll der Christ die göttlichen Gebote „der Erhaltung des sterblichen Lebens" bereits im Diesseits verwirklichen. Sogar über eine Neuschöpfung des eigentlich verachteten Körpers nach dem Tod wird spekuliert (Augustinus, De civitate Dei) [39].

Somit deutet sich eine mögliche Verschmelzung beider von Gott geleiteten Reiche in unbestimmter Zukunft an. Augustins wenig logische, nie eindeutig geklärte Doktrin [40] bildet die wichtigste geistige Grundlage der Kultur des christlichen Abendlands.

---

[39] Diesen Aspekt der augustinischen Theologie verkennt oder unterschätzt Otto Seeck. Papst Gregor der Große (540-604) setzte Augustins Betrachtungsweise fort und wollte Gottes Werke auf Erden unterstützen (Gregor der Große, Dialoge). Vgl. zu dieser Thematik: H. Leppin, Kirchenväter.

[40] Bei religiösen Dogmen ist generell davon auszugehen, dass sie irrational sind und nicht den Gesetzen der Logik folgen.

7.3.4 Die Ablehnung des „Gottesstaates" durch den Osten

Der Bischof von Hippo bejahte die Beschlüsse von Nicäa 325 und verurteilte den im Osten starken Arianismus. In Augustins Trinitätslehre war der „Heilige Geist" immer schon der Geist Gottes und des Sohnes. Der Geist gehe aus Vater *und* Sohn hervor (filio*que*), sodass Geist und Jesus zwei gleichwertige Ausdrucksformen Gottes seien (Augustinus, De trinitate). Diese später dem nicänischen Bekenntnis eingefügte Trinitätslehre lehnte die Ostkirche ab. Für sie kam der Geist, wie Arius gelehrt hatte, *durch* den Vater auf den Sohn. Da beide von Gott relativ getrennt sind, erscheint Jesus weniger bedeutsam.

Dostojewski hat in seinem Roman „Die Brüder Karamasow" den fundamentalen Unterschied zwischen West- und Ostkirche herausgestellt. Die Westkirche begehre weltliche Macht und Herrschaft. „Das ist Rom und sein Gedanke". Östlicher Denkweise entspreche es, das Irdische *geistig* in die Kirche zu verwandeln. Erst im Jenseits lassen orthodoxe Christen die Welt hinter sich, die auf Gott zurückgehe, aber nicht zu verbessern sei. Das kontemplative östliche Christentum repräsentierte beispielsweise der sogenannte Kirchenvater Gregor von Nazianz (329-390), der sich sträubte, Ämter zu übernehmen (Gregor von Nazianz, Reden).

Weder akzeptierte man im Osten Augustins radikale Abwertung des Irdischen *noch* glaubten byzantinische Christen, Irdisches und Göttliches versöhnen zu können. Das Irdische wurde anerkannt und die heidnisch-antike Bildung *nicht* verdammt. Eben das taten Ambrosius und Augustin! Ostroms religiös motivierter `Realismus` ermöglichte die

Abwehr der Germanen. Umgekehrt hat der abstrakte `Spiritualismus` der abendländischen Christenheit die Verteidigung des weströmischen Reiches verhindert und das mittelalterliche Europa herbeigeführt.

8. Schlussbetrachtung

Wenn wir annehmen wollen, dass John Miltons eingangs zitierte These stimmt, dass die Denkweise der Menschen in sich selbst wurzelt - „der Geist ist sein eigener Ort" -, dann ist die Frage, warum Ost- und Westrom auf die *gleiche* Völkerwanderung sehr *unterschiedlich* reagierten, im Wesentlichen beantwortet. Die „Bruttogleichung" zur Spätantike lautet wie folgt. 1) West- und Ostrom trennte eine *Differenz* des religiösen Denkens. 2) Diese *gedankliche* Differenz bedingte und verursachte die *faktische* Differenz der beiderseitigen historischen Entwicklungen.

Nicht zuletzt gingen aus dieser Differenz völlig unterschiedliche Geschichtsphilosophien hervor. In Byzanz herrschte der Glaube, dass der bestmögliche Zustand des Reiches in der *Vergangenheit* bereits erreicht wurde. Die Zeit Konstantins I. und Justinians war der große Orientierungspunkt, den es beizubehalten oder wiederherzustellen galt.

Das abendländische Geschichtsdenken verläuft entgegengesetzt; angestrebt wird ein in der *Zukunft* vermuteter Idealzustand. Der Maßstab des Irdischen ist die völlige *Abstraktheit* der unendlichen Gottesidee. Jegliche Vergangenheit sei nur die Vorgeschichte einer Zukunft, deren konkrete Gestalt niemand kennt, die aber *dennoch* begehrt wird. Dem Vergangenen wird kein besonderer Eigenwert zuerkannt, wie das in Byzanz geschah, sondern sie gleicht einer Leiter, die ins Unsichtbare führt.

Westlich-abendländisches Denken pendelt zwischen der *Abwertung* des Irdischen und seiner *Vergöttlichung*. Trennung *und* Vermischung der irdischen und der göttlichen Sphäre, in einem steten und variantenreichen Wechsel begriffen, bilden das dynamische Bewegungszentrum der abendländischen Geschichte [41].

Das frühe westliche Christentum ruinierte die heidnisch/antike Welt. Sie musste zertrümmert werden, glaubten die Westchristen, weil das Neue sonst nicht zu errichten sei. Erst nachdem die Kirche voll triumphiert hatte, kehrte antikes Denken, vom Klerus misstrauisch beobachtet, teilweise und langsam zurück. Nun galten andere Regeln als in der Spätantike; auch war die römisch-germanische Synthese abgeschlossen.

Aber das Ostreich bewahrte den Römersinn in christlicher Gestalt und trotzte erfolgreich der Völkerwanderung. Langfristig fehlte dem traditionalistischen Osten genügend Kreativität und Byzanz geriet in den Niedergang.

Die westliche Dynamik, welche den gesamten Erdball erfasste, wirkte großenteils zerstörerisch und selbstzerstörerisch. Unzählige hegemoniale, religiöse und ideologische Kriege zogen eine breite Blutspur. Hinzu kamen die Ver-

---

[41] Häufig wird das abendländische Denken als Vermischung *oder* Trennung der genannten Sphären missverstanden. In Byzanz galt das letztere Prinzip, dem eine gleichförmigere Denkweise entsprach, die auch bei der Verschmelzung der Sphären anzutreffen ist.

folgung Andersgläubiger, eine extreme soziale Ungleich-
heit, oligarchische politische Strukturen. Der europäische
Kolonialimperialismus, dessen Umkehr wir heute erleben,
schadete den Kolonisierten ebenso wie den Kolonialisten.

Wissenschaft und Aufklärung traten unnotwendig spät in
Erscheinung; die moderne Technik fand oft keine gute Anwendung.

Byzanz erlag geistiger Unbeweglichkeit, der Westen fiel
krankhafter *Über*dynamik zum Opfer [42]. Wenn die Defini-
tion der Inhumanität darin besteht, dass etwas dem Menschen nicht gerecht wird, dann basiert die abendländische
Kultur auf einer zum Scheitern verurteilten religiösen
Idee, der viele weltliche Metamorphosen auf die historische Bühne folgten.

Menschen an der abstrakten Unendlichkeit der Gottesidee auszurichten, hat sie oft herabgewürdigt und selten erhöht. Daher lautet mein Vorschlag, einen Schritt in Richtung auf die Antike zurückzugehen, die Selbstentfrem-
dung und Zerrissenheit des Abendländers zu beenden, den
Menschen stärker am Maß des Menschen zu orientieren.
Der *sinnvolle* kulturhistorische Fortschritt wird dadurch
verstärkt und beschleunigt.

---

[42] Beide gingen aus der jeweils entgegengesetzten Ursache
zugrunde, als wären sie logisch aufeinander bezogen. Jeder
ethischen Maxime wohnt eine negative Rückseite inne.

9. Quellentexte

Ammianus Marcellinus, Das Römische Weltreich vor dem Untergang, übersetzt von Otto Veh, Zürich und München, 1974

Zosimos, Neue Geschichte, übersetzt und eingeleitet von Otto Veh, Stuttgart 1990

Klein, Richard (Hrsg.), Der Streit um den Victoria-Altar, (=Texte zur Forschung), Darmstadt 1972

Klein, Richard, Symmachus. Eine tragische Gestalt des ausgehenden Heidentums, (=Impulse der Forschung, Bd. 2), Darmstadt 1971

The Fragmentary Classicising Historians of The Later Roman Empire. Eunapius, Olympiodoros, Priscus and Malchus, Translation R. C. Blockley, Liverpool 1983

Sozomenos, Historia Ecclesiastica, Kirchengeschichte, übersetzt und eingeleitet von Günther Christian Hansen, 4 Bände, Turnhout 2004

Kirchenschriftsteller: Aurelius Augustinus, Über den Gottesstaat, in: Bibliothek der Kirchenväter, Band III, Kempten u. München 1916. Ders., Über die Dreieinigkeit, in: Bibliothek der Kirchenväter, Zweite Reihe Band XIII, XI. Band, München 1935. Eusebius von Caesarea, Kirchengeschichte, in: Bibliothek der Kirchenväter, Zweite Reihe Band I, II. Band, München 1932. Gregor der Große, Vier Bücher Dialoge, in: Bibliothek der Kirchenväter, Zweite Reihe, Band III, München 1933. Gregor von Nazianz, Reden, in: Bibliothek der Kirchenväter, Band I, München 1928.

10. Literatur

Albert, Gerhard, Goten in Konstantinopel. Untersuchungen zur oströmischen Geschichte um das Jahr 400 n. Chr., München 1984 (Die Interpretation bleibt an der Oberfläche. West- und Ostrom werden nicht systematisch verglichen; eine Gesamtanalyse der Spätantike fehlt).

Benrath, Henry, Die Kaiserin Galla Placidia, Berlin u.a., 1958

Burckhardt, Jacob, Weltgeschichtliche Betrachtungen, München 2018

Cameron, Alan, Long, Jacqueline, Barbarians and politics at the court of Arcadius, Berkeley, Los Angeles, Oxford, 1993

Clauss, Manfred, Ein neuer Gott für die alte Welt. Die Geschichte des frühen Christentums, Berlin 2015

Demandt, Alexander, Der Fall Roms. Die Auflösung des Römischen Reichs im Urteil der Nachwelt, München 1984 (Eine geschichtswissenschaftlich unergiebige Verarbeitung noch der absurdesten Thesen über den Untergang Roms. Vgl. zur Kritik an diesem Buch die Rezension von Alfred Heuss, in: Merkur, Bd. 39, 1985).

Gibbon, Edward, Verfall und Untergang des römischen Imperiums. Bis zum Ende des Reiches im Westen, übersetzt von M. Walter, 6 Bände, München 2003

Grützmacher, Georg, Synesios von Kyrene. Ein Charakterbild aus dem Untergang des Hellenentums, Leipzig 1913

Heather, Peter, Der Untergang des Römischen Weltreichs, Hamburg 2010

Leppin, Hartmut, Die Kirchenväter und ihre Zeit. Von Athanasius bis Gregor dem Großen, 2. Aufl., München 2006

Lilie, Ralph-Johannes, Byzanz. Geschichte des oströmischen Reiches 326-1453, München 1999

Meier, Mischa, Geschichte der Völkerwanderung. Europa, Asien und Afrika vom 3. bis zum 8. Jahrhundert n. Chr., München 2019 (Umfangreiche, jedoch analytisch konturlose und widerspruchsvolle Darstellung).

Mitchell, Stephen, A History of the later Roman Empire ad 284-641, 2007

Nixey, Catherine, Heiliger Zorn. Wie die frühen Christen die Antike zerstörten, München 2019

Krause, Jens-Uwe, Geschichte der Spätantike, Tübingen 2018

Seeck, Otto, Geschichte des Untergangs der antiken Welt, 6 Bände, Darmstadt 1966

Online: Aurelius Augustinus – Auszüge aus „Der Gottesstaat"

4. Kaiser Ludwig IV.

Analyse eines verhängnisvollen Herrschers

Inhalt

1. Einleitung

„Was mag wohl die Ursache sein", fragte Georg Christoph Lichtenberg etwa 1775, dass wir in Deutschland „so wenig recht gute Geschichtsschreiber haben"? Im Grunde hätten die Deutschen „bis jetzt noch keinen Geschichtsschreiber" hervorgebracht. Zwar gebe es zahlreiche penibel arbeitende Chronisten, die aber in eine „oft unausstehliche Weitschweifigkeit" verfallen. „Sie nehmen das Detail in einem unrechten Verstand"; es gelingt ihnen nicht, „die Sachen zusammenzubringen und dann stark und gut zu sagen".

Deutsche Historiker, bemängelt Lichtenberg, arbeiten pedantisch und vernachlässigen die Analyse. Der Grund hierfür liege nicht nur in einseitig ausgebildeter „Geisteskraft". Vor allem bemühen sie sich um „Gefälligkeit gegen die Großen", sagen „das meiste einschläfernd unmaßgeblich und feig unvorgreiflich" (G. Ch. Lichtenberg, 86f.) [43]. Tief beugen sie ihr Haupt vor der Obrigkeit [44].

An Lichtenbergs Kritik musste der Verfasser dieser Zeilen denken, während er die Ära Kaiser Ludwigs IV. bearbeitete und Studien deutscher Historiker las. Ludwig IV., auch Ludwig „der Bayer" genannt, regierte von 1314 bis 1347. In diese Zeit fällt der letzte große Kampf zwischen

---

[43] Vgl. zu den in Klammern gesetzten Angaben das unten beigefügte Verzeichnis der Literatur.

[44] Zur traurigen Berühmtheit avancierte der Historiker Jacob Paul von Gundling (1673-1731). Auf Befehl des preußischen Königs Friedrich Wilhelm I. mimte er den Hofnarren.

Kaisertum und Papstkirche. Eine Tragödie endete, welche die mittelterliche deutsche Geschichte bestimmt hatte.

Als Ludwig 1346 abgesetzt wurde, dominierten in Deutschland endgültig die Fürsten. Besiegelt war eine territorialstaatliche Zersplitterung, die bis ins 19. Jahrhundert andauerte.

Ludwigs staatsmännisches Versagen herauszuarbeiten und zu analysieren, ist das zentrale Anliegen dieses kleinen Beitrags. Laien soll das Verständnis deutscher Geschichte erleichtert werden. Keinesfalls möchte ich die gesamte Ära Ludwigs IV. darlegen. Aber die in Deutschland oft vernachlässigte Geschichte der `Staatskunst` ist meines Erachtens die Kerndisziplin der Historiografie.

Deutsche Historiker haben Ludwig IV. zu unkritisch betrachtet. Das politische Debakel, welches er verursachte, wurde nicht erkannt, geschweige interpretiert. „Die Sachen", wie es Lichtenberg ausdrückte, analysierten unsere Historiker zu wenig und erwiesen der damaligen Obrigkeit zu großen Respekt.

Alle Fakten, die ich erwähne, stammen aus der Sekundärliteratur. Analyse und Interpretation unterscheiden sich von der bisherigen Geschichtsschreibung.

2. Die Anfänge

2.1 Kindheit und Jugend

Das Geburtsdatum Ludwigs ist nicht bekannt. Vermutet wird, dass Ludwig 1282 geboren wurde. Sein Vater war Ludwig II., der Strenge (1229-1294), Herzog von Oberbayern und Pfalzgraf bei Rhein. Ludwig II. war in dritter Ehe mit Mechthild von Habsburg verheiratet, die ihm zwei Söhne gebar: Rudolf I. (1274-1319) und Ludwig. Im Jahr 1273 war Ludwig II. an der Königserhebung Rudolfs von Habsburg beteiligt und heiratete daraufhin Mechthild.

Über die Kindheit und Jugend Ludwigs weiß man wenig. In jungen Jahren wuchs er am Hof Herzog Albrechts auf, Sohn des Rudolf von Habsburg, und lernte dabei seinen später jahrelang bekämpften Vetter Friedrich den Schönen kennen.

1294 starb Ludwig II., der bestimmt hatte, dass Rudolf I. und Ludwig die Pfalzgrafschaft und Oberbayern gemeinsam regieren sollten. Faktisch regierte anfangs nur Rudolf; ein Konflikt begann, der bis zum Tode des Pfalzgrafen 1319 die wittelsbachische Dynastie prägte.

Als Nachfolger des Habsburgers Rudolf wurde Adolf von Nassau 1291 zum König erhoben. 1298 bestieg der Habsburger Albrecht I. als Gegenkönig den Thron. In diesem Streit unterstützte Herzog Rudolf I. den bisherigen König Adolf, während Ludwig die Gegenseite förderte. Nachdem sich Albrecht I. im Thronstreit durchgesetzt hatte, wurde Rudolf gezwungen, Ludwig gleichberechtigt an der Regierung zu beteiligen.

Nach der Ermordung Albrechts I. wählten die Kurfürsten 1308 den Luxemburger Heinrich VII. zum neuen König. Rudolf I. und vermutlich auch Ludwig nahmen an der Wahl teil. Seither gerieten die Brüder noch häufiger in Streit. Rudolf, der sich mit den Luxemburgern zu verbünden gedachte, bedrängte Ludwig in Oberbayern, das 1310 auf Initiative Ludwigs unter ihnen geteilt wurde. Dennoch bekriegten die beiden einander drei Jahre lang. Seit 1313 regierten sie wieder gemeinsam, blieben aber verfeindet.

Bereits 1308 hatte Ludwig eine Tochter des piastischen Herzogs Bolko I., Beatrix von Schlesien-Schweidnitz, geheiratet und somit eine dynastische Verbindung zu Niederbayern hergestellt, denn der niederbayerische Herzog Stephan I. war mit der Schwester von Beatrix, Judith, verheiratet. Ludwig erhielt sogar das Vormundschaftsrecht über die Kinder Stephans und seines Bruders Herzog Otto III. Nach dem Tod Stephans (1310) und Ottos (1312) regierte Ludwig Niederbayern als Vormund der Herzogskinder. Darunter war Ottos Sohn Heinrich IV.

Doch suchten die Mütter der Kinder Schutz bei ihren habsburgischen Verwandten und übertrugen Friedrich dem Schönen die Vormundschaft. Ludwig aber besiegte im November 1313 in der Schlacht bei Gammelsdorf nahe Landshut Friedrich und ebnete den Weg zu seiner Königswahl. Im Südosten des Reiches konkurrierten Habsburger, Luxemburger und Wittelsbacher gegeneinander. Dauerhaft vermochte sich keine Dynastie durchzusetzen. Zwischen 1313 und 1319 bekamen Ludwig und Beatrix sechs Kinder.

2.2 Von der ersten zur zweiten Doppelwahl

1312 hatte es nach 62 Jahren mit dem Luxemburger Heinrich VII. erstmals wieder einen gekrönten römischen Kaiser gegeben. Im Grunde war dieses Kaisertum ein historischer Anachronismus. Der Romzug Kaiser Heinrichs VII. währte von 1310 bis 1313 und endete mit einem völligen Debakel. Weder gelang es, rebellische oberitalienische Städte niederzuwerfen noch König Robert von Neapel zu dominieren. Seine angemaßten römisch-imperialen Herrschaftsgelüste konnte Heinrich VII. nicht realisieren. Der Kaiser starb 1313 nahe Siena.

Ludwig nahm als Herzog von Oberbayern zeitweise an Heinrichs verheerendem Romzug teil und verließ Italien nach der Zerstörung Brescias Ende 1311.

Des Kaisers Rompolitik hatten deutsche Kurfürsten unterstützt, weil sie Heinrich VII., solange er jenseits der Alpen Krieg führte, in Deutschland nicht störte. Nach Heinrichs Tod suchten die Kurfürsten einen Thronkandidaten, der wenig Hausmacht besaß, aber den trügerischen Glanz der Kaiserkrone begehrte. Folglich verkörperten die Kurfürsten und Fürsten gerade nicht, wie Michael Menzel behauptet, die „Säulen des Staatswesens" (M. Menzel, Zeit, 154). Vielmehr zerstörten sie, die nur die eigene Macht interessierte, vorsätzlich und systematisch das deutsche Staatswohl.

Zunächst betonten die Kurfürsten ihr alleiniges Recht, den römisch-deutschen König zu wählen. Der Versuch Philipps IV. von Frankreich, seinen Sohn Karl mit Unterstützung des Papstes Clemens V. auf den deutschen Königsthron zu bringen, scheiterte. Philipp und Clemens starben 1314.

Wen sollten die Kurfürsten zum neuen König bestimmen? Am ehesten bevorzugten sie jemanden wie Heinrich VII. Menzel nennt ihn, der in Italien kläglichen Schiffbruch erlitt, einen „vorzüglichen Herrscher" (M. Menzel, Zeit, 154). Theoretisch lag es nahe, Heinrichs Sohn, König Johann von Böhmen, zum Nachfolger zu bestimmen. Dann allerdings wäre der Thron im Besitz der gleichen Dynastie geblieben. Ein Gewohnheitsrecht hätte entstehen können, das die Kurfürsten nicht akzeptierten.

Auch Friedrich der Schöne kam in Frage. Wählte man ihn, war der Gefahr zu begegnen, dass die Habsburger einen anderen Monarchen ablehnten. Kölns Erzbischof Heinrich von Virneburg, der eine dauerhafte luxemburgische Königsdynastie ablehnte, zumal Johann bereits Böhmen regierte, unterstützte Friedrich.

Der Mainzer Kurfürst Peter von Aspelt wollte jedoch Friedrich, Sohn Albrechts I., den er bekämpft hatte, nicht zum König wählen. Ebenfalls antihabsburgisch eingestellt war der luxemburgische Kurfürst Balduin von Trier. Der Pfalzgraf bei Rhein, Ludwigs Bruder Rudolf I., besaß die wichtigste weltliche Kurstimme. Erneut mit Ludwig zerstritten, wählte er dessen Rivalen Friedrich.

Im Juni 1314 fand in Rhens die Königswahl statt. Schon lange kämpfte Johann gegen Herzog Heinrich von Kärnten, der Böhmens Krone beanspruchte und nun mit seiner vermeintlichen Kurstimme Friedrich den Schönen wählte. Köln, Trier, der Pfalzgraf und Sachsen-Wittenberg votierten für Friedrich, Sachsen-Lauenburg, das mit Sachsen-Wittenberg über die Wahrnehmung der Kurwürde zankte, wählten ebenso wie König Johann, Markgraf Waldemar von Brandenburg und Mainz den Luxemburger. Insgesamt wurden also neun Kurstimmen abgegeben, wobei Johann vier und Friedrich fünf Stimmen erhielt.

Damals war die Königswahl rechtlich noch nicht festgelegt wie später in der Goldenen Bulle. Beide Kandidaten beanspruchten, der legitime König zu sein. Aufgrund dieser Pattsituation überredeten die Kurfürsten von Mainz und Trier König Johann, seine Kandidatur niederzulegen. Ein Sieg Friedrichs hätte bedeutet, dass Johann die böhmische Krone an Heinrich von Kärnten verlor, weil Österreich Heinrich unterstützte. In seinem eigenen Interesse entschied sich Johann notgedrungen für Ludwig. Nun fand eine zweite Königswahl statt.

Ludwigs Sieg bei Gammelsdorf hatte eine neue Situation geschaffen. Der antihabsburgische Teil der Kurfürsten zog Ludwig als Thronkandidaten in Betracht. Peter von Aspelt und Balduin von Trier hielten Herzog Ludwig, der bereits Anfang 1314 Interesse an der Königskrone bekundet hatte, für den besten antihabsburgischen Bewerber. Dass Ludwig und Pfalzgraf Rudolf zerstritten waren, kam Ludwigs Wählern, die einen schwachen König bevorzugten, durchaus gelegen.

107

Selbstverständlich widersprach ein ineffektives Königtum dem deutschen Gesamtwohl. Die Kurfürsten von Mainz und Trier belohnte Ludwig mit Geld, Landgütern, Lehen und Souveränitätsrechten. Später kam auch der Kölner Erzbischof in den Genuss solcher Privilegien. Systematisch ruinierten die Kurfürsten die ohnehin schwach entwickelte deutsche Staatsidee. Dennoch missversteht der Historiker Menzel die Obstruktion der Oligarchen als Politik des „Gleichgewichts" (M. Menzel, Zeit, 188). Ludwig wiederum nutzte seine Königserhebung, wie noch gezeigt wird, um die eigene Dynastie zu fördern.

Neben Mainz und Trier unterstützten auch Markgraf Waldemar von Brandenburg, Johann II. von Sachsen-Lauenburg und Johann von Böhmen den Wittelsbacher. Aber Köln, die Kurpfalz mit Ludwigs Bruder Rudolf, Heinrich von Kärnten und Rudolf I. von Sachsen-Wittenberg standen auf der Seite des Habsburgers. Es kam zu einer Doppelwahl; bei Frankfurt wurden am 19. Oktober Friedrich und am 20. Oktober 1314 Ludwig jeweils zum König gewählt. Ludwig hatte zwar eine Stimme mehr erhalten, aber faktisch war die Pattsituation nicht bereinigt.

3. Der Thronstreit

Das Debakel um die zweifache Königswahl hatte die Eigensucht der Kurfürsten bloßgestellt. Sie vermengten die Tyrannis mit der Anarchie und verachteten das Wohl der Untertanen. Vermutlich hätte ein Reichstag die Thronfolge effektiver geregelt. Als Folge der desolat-chaotischen Reichsverfassung, die nie funktionierte, drohte nun ein Bürgerkrieg.

Welcher der beiden Anwärter über die notwendige Legitimität verfügte, war rechtlich nicht festzulegen. Friedrich besaß die Reichsinsignien, aber der Krönungsort Aachen blieb ihm versperrt. In Aachen krönte nicht der zuständige Kölner Erzbischof den Wittelsbacher, sondern der Mainzer Kurfürst.

Seit dem Tod Clemens V. 1314 gab es zwei Jahre lang keinen Papst. Erst im August 1316 wählten die Kardinäle einen Nachfolger, Johannes XXII., der zunächst den deutschen Thronstreit nicht beeinflusste, aber schon bald Ludwig IV. hasserfüllt zu vernichten trachtete.

Johannes behielt sich vor, einem gewählten römischdeutschen König, dem Anwärter auf die Kaiserkrone, eine Approbation zu erteilen, also die angemaßte päpstliche Bestätigung. Zwar hatte Ludwig 1314 der Kurie seine Königswahl angezeigt, aber nicht um Approbation ersucht. Vorläufig nutzte Johannes die ungeklärte Lage und beanspruchte, in Italien das Vikariat (Stellvertretung) auszuüben.

1320 starb der Mainzer Erzbischof Peter von Aspelt. Ihm folgte im Amt Balduin von Trier, der Ludwig gewählt hatte und nun zwei Kurfürstentümer leitete. Hierüber verärgert, ernannte Johannes XXII. einen Parteigänger Friedrichs, Matthias von Buchegg, zum Mainzer Erzbischof.

Acht lange Jahre dauerte der Krieg der beiden Könige und verheerte ganze Landschaften. In einer zeitgenössischen Chronik hieß es, dass in dieser Zeit „das römische Reich ... auf die Spitze des Schwertes gestellt" wurde (zit. nach M. Clauss, 43). Belagerungen und Scharmützel verwüsteten besonders Ludwigs bayerische Territorien. Eine große Feldschlacht fand lange Zeit nicht statt, auch weil Österreich gegen Schweizer Eidgenossen kämpfte, die Ludwig unterstützte und denen Herzog Leopold I. 1315 bei Morgarten unterlag.

Erst im September 1322 stellte sich Ludwig bei Mühldorf am Inn zur Schlacht. Der Wittelsbacher siegte, nahm Friedrich gefangen, kerkerte ihn im oberpfälzischen Trausnitz ein. Johannes XXII. jetzt um die Approbation zu bitten, erschien Ludwig unnotwendig. Ihn legitimierte, glaubte er, das Votum der kurfürstlichen Mehrheit.

4. Brandenburg und das Problem der Hausmacht

Vorerst interessierte Ludwig IV. ein anderes wichtiges Thema. 1320 war die brandenburgische Linie der Askanier im Mannesstamm erloschen. Johann von Böhmen, der Ludwig im Kampf gegen Friedrich beigestanden hatte, und zahlreiche andere Große annektierten brandenburgische Ländereien.

Nach der Mühldorfer Schlacht musste Ludwig auf Johann keine Rücksicht mehr nehmen. Im übrig gebliebenen Brandenburg sah Ludwig, verwandt mit der Mutter des letzten Askaniers, ein heimgefallenes Reichslehen. Seinen achtjährigen Sohn ernannte er 1323 als Ludwig I. zum neuen Markgrafen unter der Vormundschaft Bertholds von Henneberg. Dem Haus Wittelsbach begegnete Berthold reserviert und wurde 1327 durch Friedrich von Meißen abgelöst.

Ludwig I. konnte Brandenburg nie wirksam regieren. Der Streit des Vaters mit der Kurie belastete das Verhältnis zur brandenburgischen Geistlichkeit. Auch fehlte ihm die notwendige Unterstützung gegen die zahlreichen Feinde der Mark. Der Kaiser zog es vor, Italien zu verheeren, statt sich um ein wichtiges deutsches Territorium zu kümmern. Seit 1342 weilte Ludwig I. meistens in Bayern oder Tirol und überließ 1351 Brandenburg seinen wenig befähigten Stiefbrüdern Ludwig II. und Otto V. Schließlich übertrug Otto V. (der Faule) 1373 die Mark Brandenburg Karl IV.

Der Fall Brandenburg zeigte eine fundamentale Schwäche der Politik Ludwigs; er dachte nicht daran, das unter den Staufern verlorene Reichsgut neu zu begründen. Brandenburg erklärte er nicht zum Reichsgut, das nur der jeweiligen Königsdynastie unterstand. Die Verwaltung der Mark hätte Ludwig niederadeligen Dienstmannen und einem Statthalter anvertrauen und diese durch häufige Präsenz beaufsichtigen müssen. Freilich durfte er dann keine dynastischen Ziele verfolgen, sondern musste das Gesamtwohl des Landes berücksichtigen, wie es das Königsamt erforderte!

Aber Ludwig agierte nach der Art eines gewöhnlichen deutschen Fürsten, den nicht das Königreich interessierte, sondern der die eigene Familie bevorteilte. Auf der gleichen falschen Linie lag es, wenn er bayerische Reichsklöster der königlichen Hoheit entzog und sie seiner herzoglichen Hoheit unterstellte. Die Selbstdemontage des könig-

lichen Amtes zugunsten des Eigeninteresses charakterisierte Ludwigs gesamte Politik.

Vornehmlich sah Ludwig in der Königskrone eine Möglichkeit, die wittelsbachische Hausmacht zu vergrößern.
Königs- und Herzogsamt trennte er nicht. Gleichzeitig galt
ihm die Königskrone als Vorstufe zum römischen Kaisertum; auch hierbei vernachlässigte der Wittelsbacher eklatant das deutsche Landesinteresse [45]. Staatsmännisch versagte Ludwig nach innen und außen.

Die mögliche Annahme, dass die Idee einer deutschen
Untertanenschaft dem 14. Jahrhundert fremd gewesen sei,
ist leicht zu widerlegen. In Westeuropa hatte diese Denkweise bereits im Hochmittelalter kräftige Wurzeln geschlagen.

Michael Menzel schreibt, dass es Ludwig bezüglich
Brandenburg „nicht um sein Haus" (M. Menzel, Zeit, 163)
gegangen sei. Primär wollte er nur verhindern, dass die
Mark dem Luxemburger Johann in die Hände fiel. Doch
hätte Ludwig Brandenburg auch einer erbberechtigten
Seitenlinie der Askanier übertragen können. Vor allem
stellt Menzel gar nicht erst die Frage, ob Hausmachtpolitik
das deutsche Königtum dauerhaft stabilisieren *konnte*.

Dass Ludwig nun über eine Kurstimme verfügte, nützte
ihm wenig. Mittels dynastischer Hausmachtpolitik war die
Übermacht der Fürsten nicht zu brechen.

---

[45] Vgl. unter anderem Kapitel 8.

Nie gelang Ludwig der gedankliche Sprung vom Herzog- zum Königtum.

5. Ludwigs großer Gegner: Johann von Böhmen

Erst 1317 hatten sich Ludwig und Pfalzgraf Rudolf ausgesöhnt, der seine Herrschaftsrechte zugunsten Ludwigs preisgab, aber die Erbansprüche seiner Söhne wahrte. Rudolf I. starb 1319; seine Frau Mechthild bekämpfte Ludwig bis zu ihrem Tod 1323. Ab jetzt unterstützten Rudolfs Söhne Ludwig, der die pfälzische Kurstimme innehatte. Erst im Hausvertrag von Pavia 1329 klärte Ludwig endgültig die Streitigkeiten [46].

Dank geschickter Heiratspolitik verbesserte der Wittelsbacher seine Aussichten. Ludwigs Tochter Mathilde heiratete 1328 Friedrich II., Landgraf von Thüringen, obwohl dieser bereits einer luxemburgischen Königstochter versprochen war.

Deutsche Fürsten, die Menzel sehr verständnisvoll beurteilt, schöpften allmählich Verdacht. Ludwig habe ihnen das Leben nicht „einfacher" gemacht (M. Menzel, Zeit, 164).

Johann von Böhmen und die Habsburger unter Herzog Leopold I. intrigierten spätestens seit 1324 mit Frankreichs König Karl IV. gegen Ludwig. Man verhandelte darüber, ob ein Valois den römisch-deutschen Königsthron besteigen sollte. Zwei machtvolle deutsche Fürsten, die weitere

---

[46] Vgl. unten Kapitel 12.1.1

Anhänger unter ihren Standesgenossen suchten, gefährdeten Ludwigs Königtum. In dieser Lage hing alles davon ab, welche staatsmännischen Entscheidungen Ludwig traf.

6. Exkurs: Historische Vorbedingungen

Bevor wir den weiteren Gang der Dinge verfolgen, möchte ich resümieren, wie die historische Situation entstanden war, die Ludwig 1314 vorfand.

Der römisch-deutsche König war viel schwächer positioniert als etwa französische oder englische Monarchen. Warum missriet in Deutschland der Aufbau der Königsmacht? Und was hätte Ludwig tun können, wollte er diese Misere überwinden?

Der Aufbau eines deutschen Königs- und frühen Nationalstaates scheiterte vor allem an der religiös motivierten Romidee. Ottonen, Salier und Staufer gedachten das Römische Reich mit dem Zentrum in Italien wiederherzustellen. Aufgrund der Kaiserkrönung Ottos I. im Jahr 962 begann jene historische Fehlentwicklung, die unter Kaiser Friedrich II. ihren schauerlichen Höhepunkt erlebte. Die Habsburger verstanden sich als Erben der Staufer. Erst auf dem Schlachtfeld von Königgrätz 1866, wo das habsburgische Kaiserhaus unterlag, erfolgte die notwendige historische Korrektur.

Das römische Kaisertum stand im logischen und sachlichen Widerspruch zum Königs- und Nationalstaat. Niemals hätte ein römischer Kaiser einen deutschen Frühnationalstaat errichten können oder wollen, ohne das Kaisertum in Frage zu stellen. Es ging also nicht nur darum, dass sich römisch-deutsche Könige, wie manchmal hervorgehoben wird, den Rücken für ihre Rompolitik freihielten und deshalb die Fürsten privilegierten. Außerdem benötigten die Könige, wollten sie in Italien erfolgreich sein, die Zustimmung und den Beistand der Fürsten.

Daher beging schon Otto I. den großen Fehler, die Ostsiedlungsgebiete nicht zur Basis des Königtums zu machen. Otto unterstellte das Ostland nicht der Verwaltung von ihm kontrollierter Dienstmannen. Dafür hätte es steter königlicher Präsenz und eines dauerhaften Verzichtes auf jegliche Rompolitik bedurft. Stattdessen wurden diese Territorien dem Hochadel ausgeliefert. Viel zu sehr stützten sich Ottonen und Salier im „Reichskirchensystem" auf den gefährlichen Klerus, der sehr bald eigene Wege ging, die nicht die des Königs waren. Den nächsten Schlag erlitt daher das Königtum während des Investiturstreites, der 1122 mit dem Wormser Konkordat endete und die königliche Verfügungsgewalt über die Kirche stark einschränkte.

Mit dem Herrschaftsantritt Friedrichs I. (Barbarossa) 1152 beschleunigte sich der Verfallsprozess der Königsmacht. Sechs Italienfahrten unternahm der Staufer, verstrickte sich in unzählige Kriegs- und Raubzüge oder politische Konflikte gegen lombardische Städte, Päpste, Stadtrömer, Normannen, Byzantiner. Friedrich I. vergeudete Kraft und Zeit. Ständig musste er befürchten, dass deutsche Adelige ins Lager seiner Feinde wechselten. Die überforderten Staufer traten Königsrechte an die Fürsten ab, damit diese stillhielten.

1156 schlichtete Friedrich einen Streit unter Fürsten und begründete das Herzogtum Österreich. Weil er einen Adeligen nicht gegen sich aufbringen wollte, erteilte Friedrich dem neuen Herzogtum im „Privilegium Minus" wichtige Herrschaftsrechte. Höchst negative Folgen zeitigte auch der Sturz Heinrichs des Löwen 1180/81. Friedrich integrierte das große welfische Territorium nicht in das Reichsgut, sondern zerstückelte es und bevorteilte den Fürstenstand.

Kaiser Friedrich II. ging noch sehr viel weiter. Im Grunde war der deutsche Reichsteil für ihn, der Italien selten verließ, eine ferne Provinz. Durch mehrere große Gesetze (Goldene Bulle von Eger 1213, das Privileg von 1220 zugunsten der geistlichen Fürsten und ein analoges Gesetz für die weltlichen Großen 1231) erhielten Deutschlands Fürsten umfangreiche Souveränitätsrechte zugesprochen. Seinen eigenen Sohn Heinrich ließ Friedrich 1235 einkerkern, denn dieser hatte das deutsche Königtum verteidigen, die Macht der Fürsten zurückdrängen und die Inquisition bekämpfen wollen. Obwohl Kaiser Friedrich Deutschland ruinierte, feiern ihn deutsche Historiker bedenkenlos als „stupor mundi".

In der Zeit des Interregnums (1250-1273) ging auch das Reichsgut fast ganz verloren. Vor allem im deutschen Südwesten eigneten sich ehemalige Ministeriale Reichsbesitz an. Seit 1273 war der deutsche König nur ein Primus unter anderen Fürsten.

Die Romidee basierte auf der biblischen Weissagung einer heilsgeschichtlichen Abfolge von vier Reichen (Daniels Traumdeutung), als deren letztes das göttliche Römische Reich galt [47.]. So wurde eine ideologische Doktrin der Staatsvernunft übergeordnet – das Markenzeichen deutscher Geschichte schlechthin.

Ludwig IV. stand, als man ihn zum König wählte, vor einem Trümmerberg, den er nicht verschuldet hatte. Aber sah er das deutsche Elend wenigstens, erkannte Ludwig seine Ursachen? Oder wollte er die katastrophal gescheiterte Rompolitik der Staufer fortsetzen?

7. Der Weg in das Debakel: die Rom- und Italienpolitik

7.1 Prozesse und Appellationen

Im Dekret vom 23. Oktober 1314, das jene Fürsten unterzeichneten, die Ludwig gewählt hatten, hieß es, dass der Wittelsbacher „zur Wahl als Römischer König [benannt sei], der späterhin zum Kaiser erhoben werden soll" (zit. nach B. Schneidmüller, 369). Der Papst wurde ersucht, Ludwigs Kaiserkrönung vorzunehmen. Die Wahl zum römisch-deutschen König galt als Vorstufe zum Kaiserthron. Bemerkenswert schnell folgte Ludwig, wie es die Kurfürsten erwarteten, den Spuren Heinrichs VII. und erneuerte die Italienpolitik, ungeachtet der Tatsache, dass sein Vorgänger gescheitert war. Ludwig erstrebte „im Verbund mit den Fürsten" die Kaiserkrone (M. Menzel, Zeit, 162).

---

[47] Man darf sogar annehmen, dass die Vorstellung vom tausendjährigen römischen Gottesreich einen besonders radikalen Judenhass bedingen konnte. Den Juden wurde unterstellt, dass sie dieses Reich zerstören wollten.

Bereits Anfang 1315 hatte Ludwig einen Generalvikar für Italien ernannt: Jean de Beaumont. 1323 beauftragte Ludwig den Grafen Berthold von Neuffen, nach Oberitalien zu gehen, die Lage zu sondieren und Ludwigs Romzug vorzubereiten. Sogleich hegte Papst Johannes XXII. Argwohn. Ludwigs Königtum [48] hatte er nicht die Approbation erteilt und wollte verhindern, dass sich der Wittelsbacher in Italien festsetzte. Kaisertreue „ghibellinische" Reichsvikare in Mailand, Verona und Ferrara, die noch Heinrich VII. eingesetzt hatte und nun Berthold von Neuffen unterstützten, belegte der Papst mit dem Kirchenbann.

Johannes XXII. hatte während des Thronstreites für keinen der Kandidaten Partei ergriffen. Der Thronstreit kam dem Papst nicht ungelegen, denn er bot ihm die Möglichkeit, Herrschaftsrechte in Italien und Deutschland zu beanspruchen. Robert von Neapel ernannte der Papst zum Reichsvikar in Italien. 1317 beanspruchte Johannes die Oberhoheit für das Reich, solange die vermeintliche Thronvakanz andauerte.

Ab dem 8. Oktober 1323 führte der Papst gegen Ludwig einen „Prozess" durch. Ludwig sollte, hieß es im Urteil, innerhalb von drei Monaten sein Königsamt aufgeben und alle Herrschaftsrechte verlieren. Widerrechtlich habe Ludwig in Italien Ämter vergeben und dortige Häretiker (die

---

[48] Umstritten war, ob der römisch-deutsche oder römische König nur für den deutschen Reichsteil oder für das gesamte römische Imperium in den damaligen Grenzen zuständig war (König im Kaiserreich). Den Kaisertitel hat Ludwig wohl als Herrschaftsauftrag für die gesamte Christenheit verstanden.

Viscontis) unterstützt. Ludwigs Anhänger bedrohte Johannes mit der Exkommunikation.

Zur Jahreswende 1323/24 antwortete Ludwig mit zwei Appellationen, in denen er die päpstlichen Vorwürfe zurückwies. Dank der Wahl durch die Mehrheit der Kurfürsten trage er die Königskrone rechtmäßig. Der Papst dürfe über ihn kein Urteil fällen; hierzu sei nur ein Konzil befugt, das Johannes einberufen möge, wenn er den Streitfall klären wolle. Keineswegs verbat sich Ludwig jegliche Einmischung der Kirche. Die notwendige scharfe Trennlinie zog er nicht und beharrte ebenso falsch auf der Kaiserkrone. Immer tiefer zog ihn die machtgierige Papstkirche in den Strudel eines unsinnigen Konflikts.

Außerdem beschuldigte Ludwig Johannes XXII. der Ketzerei. Der Papst unterdrücke die Bettelorden, besonders die Franziskaner der spiritualistischen Richtung. Dabei ging es um den sogenannten Armutsstreit zwischen der Kurie und manchen Franziskanern. Die Spiritualisten lehnten, anders als die Konventualen, Geschenke an ihren Orden sogar dann ab, wenn diese in das Eigentum der Kurie übergingen.

Ludwigs Einsprüche prallten am Herrschaftswillen der Papisten ab. Johannes sprach Ende März 1324 gegen Ludwig und seine Anhänger die Exkommunikation aus und verhängte ein Interdikt über das Reich. Ludwigs Exkommunikation nahm die Kirche nie zurück. Bis zu seinem Tod 1347 blieb Ludwig im Kirchenbann und durfte theoretisch das Königsamt nicht ausüben.

In seiner dritten Appellation vom 22. Mai 1324 bestritt Ludwig, dass Johannes, der christliche Sakramente schände, der wahre Papst sei. Johannes wolle „das Reich der Deutschen zu jeder Zeit zertreten" (zit. nach H. Thomas, 164). Im Urteil vom 11. Juli 1324 erklärte der Papst Ludwigs Königsrechte für ungültig und drohte ihm sogar den Verlust seiner Reichslehen an. So begann die letzte große und katastrophale Auseinandersetzung zwischen dem künftigen Kaiser und der Papstkirche.

Ludwig wusste, dass die Mehrheit der Kurfürsten, die ihr Wahlrecht gegen den Papst betonten, hinter ihm stand. Zwar beugte sich die Mehrheit der deutschen Erzbischöfe und Bischöfe den Urteilen aus Avignon. Balduin von Trier und bayerische Geistliche wahrten ihm jedoch die Treue. Auch die meisten Stadtbürger blieben an der Seite Ludwigs. Andererseits gab es keine leidenschaftlich-antipapistische Stimmung in der Bevölkerung.

Kurzzeitig verhandelten Johannes XXII. und der habsburgische Herzog Leopold I. Ende Juli 1324 darüber, ob Karl IV. von Frankreich zum deutschen König zu erheben sei. Erzbischof Balduin drängte Johannes, diese Pläne fallen zu lassen, die das Wahlrecht der Kurfürsten gefährdeten.

Schon vorher hatte Johann von Böhmen, dessen Schwester Maria 1322 Karl IV. heiratete, Verbindungen zum französischen Königshaus geknüpft. Johanns Sohn Wenzel, der spätere Kaiser Karl IV., ehelichte im Mai 1323 die Tochter Karls von Valois. Etwa zur gleichen Zeit erwog Johann den Gedanken, die Nachfolge Ludwigs anzutreten. Erneut geriet die Obstruktion der Häuser Luxemburg und

Habsburg in grelles Licht. Karls IV. Thronkandidatur scheiterte im September 1324 endgültig am Widerspruch Balduins von Trier und Johanns.

7.2 Fragwürdige Rückenfreiheit: der Ausgleich mit Friedrich dem Schönen

Dann beging Ludwig seinen nächsten staatsmännischen Fehler. Um den Thronstreit mit Friedrich dem Schönen zu bereinigen, vereinbarte er am 13. März 1325 die „Trausnitzer Sühne". Friedrich erhielt seine Freiheit zurück und anerkannte dafür Ludwig als König. Zudem verpflichtete sich Friedrich, dafür zu sorgen, dass auch seine Brüder, besonders Leopold I., Ludwig huldigten und ihm gegen Johannes XXII. beistanden.

Gemäß der Münchener Abmachung vom 5. September 1325 wurde Friedrich als Mitkönig eingesetzt. Ludwig und Friedrich sollten gemeinsam und einvernehmlich regieren. Falls einer von ihnen in Italien weilte, regierte der jeweils andere das übrige Reich. Schon am 1. September hatten die beiden vereinbart, dass Ludwig entscheide, ob er oder Friedrich den Romzug antreten werde.

In der gleichen Abmachung gelobten Friedrich und Ludwig, der seine widerspruchsvolle, inkonsequente, schwächliche Haltung dem Papst gegenüber offenbarte, dass sie der Kurie Gehorsam schuldeten, wobei ihnen Geistliche die Feder führten.

In Ulm vereinbarten Ludwig und Friedrich Anfang 1326, dass Friedrich in Deutschland bleibe, während er mit Herzog Leopold nach Italien gehe, wo Leopold das Reichsvikariat ausüben sollte. Jedoch starb Leopold bereits im Februar 1326. Fortan stützte sich Ludwig mehr auf die Luxemburger, obwohl diese ihm misstrauten. Dem Wittelsbacher gelang es im Grunde nie, stabile politische Verhältnisse zu schaffen.

Bisher gehörten Mitkönige der gleichen Dynastie wie die Könige an und sollten deren Thron erben. Nun vergrößerte Ludwig, dem der strategische Weitblick fehlte, die Gefahr eines nochmaligen Dynastiewechsels, der 1346/47 auch eintrat. Friedrich blieb bis zu seinem Tod 1330 König, nahm aber an der Regierung selten teil.

Das Doppelkönigtum schwächte Ludwig; er wollte sich in Deutschland für den Italienzug absichern und Beistand erhalten. Die Taktik der Rückendeckung hatte bereits in der Stauferzeit den Niedergang des Königtums wesentlich mitherbeigeführt.

Zudem verschaffte die Doppelwahl der Kurie den Vorwand, innerdeutsche Angelegenheiten zu beeinflussen (vgl. oben). Dennoch schreckt Martin Clauss in bester höfischer Tradition nicht davor zurück, Ludwig wegen des Münchener Vertrags einen großartigen „visionären Herrscher" zu nennen (M. Clauss, 48). „Königsherrschaft" habe in der Zeit Ludwigs „nicht autoritär-absolutistisch" funktioniert. Nur dann konnte Ludwig „erfolgreich herrschen", wenn er im „Konsens mit den Großen des Reiches" regierte (M. Clauss, 49).

Clauss erliegt gleich mehreren Irrtümern. Ludwig regierte *nie* und *nirgends* „erfolgreich". Jeden ernsthaften

Ausbau der königlichen Macht, die das Landeswohl dringend erforderte, sabotierten die Fürsten. Städte und niedere soziale Stände benötigten einen effektiven König, der ihnen Mitspracherechte im Reichstag gewährte und sie gegen die Willkür der Magnaten verteidigte. Außenpolitisch vermochten nur handlungsfähige Könige die Integrität des Landes zu schützen.

Ein tatkräftiges Königtum als „autoritär-absolutistisch" zu denunzieren und in fürstlicher Machtgier die Wahrung des politischen Gleichgewichts zu sehen, ist hinsichtlich mangelnder Urteilskraft schwer zu übertreffen. Verkannt wird ebenfalls, dass die Fürsten *innerhalb* ihrer Territorien genauso regierten, wie sie es dem König vorwarfen, bauten sie doch ihre Position stetig aus. Auf Reichsebene aber agierten die gleichen Oligarchen wie Anarchisten und blockierten jede konstruktive Politik. (Lichtenberg kritisierte deutsche Historiker wegen ihres Respekts vor den großen Herren).

Auch Schneidmüller kümmert das Zerstörungswerk der Hochadeligen nicht. Ludwig habe deren „Konsens im Kampf um die Krone, im Kampf mit der Kurie, im Kampf um die Glorie seines Hauses" benötigt (B. Schneidmüller, 376). Die zum Scheitern verurteilte Unsinnigkeit der Rompolitik, des boshaften Papstes Feindschaft, Ludwigs Abhängigkeit von den Fürsten, alles in Gang gesetzt durch den Griff nach der Kaiserkrone, ignoriert Schneidmüller völlig. Am Ende entthronten Papst und Kurfürsten Ludwig gemeinsam. Schwerlich lag „die Glorie" des Hauses Wittelsbach den Fürsten am Herzen. Ihnen ging es vor allem darum, Ludwigs Einfluss zu minimieren.

Das fatale Doppelkönigtum gilt Menzel als „erstaunliches Zeugnis konstruktiven Bewusstseins"; es garantierte „Machtbalance und verfassungsmäßige Stabilität". Ludwig erstrebte „politische Harmonie" und ermöglichte so die (offenbar notwendige und sinnvolle) „Italien- und Kaiserpolitik" (M. Menzel, Zeit, 167).

Dabei *war* die Rompolitik längst in eine Katastrophe gemündet. Etwa 300 Jahre lang liefen deutsche Könige und Kaiser wie Don Quijote gegen die immer gleiche Wand [49]. Dieser auffällig lange Zeitraum der Italienpolitik ist höchst bemerkenswert; er charakterisiert die *extreme* Realitätsferne der deutschen Denkweise seit alters her.

Der angeblich notwendige „Konsens" zwischen König und Fürsten, den deutsche Historiker beschwören, verhinderte die Schaffung eines Königs- und Nationalstaates. Fürstliche Eigensucht machte ohnehin einen dauerhaften Konsens unmöglich. Nur durch harten Kampf *gegen* die Fürsten konnte der Staatsaufbau gelingen. Ist die Fixiertheit deutscher Historiker auf einen missverstandenen „Konsens" ein Teil deutscher Unterwürfigkeit?

Zumindest langfristig lief die „Konsensherstellung mit den Fürsten" (B. Schneidmüller, 370) weit eher auf eine *Teilung* der Herrschaft hinaus. Seit dem Beginn der habsburgischen Kaiserära fand Österreich den Schwerpunkt seiner Herrschaft meistens *außerhalb* Deutschlands. Der

---

[49] Gemeint ist hier nur die Hochphase der Rompolitik von den Ottonen bis zum Interregnum. An der Romidee und ihren weltlichen Nachfolgern ist die deutsche Geschichte wiederholt gescheitert.

deutsche Reichsteil aber blieb der tyrannischen Fürsten-Anarchie ausgeliefert.

Wie erwähnt, hatte Ludwig zeitweise an Heinrichs VII. Romzug teilgenommen, sodass ihm Heinrichs Debakel vor Augen stand. Und obwohl Ludwigs Stellung in Deutschland sehr gefährdet war, folgte er Heinrichs Spuren. Hatte Ludwig bisher dynastisch-partikulare Interessen der königlichen Staatsräson übergeordnet, so opferte er nun das Königtum auf dem Altar der universalen Romidee. Der gemeinsame Nenner dieser (vermeintlichen) Gegensätze war Ludwigs deutsches, das heißt unrealistisches Denken. Ihn blendeten der irrlichternde Glanz und das falsche Prestige des Kaisertitels.

Ludwigs Rompolitik ist nicht als „Kulminationspunkt eines säkularen Konflikts oder grotesker Schattenkampf einer Spätzeit" zu erfassen (J. Miethke, 422). Sein Italienzug war der anachronistische Versuch, untragbare Zustände wiederherzustellen. Die wohl letzte Chance, einen mittelalterlichen deutschen Nationalstaat aufzubauen, wurde vertan. Aber Ludwigs staatsmännisches Versagen erkennen deutsche Historiker nicht, geschweige, dass sie es analysieren.

Heinz Thomas rechtfertigt die Italienpolitik Heinrichs VII. und Ludwigs durch einen oberflächlichen Ökonomismus. (Die wirtschaftliche Weltbetrachtung ist der Deutschen liebstes Kind). Ludwig hätte den lombardischen Städten, beispielsweise Mailand, Genua und Florenz, so umfangreiche Steuern abverlangen können, dass sie ausreichten, die „Entwicklung der Staatlichkeit" im Reich zu finanzieren (H. Thomas, 122).

125

Zum einen bleibt unklar, ob Thomas bei „Staatlichkeit" an Deutschland oder das gesamte römische Reich denkt. Seine These überzeugt schon deshalb nicht, weil kein deutscher König/Kaiser imstande war, die oberitalienischen Städte zu unterwerfen. Sogar die mächtigen Stauferkaiser hatten Italien nicht befriedet. Heinrich VII. vermochte nicht einmal Rom auf dem Landweg zu erreichen! Die italienischen Feldzüge waren mit hohen Unkosten und großem Zeitaufwand verknüpft.

Durften deutsche Herrschaftsansprüche in Italien als legitim gelten? Warum sollten italienische Städte das König- oder Kaisertum finanzieren? Der deutsche Staatsaufbau setzte vor allem *politische* Maßnahmen voraus, bevor an eine Lösung finanzieller Probleme überhaupt zu denken war. H. Thomas erkennt nicht die *prinzipielle* Verfehltheit der fiktiven Konstruktion namens „Römisches Reich". Die Kaiserpolitik erschwerte auch die Selbstfindung Italiens.

Hans K. Schulze, ein bekannter Historiker, bewundert Ludwig, weil dieser „durch einen kühnen Griff nach der Kaiserkrone" die Papstkirche in Avignon ausschalten wollte (H. K. Schulze, 240). Erreicht hat der „kühne" Ludwig das genaue Gegenteil! Zu kritisieren ist die Verkennung der Tatsachen durch Menzel, Thomas, Schneidmüller, Clauss, Miethke, Schulze. In höfischer Geschichtsschreibung befangen, analysieren sie nicht die Vergangenheit, sondern widerspiegeln und reproduzieren sie.

7.3 Der Italienzug

7.3.1 Diplomatische Ränkespiele

Am 7. Januar 1326 unterbreitete Ludwig den Habsburgern Leopold und Friedrich ein merkwürdiges Angebot. Er schlug ihnen vor, auf die Krone zu verzichten, sofern Johannes XXII. bereit sei, Friedrich als deutschen König bis zum 25. Juli 1326 zu bestätigen. Sollte der Papst die Approbation Friedrichs verweigern, bleibe die Münchener Vereinbarung vom September 1325 weiterhin in Kraft. Ludwig bot also dem Papst seinen Thronverzicht an. Der machtbesessene Johannes wollte aber auch Friedrich als König nicht anerkennen.

Johannes verweigerte die Approbation Friedrichs, weil er Menzel zufolge Exkommunikation und Interdikt nicht habe rückgängig machen können, ohne seine Glaubwürdigkeit zu verlieren. Ludwigs „kühl kalkulierter" Schachzug diente dem Ziel, möglichst viele Kurfürsten, die jede päpstliche Einmischung in ihr Königswahlrecht ablehnten, hinter sich zu bringen, damit der Italienzug besser vorbereitet war. „Das Verzichtsangebot sicherte das Doppelkönigtum" (M. Menzel, Zeit, 168 f.). Auch Jürgen Miethke behauptet, ohne Belege zu präsentieren, dass Ludwig nicht ernsthaft zurücktreten wollte. Aus taktischen Gründen, um den Papst bloßzustellen, machte er dieses Angebot. Ludwig habe die Reaktion des Papstes „wohl vorausgesehen", vermutet der Autor (J. Miethke, 435). Wenn aber die Kurie Ludwigs nicht zweifelsfrei geklärtes Angebot akzeptiert hätte?

127

Menzel und Miethke verkennen erstens, dass Ludwig sein Königtum, welche Motive ihn auch leiteten, dem Papst ausgeliefert und die königliche Autorität unterminiert hatte. Zweitens geriet Ludwig in immer größere Abhängigkeit von den Kurfürsten, deren Beistand er im Kampf gegen die Kurie benötigte. Gerade deshalb hätte Ludwig Streit mit dem Papst vermeiden und *keinesfalls* nach Italien gehen dürfen! Jeder Grund wäre entfallen, zweideutige Manöver und gefährliche Winkelzüge zu riskieren.

In aller Ruhe hätte sich Ludwig dem inneren deutschen Staatsaufbau widmen können. Aber der Entschluss, die Kaiserkrone zu erlangen, brachte Ludwig zwischen zwei Mühlsteine, die ihn gnadenlos zerrieben, Kurfürsten und Papst.

Wenn er aber schon Verbündete im überflüssigen Kampf gegen den Papst suchte, hätte er sich besser auf breite Volksschichten gestützt, die ein starkes Königtum ersehnten.

7.3.2 Kriegszüge im fremden Land

Widmen wir uns nun der verheerendsten Phase der Regierungszeit Ludwigs. Obwohl Herzog Leopold I. bereits im Februar 1326 gestorben war, zog Ludwig erst im Januar 1327 nach Italien, wo er vermeintliche Reichsrechte beanspruchte. Zunächst weilte Ludwig in Trient. Hier wurde festgelegt, wieviel Geld kaisertreue (= ghibellinische) Städte für die Finanzierung des Italienzuges zu entrichten hätten. Außerdem wurde der Entschluss gefasst, das guelfische (= kaiserfeindliche) Verona zu unterwerfen, mit dem später jedoch ein Waffenstillstand vereinbart wurde.

Im März erreichte Ludwig Mailand, wo ihn Bischof Guido von Arezzo, den die Kurie seines Amtes enthoben hatte, zum König der Lombardei krönte. In Mailand geriet Ludwig in die mörderischen Streitigkeiten der Familie Visconti. Ludwig entmachtete sie und ließ Galeazzo I. Visconti, dem er Geld abpressen wollte, einkerkern. Selbstherrlich unterstellte er die Lombardei einem deutschen Vikar. Drei Monate verharrte Ludwig in Mailand. Nach der Kaiserkrönung sollte Oberitalien unterjocht werden.

Johannes XXII. aberkannte im April 1327 Ludwig sein Königsamt und das oberbayerische Herzogtum. Ludwig war für den Papst nur noch „der Bayer". Umgekehrt bezeichnete Ludwig den Papst als „allerbösesten Erzketzer" und nannte ihn „Jakob" (zit. nach M. Clauss, 62).

Dann zog Ludwig, der Verstärkungen aus Deutschland erhalten hatte, gen Rom. Ghibellinische Städte gewann er, die Guelfen blieben vorerst im Hintergrund. (Italiens Spaltung in Ghibellinen und Guelfen verschlimmerte die politische Zersplitterung des Landes). Wie gefährdet Ludwigs Situation war, trat zutage, als Ludwig im September/Oktober 1327 die früher reichstreue Stadt Pisa, das nun zwischen Ghibellinen und Guelfen schwankte, belagerte und eroberte.

Den Stadtherrn von Lucca, Castruccio, der Ludwig bei der Eroberung Pisas geholfen hatte, erhob Ludwig zum erbberechtigten Herzog von Lucca und verlieh ihm zahlreiche Souveränitätsrechte. Der „König der Lombardei" forcierte den italienischen Partikularismus! In Viterbo, das zum Kirchenstaat gehörte, ernannte Ludwig den bisherigen Stadtvorsteher zum kaiserlichen Vikar und verschärfte hierdurch den Streit mit der Kurie.

7.3.3 Marsilius von Padua

Ludwig entzog die Vergabe der Kaiserkrone dem kurialen Einfluss. Im Dauerstreit mit Johannes XXII. stützte sich Ludwig auf Marsilius von Padua. Der Philosoph, den die Inquisition verfolgte, weilte seit 1326 am Hofe Ludwigs.

In der Schrift „Defensor Pacis" (1324) entwarf Marsilius ein stark weltlich orientiertes Programm. Die Kirche solle den Staat künftig nicht mehr beeinflussen und nur religiös wirken. Der Papst stehe unter dem Kaiser. Rein säkular sei die weltliche Herrschaft zu begründen, basiere auf der Zustimmung des Volkes, gewährleiste Recht und Frieden. Am Horizont leuchtete die Morgenröte der neuen Epoche, Renaissance und Reformation.

Die Tragweite der Thesen des Marsilius erkannte Ludwig wohl nicht, nutzte sie aber als taktische Waffe gegen den Papst. Insofern er die Kaiserkrone begehrte, blieb Ludwig mittelalterlichem Denken verhaftet.

Am 7. Januar 1328 zog Ludwig unter dem Jubel des Volkes in Rom ein. Ihn begleiteten nur sein Neffe Rudolf von der Kurpfalz, wenige deutsche Herzöge und Grafen sowie Marsilius von Padua und Castruccio. In Rom regierte eine kaiserfreundliche Adelsfraktion, die Robert von Neapel, einen Gefolgsmann des Papstes, aus der Stadt verjagt hatte.

Die Kaiserkrönung fand am 17. Januar 1328 statt. Den zuvor geflohenen Rudolf ersetzte Sciarra Colonna, Präfekt Roms, der Johannes ablehnte und die Kaiserkrone bereithielt. Dass er stellvertretend für das römische Volk die Krönung Ludwigs vollzogen habe, negiert die heutige Forschung. Drei Geistliche, zwei exkommunizierte Bischöfe aus Venedig und Aleria und ein Bischof aus Chiron, außerdem vier Vertreter des römischen Stadtvolks, vollzogen die Weihe oder traten als Koronatoren auf.

Zwar wurde der Papst zurückgedrängt, aber insgesamt machte die Kaiserkrönung Ludwigs einen improvisierten Eindruck. Ludwig erschien nur mit kleinem Gefolge; der eigene Neffe kehrte ihm gar den Rücken. Der Nimbus des Kaisertums schmolz dahin.

Kaum waren die Feierlichkeiten der Krönung beendet, geriet Ludwig in neue Probleme. Am 1. Februar 1228 verließ Castruccio, der Lucca gegen den Vikar von Florenz verteidigen musste, das geplagte Rom. Derweil schickte Ludwig Truppen zum `unbotmäßigen` Orvieto, beorderte aber die Soldaten zurück, denn zahlreiche Stadtrömer rebellierten wegen schlechter Verpflegung. Ludwig gelang es nicht, wie schon *allen* vorherigen Kaisern, Italien zu `befrieden`.

Ohnehin war der Konflikt mit Johannes XXII. keinesfalls gelöst. Der Papst erklärte die Kaiserkrönung für nichtig. Der von Marsilius beratene Ludwig verkündete am 18. April 1328 die Absetzung „Jakobs von Cahors" (=Johannes), der sich Ludwigs rechtmäßigem Königs- und Kaisertum widersetze, in Avignon statt in Rom residiert und weiterhin der Ketzerei schuldig sei. Der Klerus unterliege weltlicher Macht.

Auf Geheiß Ludwigs setzten die Römer am 12. Mai 1328 den Franziskaner Petrus von Corvaro, Nikolaus V. genannt, als neuen Papst ein. Ludwig unterzog ihn einer Investitur mit den geistlichen Symbolen, obwohl dies dem Wormser Konkordat von 1122 widersprach. Nikolaus krönte am 22. Mai Ludwig zum Kaiser - eine merkwürdige Zeremonie, die nur Ludwigs Schwäche bloßstellte.

An der chaotischen Gesamtlage in Italien änderte die zweifache Kaiserkrönung nichts. Truppen des Robert von Neapel griffen Ostia an. Der kurze Krieg, den Ludwig gegen das Königreich Neapel führte, endete mit einem Desaster. Die Truppen des Kaisers zerfielen, und Ludwig kehrte im Juli 1228 nach Rom zurück. Begleitet von Nikolaus V. und mehreren Kardinälen, verließ der Kaiser die Stadt.

Unmittelbar danach zogen Guelfen und ein Legat des Johannes, den die Römer enthusiastisch begrüßten, in die Tiberstadt ein. Das sinn- und zwecklose Scheitern Ludwigs hätte nicht eklatanter ausfallen können! Dann starb Castruccio, einer der wenigen Bundesgenossen Ludwigs, der allerdings in Pisa einen kaiserlichen Vikar abgesetzt hatte.

Ludwig suchte Unterstützung bei den Franziskanern Wilhelm von Ockham, Michael von Cesena und Bonagratia von Bergamo. Die beiden letzteren verfolgte Johannes XXII. wegen ihrer Thesen im Armutsstreit. Der Papst bekämpfte Wilhelm von Ockham noch aus anderen Gründen. Wilhelm postulierte ein Widerstandsrecht gegen häretische Päpste. Laien dürften sich in theologische Fragen einschalten.

Alle drei eilten an Ludwigs Hof, als der Wittelsbacher durch Norditalien zog. Aber ständig schwankte Ludwig gegenüber Johannes. Wiederholt ermahnte er Marsilius und Wilhelm zum Gehorsam gegenüber der Kurie!

Ludwigs eigene Truppen, die keinen Sold erhielten, meuterten. In Mailand kehrten die Visconti an die Macht zurück. Nun befürchtete Ludwig, dass Mailand ihm den Rückweg nach Deutschland versperren werde. Auch Ferrara und Pisa, das Ludwig 1327 wochenlang belagert hatte, fielen vom Kaiser ab.

Nur widerwillig öffnete Parma dem Kaiser seine Tore; die Stadtherren erwarteten von Ludwig, dass er sie gegen rivalisierende Städte beschützte. Erst zur Jahreswende 1329/30 kehrte Ludwig nach Deutschland zurück. „Der Rückzug artete zum Raubzug aus wie ... schon der Einmarsch" (K. H. Deschner, 496). Ludwigs Italienzug endete als Debakel sondergleichen.

Johannes XXII. behielt wie Ludwig sein Amt. 1328 versuchte der Papst sogar, in Deutschland eine Königsneuwahl durchzusetzen. Ludwigs Marionette, Papst Nikolaus V., blieb ohne Einfluss und trat 1330 zurück. Ludwig unternahm Anfang der 1330er-Jahre mehrfach demütige Versuche, sich mit Johannes zu verständigen. 1333 bot er dem Papst sogar erneut einen Thronverzicht an.

Nach dem Tod des Mainzer Erzbischofs Matthias von Buchegg 1328 wollte Johannes seinen Favoriten Heinrich III. von Virneburg als Nachfolger im Mainzer Erzbistum einsetzen. Das Mainzer Domkapitel wählte jedoch Balduin von Trier als Interims-Nachfolger. Johannes bekämpfte Balduin, der mit Kaiser Ludwig verbündet war.

Ludwigs Kaiserkrönung bedeutete allenfalls einen Scheinerfolg. Aus dem Streit zwischen Kaiser und Papst gingen die Kurfürsten als eigentliche Sieger hervor. Ludwig hatte eine dreihundertjährige historische Erfahrung ignoriert und die Aussichtslosigkeit der Rompolitik verkannt.

Trotzdem beschönigt Ludwigs Biograph Heinz Thomas die katastrophale Niederlage Ludwigs. Der Kaiser habe „keineswegs in aussichtsloser und verzweifelter Lage" Italien geräumt (H. Thomas, 222). Auf die Rompolitik zu verzichten, wäre der „einfachere Weg" gewesen, den der

Autor polemisch als `simpel` abqualifiziert (H. Thomas, 224). Es geht jedoch nicht um `einfach` oder `schwierig`[50]. Zur Debatte stehen historische Tatsachen, Staatsvernunft, gesunder Menschenverstand und Urteilskraft! In Deutschland hätte Ludwig konstruktive Aufbauarbeit leisten können, aber er verschleuderte jenseits der Alpen Kraft und Zeit.

Auch Jürgen Miethke verkennt die selbstzerstörerische Unsinnigkeit des Italienzuges und der Kämpfe gegen die Kurie. Ludwigs Vorgehen in Italien könne man „weder Kühnheit, Energie noch Entschlossenheit absprechen" (J. Miethke, 437). Dass er scheiterte, fällt nicht ins Gewicht? Deutsche Hofchronisten verwandeln noch die schlimmste Torheit in ein Heldenstück!

Kaum besser macht es Martin Clauss, der behauptet, dass die Kaiserkrönung „die Stellung Ludwigs gegenüber" Johannes XXII. „stärkte" (M. Clauss, 65). Faktisch verschlimmerte Ludwigs Kaiserkrönung einen Konflikt, den er unmöglich gewinnen konnte, zumal der Papst mächtige Verbündete mobilisierte, oberitalienische Städte, Robert von Neapel, Frankreich.

Im Grunde widerspricht Clauss der eigenen These, wenn er hervorhebt, dass Ludwigs Kaisererhebung den Konflikt mit der Kurie „verhärtete" (M. Clauss, 68). Auch die Nachfolger des Johannes legitimierten Ludwigs Kaiser-

---

[50] Einen deutschen Königsstaat aufzubauen, war höchst kompliziert und erforderte große staatsmännische Befähigung. Aber jeder Narr konnte nach Italien ziehen!

tum nicht. Sie hingen von französischen Königen ab, die ihrerseits nicht daran interessiert waren, den Konflikt beizulegen.

Ludwig habe, liest man bei Michael Menzel, das „Reichsbewußtsein" im Kampf gegen Johannes gefördert (M. Menzel, Zeit, 174). Jedoch unterstützten die Fürsten Ludwig nur deshalb, weil sie die Kontrolle über das Königtum nicht mit dem Papst *teilen* wollten. Von einer wirklichen „Solidarisierung der Fürsten mit der Reichsspitze" (M. Menzel, Zeit, 176) ist keinesfalls auszugehen.

Daher irrt Menzel, wenn er Reich und Fürsten gleichsetzt. Nie gab es eine „kaiserliche Verfassung", die er unterstellt (M. Menzel, Zeit, 174), sondern fragile taktische und provisorische Maßnahmen. Hierzu gehörte auch das ineffektive, politisch gefährliche „Doppelkönigtum" mit dem Habsburger Friedrich, welches Bernd Schneidmüller als vorteilhaften „Konsens" lobt (B. Schneidmüller, 382).

Eingezwängt zwischen Papsttum und Kurfürsten, driftete Ludwig in einen tödlichen Zweifrontenkampf. Menzel spricht von der „kirchlichen Schattenseite" (M. Menzel, Zeit, 175) des Kaisertums. Gab es auch eine Sonnenseite? Für Deutschland und Italien barg die Romidee *nur* verhängnisvolle Konsequenzen; eine nationalstaatliche Entwicklung beider Länder wurde verhindert. Weder hier noch dort schlug das Staatsbewusstsein Wurzeln.

Als Ludwig im Februar 1330 nach Deutschland zurückkehrte, hielt er dank der Kaiserkrone „imperiale Macht" in den Händen, behauptet Menzel (M. Menzel, Zeit, 176). Worin diese Macht bestand, welchen Zwecken sie diente, verrät der Historiker nicht. Luftschlösser zu errichten, war Ludwigs größte Stärke.

Nicht minder versucht Heinz Thomas, Ludwigs gescheiterten Italienzug zu rechtfertigen. Viele lombardische Städte hätten sich nach einer „ordnenden Kraft" gesehnt (H. Thomas, 224). Selbst wenn diese These zuträfe, war kein Kaiser imstande, die Probleme der Städte zu lösen, die sie letztlich nur durch eigene Anstrengung bewältigen konnten.

Jeder kaiserliche Eingriff in Italien rief sogleich Opposition hervor. Gerade lombardische Städte beharrten auf ihrer Unabhängigkeit. Thomas selbst erwähnt, dass in Italien antikaiserliche Mächte triumphierten, sobald Ludwig das Land verlassen hatte, der wie seine Vorgänger das Wasser pflügte. Außerdem stürzte Ludwigs Italienzug, wie bereits erwähnt, den Kaiser in unlösbare Streitigkeiten mit der Kurie.

Anfang 1330 war Friedrich der Schöne gestorben und das Doppelkönigtum beendet. In seiner zweiten Regierungshälfte versuchte Ludwig, seitens der Fürsten immer misstrauischer beäugt, territorialen Besitz zu erwerben. Gleichzeitig schwelte der Konflikt mit dem Avignoneser Papsttum weiter, das nie bereit war, einzulenken. Enger und enger zogen Fürsten und Päpste ihre Doppelschlinge um Ludwigs Hals.

Das deutsche Staatswohl opferte Ludwig auf dem Altar der Rompolitik; der Aufbau eines Königs- und National-staats unterblieb. Brandenburg lieferte er minderjährigen und wenig befähigten Mitgliedern der eigenen Familie aus. Ludwig versäumte es, die Mark in Reichsgut umzu-wandeln und von Ministerialen verwalten zu lassen.

Ebenso hätten die zahlreichen deutschen Städte das Kö-nigtum wirksam stützen können. Die Hoftage durch den Reichstag ablösen, letzteren zur festen Instanz erheben, mit Vertretern der Städte und Freisassen erweitern – sol-che Maßnahmen waren geeignet, den Hochadel von unten und oben zu bedrängen. Königtum und Reichstag, sofern sie kooperierten, bildeten die Kernelemente des Staatsge-dankens.

Daher erforderte es die politische Klugheit, an die Un-tertanenschaft zu appellieren, die der einzige Verbündete des Königs gegen den Fürstenstand darstellte, der jeden Versuch, das deutsche Königtum zu stärken, voller Arg-wohn beobachtete. Nie aber initiierte Ludwig einen Be-freiungskampf der Deutschen gegen das Papsttum. Sein größter staatsmännischer Fehler lag darin begründet, dass er sich mit der Kurie im fernen Avignon zu arrangieren hoffte, sich aber nicht konsequent von ihr löste. Solches setzte die *peinlichste Zurückhaltung* hinsichtlich jeder Rompolitik voraus, mag auch mancher deutscher Ge-schichtsprofessor das Gebot der Vernunft als den „einfa-cheren Weg" verunglimpfen. Ludwigs gesamte Kaiserpolitik widersprach den elementarsten Interessen des deutschen Königreiches.

Jeder effektive deutsche Reichstag benötigte genauso wie die königliche Verwaltung eine Hauptstadt. Immer noch zog der Monarch wie ein Vagabund umher. Es hätte sich angeboten, den Regierungssitz nahe des vernachlässigten deutschen Nordens und Ostens anzusiedeln, auch weil es hier keine mächtigen Dynastien wie Habsburger und Luxemburger gab.

Aber die Hanse interessierte Ludwig genauso wenig wie der Deutschordensstaat. Ihm kam nicht die Idee, mit ihnen zu kooperieren. Der nördliche Teil des eigenen Landes, den schon die Staufer meistens ignoriert hatten, kümmerte Ludwig nicht. In Rom und Mailand tauchte er auf, besuchte aber nie Lübeck. Welcher merkwürdige, bezeichnende Gegensatz von universalem Herrschaftsanspruch und regionaler Beschränktheit! Es fehlte das gesunde Maß: der Königs- und Nationalstaat.

Der wenigstens schrittweise Aufbau einer Reichsexekutive kam nicht in Gang. Deshalb war Ludwig außerstande, einen stabilen Reichslandfrieden durchzusetzen. Ludwig begnügte sich mit Halbheiten; schwäbische und bayerische Städte wurden 1331 an Landfriedenseinungen beteiligt. Der Kaiser setzte eine Kommission zur Wahrung des Rechtsfriedens ein. Mit Balduin von Trier vereinbarte Ludwig einen 1334 erneuerten rheinischen Landfrieden. Ludwig improvisierte, gründete aber keine handlungsfähigen Institutionen.

Hofkanzlei und Hofgericht ersetzten keine Reichsver-waltung [51]. Alle Maßnahmen blieben Stückwerk und hin-gen von der freiwilligen Teilnahme der Mitglieder eines Landfriedensbundes ab. Schon der von Ludwig mitgetra-gene rheinische Landfrieden von 1317 erwies sich als de-solat.

Der Stadt Frankfurt am Main verschaffte Ludwig 1330 ein Messeprivileg und Nürnberg zwei Jahre später eine Zollbefreiung. Ludwig führte ihre Bürgerschaften nicht an den Staatsgedanken heran, sondern privilegierte quasi-fürstliche Patriziate. Gerade untere städtische Gruppen hätten der königlichen Unterstützung bedurft. Im Januar 1332 verhängte Ludwig im Interesse Balduins von Trier sogar eine Acht gegen die Stadt Mainz. Auch deshalb irrt H. Thomas, wenn er deutsche Städte die „beständigsten Stützen" des Kaisers nennt (H. Thomas, 232).

Eine deutsche Landeskirche zu begründen, erforderte ebenso die Abkoppelung von der Kaiser- und Romidee. Höchst unrühmlich und antistaatsmännisch war es, dass Ludwig deutsche Juden, sogenannte Kammerjuden, mit ei-ner Kopfsteuer belegte und zu Leibeigenen erklärte. Indem er sie arg kränkte, verspielte Ludwig ihre Unterstützung.

Vom staatsmännisch Sinnvollen tat Ludwig das genaue Gegenteil. Auch ein weit besserer König hätte zwar den gordischen Knoten der deutschen Dinge nicht kurzfristig lösen können. Viel zu weit war die Tyrannis der Fürsten vorangeschritten, viel zu skrupellos ihre Herrschsucht.

---

[51] Es fehlte eine zentrale Bildungsstätte für den Aufbau eines königlichen Verwaltungsstabes.

Aber Ludwig hätte an den richtigen Stellen Pflöcke in den Boden treiben und der nächsten Generation den Weg weisen können. Langfristig war damit eine große Wirkung zu erzielen.

Markgraf Ludwig von Brandenburg, der sich einer Adelsfraktion angeschlossen hatte, die gegen den Kaiser opponierte, musste 1330 Ludwig aufsuchen, der ihn bis zu seiner Volljährigkeit 1333 beaufsichtigte. Schon 1326 hatte Polen, angestiftet vom Papst, die Mark Brandenburg angegriffen und teilweise verwüstet, ohne dass Ludwig, der den Italienzug vorbereitete, dagegen einschritt.

Auch gegen marodierende brandenburgische Adelige unternahm er nichts. Es rächte sich, dass Ludwig keine Verwaltungen gründete, sondern wie in karolingischer und ottonischer Zeit durch Lehnsvergabe regierte. Politisch hinkte das rückständige Deutschland Westeuropa um etwa 200 Jahre hinterher. Die visionäre Romidee scheiterte und der Nationalstaat kam nicht zustande. Das Unmögliche wurde verfehlt, das Mögliche ruiniert: eine sehr deutsche Dialektik!

9. Konflikt oder Verständigung? Der Streit mit der Kurie

9.1 Johannes XXII.

Im Juli 1330 scheiterte der Versuch einer Aussöhnung Ludwigs mit der Kurie, obwohl Habsburger und Luxemburger dem Kaiser beistanden. Johannes ging die Demutsgeste Ludwigs, der alles zurücknehmen wollte, was er gegen den Papst gerichtet hatte, nicht weit genug. Der Papst forderte die Unterwerfung des Kaisers. Laut Jürgen Miethke „mußte sich Politik in den pastoralen Vorgang mischen" (J. Miethke, 438). Tat sie das erst jetzt? Seit jeher verfolgte die Kurie grenzenlose Macht- und Herrschaftsziele, wie sie beispielsweise Bonifaz VIII. 1302 in „Unam sanctam" festgelegt hatte.

Ludwig versuchte ab dem Juni 1331 erneut, einen Ausgleich herbeizuführen. Marsilius und Wilhelm von Ockham rieten ihm davon ab! Der Papst verlangte die völlige Unterwerfung Ludwigs; vorläufig sollte er das Königs- und Kaiseramt ruhen lassen. Erst einmal hätten die Kurfürsten den Papst zu bitten, Ludwig als König anzuerkennen. In der Frage der Kaiserkrönung war Ludwig zu Konzessionen bereit; eine neue Krönung durch Johannes hätte er akzeptiert.

Johannes verlangte auch, dass der Kaiser Marsilius von Padua und jene Franziskaner, die am Hof Ludwigs weilten, zum Gehorsam zwingen möge. Ludwig entgegnete wachsweich, dass deren Lehrmeinungen kirchlich zu überprüfen seien. Die Verhandlungen scheiterten Ende 1331.

Jeder Ausgleichsversuch minderte Ludwigs Prestige und vergrößerte die Abhängigkeit von den Kurfürsten. Gerade Ludwigs wichtigster Verbündeter, Balduin von Trier, nutzte die Not Ludwigs gnadenlos, um durch kaiserliche Privilegien seinen Herrschaftsraum an Rhein und Mosel zu vergrößern. Deutlich ist der Zusammenhang zu erkennen, der zwischen der Rompolitik und der Schwächung des deutschen Königtums bestand. Daher genügt es nicht, Ludwigs Kampf gegen das Papsttum „die meiste Aufmerksamkeit" zu schenken (J. Miethke, 433). Noch wichtiger ist es, die entsetzlichen Folgen zu betrachten, die Ludwigs Politik in Deutschland verursachte.

9.2 König Johanns Italienpolitik und Konspirationen

Kläglich war die Italienpolitik des Wittelsbachers gescheitert. König Johann von Böhmen zog im Sommer 1330 selbst nach Italien. Ungeniert entwickelte er eine staunenswerte Aktivität, die Ludwigs Kaisertum in Frage stellte. Johann, der mehrere lombardische Städte unterwarf, wollte Oberitalien beherrschen. Auch Johanns Ambitionen scheiterten am Widerstand der Städte.

Auf der Konferenz von Regensburg im Juli 1331 verpfändete Ludwig dem böhmischen König acht italienische Städte für einen nie erhaltenen Geldbetrag. 1332/33 vertrieb die lombardische Opposition Johann und seinen Sohn Karl, später Karl IV., endgültig aus Italien.

Heinz Thomas rechtfertigt das Debakel der Italienpolitik dennoch. Heinrich VII., Ludwig und Johann hätten „maßgeblich dazu beigetragen", die „kleineren Mächte Reichsitaliens unter die Herrschaft" weniger „Potentaten" zu bringen und damit die Renaissance ermöglicht (H. Thomas, 278). Jedoch war die politische Zersplitterung Italiens wesentlich der kaiserlichen Politik geschuldet. Die Kaiser akzeptierten kein italienisches Nationalkönigtum; sie schürten inneritalienische Zwistigkeiten. Auch nimmt H. Thomas an, dass Italien aus eigener Kraft nicht viel habe leisten können. Der gleiche Hochmut charakterisierte bereits mittelalterliche Kaiser.

Johann positionierte die Luxemburger als Nachfolger Ludwigs und hatte schon Anfang 1332 geheime Verhandlungen mit König Philipp VI. geführt, dem er zusicherte, ihn militärisch zu unterstützen. Außerdem versprach Johann, falls er oder sein Sohn den deutschen Königsthron bestieg, keine Forderungen gegen Frankreich zu erheben (Vertrag von Fontainebleau).

Der Luxemburger agierte, als säße er fast schon auf dem deutschen Thron; auch die polnische Königskrone beanspruchte er. Die von deutschen Historikern unterstellte „Solidarität" der Kurfürsten mit Ludwig war eng begrenzt. Letztlich überspannte Johann, der in französischen Diensten während der Schlacht von Crecy (1346) starb, den Bogen. H. Thomas aber sieht in Johanns Vielfrontenkampf eine „angemessene Realisierung" seines politischen „Auftrags" (H. Thomas, 271). Dazu gehörte also die Konspiration gegen Ludwig!

9.3 Ludwigs gescheiterte Verhandlungen mit dem Papst

Ende 1333 versuchte Johann, mit Ludwigs Zustimmung eine Verständigung zwischen Kaiser und Papst zu erreichen. Ludwig sollte die päpstliche Absolution erhalten, dann die Königskrone niederlegen und Heinrich IV. von Niederbayern als neuen König hinnehmen (Rothenburger Erklärung). Sobald dies geschehen war, sollten die Kurfürsten hierüber informiert werden. Die Kaiserkrone hätte Ludwig behalten dürfen. Johann verbreitete überall, dass Ludwig auf die Königsherrschaft verzichten werde. Hoffte der Böhme, den Wittelsbacher zu stürzen? Heinrich

IV. vereinbarte mit Philipp VI. im Februar 1334, westliche Teile des römisch-deutschen Reiches an Frankreich abzutreten.

Der Papst wollte jedoch die Absolution erst *nach* einem Thronverzicht Ludwigs erteilen. Letztlich endeten die Verhandlungen ergebnislos. Nun behauptete Ludwig im Juni 1334, er habe nie daran gedacht, sein Königsamt preiszugeben. Dieses taktische Ränkespiel ähnelt Ludwigs Verzichtsangebot von 1326 und zeigt, in welche verfahrene Situation ihn die Italienpolitik gebracht hatte. Die Rothenburger Erklärung beschädigte Ludwigs Ansehen. Er versäumte es, jede Einmischung der Kurie in deutsche Angelegenheiten zurückzuweisen und die Staatsvernunft der Religion überzuordnen.

Ob Ludwig zurückgetreten wäre, hätte ihm Johannes XXII. wie gewünscht die Absolution erteilt, ist nicht eindeutig geklärt. Menzel zufolge plante Ludwig dieses eigenartige Manöver, weil er hoffte, die Kurfürsten wie schon 1326 hinter sich zu bringen. Gerade die Kurfürsten mussten sich aber durch Ludwigs Vorgehen brüskiert fühlen, hatten sie ihn doch zum König gewählt! Ludwig war ein schwankender, unsicherer, religiös gebundener Herrscher, der sich scheute, mit dem Papsttum konsequent zu brechen.

9.4 Benedikt XII.

Papst Johannes' grenzenlose Machtgier hatte jede Verständigung unmöglich gemacht. Im Dezember 1334 starb er. Unter dem neuen, anfänglich gesprächsbereiten Papst

Benedikt XII. wurde zwischen 1335 und 1337 neu verhandelt. Wieder gelang es nicht, Ludwig, der die Kaiserkrönung zur Disposition stellte, aus dem Bann zu lösen.

Am Einspruch Roberts von Neapel und des französischen Königs scheiterte im Mai 1337 der Ausgleichsversuch. Philipp VI. verwandelte die Avignoneser Kurie in ein Instrument seiner Politik. Robert und Philipp behaupteten, dass Ludwig ein Ketzer sei. Der Papst beugte sich Philipp, zog die Verhandlungen in die Länge, erklärte Ludwig, der das Königs- und Kaiseramt nicht aufgeben wolle, für unbußfertig. Als Reaktion auf die Intrigen Philipps vereinbarte Ludwig ein Bündnis mit dem englischen König Edward III. Prompt folgte Ludwigs Scheitern in Avignon der nächste Fehler: die Verwicklung in den Hundertjährigen Krieg.

Alle entwürdigende, noch dazu aussichtslose Kriecherei vor den Päpsten schadete Ludwig nur. Herrschsüchtig verlangte Benedikt die Unterwerfung des Kaisers und der Kurfürsten. Ende März 1338 wies er einen weiteren Vermittlungsversuch zurück, den mehrere deutsche Bischöfe und Heinrich von Virneburg, neuer Erzbischof von Mainz, unternommen hatten. Benedikt exkommunizierte Heinrich von Virneburg, weil der sich mit Ludwig aussöhnen wollte. Diesmal war Benedikt zu weit gegangen.

10. Die Kurfürsten ergreifen die Initiative

10.1 Der Kurverein von Rhens

1338/39 fanden in Deutschland mehrere Synoden, Hoftage und Ständeversammlungen statt, deren Teilnehmer die Stellung des Königs- und Kaisertums gegenüber der Papstkirche definierten.

Eine von Ludwig einberufene Ständeversammlung tagte im Mai 1338 in Sachsenhausen; ihr gehörten Geistliche, Adelige und Stadtbürger an. Die Kurie wurde aufgefordert, ihre Prozesse gegen Ludwig einzustellen. Vertreter der Städte betonten die Rechtmäßigkeit der Königswahl Ludwigs und seines Kaisertums. Falls die Kurie weiterhin gegen Ludwig vorgehe, wollten die Städte ihr den Gehorsam verweigern, erklärten Städtevertreter in einer für Benedikt bestimmten Petition. Erstmals kündigte sich eine politische Zusammenarbeit von Städten und Kaiser an, doch kam es nie zu einer systematischen Kooperation.

Den Kirchenbann erklärte Ludwig für unrechtmäßig und lehnte eine päpstliche Approbation ab; ihn legitimiere die Wahl der Kurfürsten zum König. Die Kaiserkrone aber verdanke er allein Gott. Päpstliches Interdikt und Kirchenbann dürfte niemand beachten. Auf Initiative Wilhelms von Ockham wurde in dem Traktat „Fidem catholicam", gerichtet an alle geistlichen und weltlichen Obrigkeiten der Christen, Ludwigs Rechtgläubigkeit betont. Balduin von Trier erhielt bereits am 18. Mai 1338 ein Exemplar dieser Schrift, die das nächste wichtige Ereignis vorbereitete.

Sehr bedeutsam war der „Rhenser Kurverein" vom 16. Juli 1338, eine Versammlung der Kurfürsten, in der allerdings König Johann fehlte. Unter Leitung Balduins von Trier fand die Tagung in Rhens bei Koblenz statt. Kaiser Ludwig nahm nicht daran teil; die Fürsten verhandelten über ihn, aber nicht mit ihm! Städte und Kaiser, argwöhnte Balduin von Trier, verbündeten sich gegen die Kurfürsten. Freilich hat er damit Ludwigs Staatskunst weit überschätzt.

In einem Weistum legte die Rhenser Versammlung fest, dass allein die Kurfürsten das Recht hätten, den römisch-deutschen König durch Mehrheitswahl zu bestimmen. (Karls IV. „Goldene Bulle" kündigte sich an). Alle Rechte des Königs folgten aus dieser Wahl; der König agierte als Beauftragter der Fürsten. Päpstlicher Approbation bedürfe die Königswahl nicht; alle gegen Ludwig geführten kurialen Prozesse seien nichtig.

10.2 Licet iuris und Fidem catholicam

Dem Rhenser Beschluss folgte bereits im August 1338 ein Hoftag in Sachsenhausen, der die Proklamation „Licet iuris" formulierte, in der zu lesen stand, dass dem durch Kurfürsten gewählten König ohne Einmischung Dritter auch die Kaiserkrone zustehe. Ein römisch-deutscher König sei „allein aufgrund der Wahl wahrer König und Römischer Kaiser". Die Untertanen hätten ihm zu gehorchen, „er hat die volle Amtsgewalt ... und weder von Seiten des

Papstes oder des Apostolischen Stuhles noch irgendwessen sonst bedarf er der Anerkennung, Bestätigung, Ermächtigung oder Zustimmung" (zit. nach B. Schneidmüller, 369).

In weltlichen Dingen müssten alle Völker dem Kaiser gehorchen. Wer sich widersetze, begehe ein Majestätsverbrechen. Es bedürfe keiner Kaiserkrönung durch den Papst. „Licet iuris" vollzog einen Trennstrich zwischen Kaiser- und Papsttum und stellte eine wichtige Zäsur dar. Nie aber realisierte Ludwig, der fortgesetzt mit Avignon verhandelte, diese Trennung wirklich. (Später ergänzten die Kurfürsten, dass der Kaiser den Papst um eine Krönung bitten könne, aber nicht darauf angewiesen sei).

Dann verlas man „Fidem catholicam". Jedem sei es verboten, die Bannsprüche und Interdikte des Papstes zu befolgen, dem es nicht erlaubt sei, sich in die deutsche Königswahl einzumischen. Nur Gott unterstehe der König und Kaiser, nicht aber dem Papst. Bei Streitfällen zwischen Kaiser und Papst dürfe nur ein Konzil entscheiden. Spätere Hoftage in Koblenz (August/September 1338) und Frankfurt (März 1339) bestätigten diese auch von König Johann mitgetragenen Beschlüsse.

10.3 Die Fürsten als Nutznießer und Sieger

Michael Menzel vertritt die These, dass sich Ludwig 1338/39 „in einer Machtfülle [und] Akzeptanz" befand, wie sie vor ihm kein anderer deutscher König „seit den Staufern" ausgeübt habe (M. Menzel, Zeit, 183). Erstens rechtfertigt oder verharmlost Menzel die katastrophal gescheiterten Staufer. Und er missversteht zweitens die Motive, Interessen und Ziele der Kurfürsten, die eben nicht das Königtum stärkten, sondern die Papisten abwehrten, weil es ihnen gefiel, den König allein zu gängeln!

Deshalb irrt ebenso Martin Clauss, wenn er behauptet, dass die Kurfürsten in Rhens „auch jenseits der Königswahl Verantwortung für das Reich" übernommen hätten (M. Clauss, 76). Auch Schneidmüller spricht von der „fürstlichen Verantwortung für das Gemeinwesen" (B. Schneidmüller, 384). Die Ziele eigennütziger Fürsten unterschieden sich gewaltig von der deutschen Staatsräson, die es verlangte, die Macht der großen Herren zum Wohl des Ganzen zurückzudrängen.

Clauss dementiert sich wieder selbst, wenn er daran erinnert, dass die Kurfürsten in Rhens ohne Ludwig tagten; sie betonten *nur* ihr Königswahlrecht. Der Rhenser Kurverein, schreibt Clauss, habe nicht „zwingend (!) eine Unterstützung" des Königs beabsichtigt (M. Clauss, 77). „Zwingend" erstrebten die Kurfürsten etwas ganz anderes: das deutsche Königtum klein zu halten und ohne päpstliche Einmischung zu lenken. Hilfe gewährten sie Ludwig nur dann, wenn es *ihrem* Interesse nützte. Von einer „inhaltlichen Einheit", die zwischen Kurfürsten und König geherrscht habe (M. Clauss, 78), kann nicht die Rede sein.

Im Zweifelsfall machten die Kurfürsten, wie die Zukunft erwies, mit dem Papst sogar gemeinsame Sache, indem sie Ludwig absetzten. Sie begingen Königsverrat, sobald er ihnen vorteilhaft erschien.

Menzel und Clauss erliegen realitätsfernen Fehlinterpretationen. Die Kurfürsten isolierten Ludwig politisch und beendeten erfolgreich den Kampf gegen das Papsttum. Zur gleichen Zeit schmückte Ludwig sein Haupt mit der hohlen Kaiserkrone. Am Ende zerbrach er an Fürsten und Päpsten.

Ludwigs größter Fehler war die Rompolitik, die ihn mit Avignon entzweite und von den Kurfürsten abhängig machte, als er blindlings in die italienische Falle lief.

Ludwigs scheinbarer Erfolg 1338/39 täuscht nüchterne Beobachter nicht. Wie fragil der Boden war, auf dem er agierte, trat sofort zutage, als sich Ludwig bemühte, seine Position in Deutschland zu verbessern.

11. Gefährliche Verbündete: England und Frankreich

Zunächst aber verhandelte er in der Anfangszeit des Hundertjährigen Krieges 1337/38 mit dem englischen König Edward III. Ihm übertrug Ludwig das Generalvikariat über links- und rechtsrheinische Reichsgebiete. Außerdem versprach er, Edward mit 2000 Söldnern zu unterstützen, wofür Ludwig Geldzahlungen erhalten sollte. Fürsten im Westen des Reiches, unter ihnen Balduin von Trier, erwarteten vermutlich eine Schwächung Ludwigs und begrüßten diese Vereinbarung, mit der Ludwig Philipp VI. unter Druck zu setzen hoffte. Philipp sollte im Sinne Ludwigs auf Papst Benedikt einwirken.

Der Hoftag in Koblenz vom August/September 1338 erklärte „Licet iuris", „Fidem catholicam" und die Rhenser

Beschlüsse zu Reichsgesetzen. In Koblenz ernannte Ludwig den englischen König zum Reichsvikar. Edward III., verbündet mit Balduin von Trier, durfte selbst entscheiden, wie lange er das Vikariat behalten wollte. Erneut beschädigte der Wittelsbacher sein königliches Prestige. Falsch war es, das Reich in die Strudel des Hundertjährigen Kriegs zu verstricken. Dennoch bezeichnet Martin Clauss den Koblenzer Hoftag als glorreichen „Höhepunkt der Herrschaft Kaiser Ludwigs" (M. Clauss, 72).

Edward zahlte das versprochene Geld nicht oder nur teilweise, weshalb ihm Ludwig die zugesagte militärische Unterstützung verweigerte. Johann von Böhmen stritt für den französischen König, aber kleinere Reichsfürsten, auch Ludwig von Brandenburg, standen auf Seiten Edwards. Die Gefahr, dass in Frankreich Reichstruppen gegeneinander kämpfen konnten, sah Ludwig nicht.

Das Bündnis zwischen Ludwig und Edward scheiterte. Ende Januar 1341 erklärte Ludwig, künftig Philipp VI. unterstützen zu wollen. Zwei Monate später vereinbarten beide Monarchen und die Erzbischöfe von Mainz und Trier ein Bündnis. Philipp verpflichtete sich, zwischen Ludwig und Avignon zu vermitteln. Als Gegenleistung verzichtete Ludwig auf territoriale Besitzansprüche des Reiches gegenüber Frankreich. Edwards Reichsvikariat wurde am 25. April 1341 aufgehoben.

Philipp VI. beabsichtigte, das englisch-deutsche Bündnis aufzulösen und zu verhindern, dass die Grafschaften Holland und Hennegau an den Kaiser fielen. Die Erzbischöfe Balduin von Trier und Heinrich von Mainz vereinbarten mit Philipp 1341 separate Beistandsabkommen.

Papst Benedikt jedoch missfiel Philipps Abmachung mit dem „Ketzer" Ludwig.

Ludwig machte reihenweise politische Zugeständnisse, damit ihn die römische Kirche wieder gnädig aufnahm. Immer noch ordnete er die Staatskunst der Religion unter.

Aber Philipp dachte gar nicht daran, die Kurie zu drängen, einen Ausgleich mit dem Kaiser herbeizuführen! Der Valois hielt sich an die Luxemburger; besetzten sie den deutschen Thron, konnten sie ihm gute Dienste leisten. Philipps geschickte Diplomatie veranlasste Ludwig, den Preis zu entrichten, ohne das Gewünschte je zu erhalten.

Keineswegs gelang es Ludwig, das französisch-luxemburgische Bündnis zu „neutralisieren", wie Heinz Thomas behauptet (H. Thomas, 340). Der Luxemburger Karl IV. trat die Nachfolge des Wittelsbachers an. Einen „Ausweis politischer Klugheit", den Martin Clauss zu erkennen meint (M. Clauss, 106f.), wird man in Ludwigs fahrig-unkluger Diplomatie nicht entdecken. Ludwig hätte sich besser aus dem Hundertjährigen Krieg heraushalten, den Papst ignorieren, das eigene Land beachten sollen. Ebenso wie die Rompolitik verursachte die Einmischung in den Hundertjährigen Krieg nur Abhängigkeiten.

Zuvor hatte Ludwig auf dem Hoftag in Frankfurt vom März 1339 Johann von Böhmen große territoriale Zugeständnisse gemacht. Unter anderem erhielt Johann die Markgrafschaft Mähren. Johann wiederum anerkannte Ludwigs Kaisertum und erklärte, ihn gegen die Kurie zu unterstützen. Auch Johann gegenüber war Ludwig aufgrund seiner Rompolitik in eine Lage geraten, in der er erpressbar war.

Im April 1342 starb Papst Benedikt XII., der eine Verständigung mit Ludwig abgelehnt hatte. Der neue Papst Clemens VI. verwarf erst recht jeden Kompromiss. Seit Mitte 1343 plante er den Sturz des Kaisers. Bis zur Absetzung Ludwigs ging der aussichtslose Kampf gegen Avignon weiter. Kurfürsten und Päpste behielten die Oberhand. Desto unbegreiflicher erscheint es, dass Martin Clauss dem Kaiser „ein erfolgreiches Agieren" im Dauerstreit mit der Kurie bescheinigt (M. Clauss, 119).

12. Ludwigs finale Niederlage

12.1 Die Hausmachtpolitik

12.1.1 Niederbayern

Intensiv versuchte Ludwig, die wittelsbachische Hausmacht zu vergrößern. Ludwig hatte schon früh, wie das Beispiel Brandenburg zeigte, den strategischen Fehler begangen, Hausmacht- statt Reichsgutpolitik zu betreiben. Auch in seiner dynastisch orientierten Territorialpolitik scheiterte er kläglich.

Im „Hausvertrag von Pavia" vereinbarte Ludwig im August 1329 mit drei Nachkommen seines Bruders Rudolf I. eine Teilung der wittelsbachischen Dynastie in zwei Linien: eine pfälzische und die Linie Ludwigs in Oberbayern. Die Rheinpfalz wurde als eigenständiges Reichsfürstentum anerkannt. Beide Linien teilten sich den bayerischen Nordgau. Erbregelungen wurden für den Fall vereinbart, dass einer der Familienzweige ausstarb. Abwechselnd sollten sie das kurfürstliche Wahlrecht ausüben, welches zunächst Pfalzgraf Rudolf II. erhielt. Dieser teuer erkaufte Kompromiss forcierte Deutschlands politische Zersplitterung.

Das wittelsbachische Niederbayern brachte Ludwig unter seine Kontrolle. Der Sohn des niederbayerischen Herzogs Heinrich XIV., Johann I., war mit Ludwigs Tochter Anna verlobt. Starb Heinrich, sollten Ludwig und Heinrichs Frau Margarete, eine Tochter Johanns von Böhmen, für Johann I. eine gemeinsame Vormundschaft ausüben. Heinrich starb Anfang September 1339.

Nun begann die geplante Regentschaft, die Karl von Mähren, der spätere Gegenkönig Karl IV., ablehnte. Nach Johanns Tod im Dezember 1339 erklärte Ludwig Niederbayern zum heimgefallenen Lehen und vereinigte es mit Oberbayern. Die 1255 erfolgte Teilung Bayerns wurde damit rückgängig gemacht. 1334 erließ der Kaiser ein Verbot, Bayern zu teilen, aber Ludwigs Nachfolger missachteten diese Bestimmung. Etwa 1335 setzte Ludwig für Oberbayern eine Landrechtsordnung durch; nie schuf er ein vergleichbares Reichsrecht.

Johann von Böhmen, zeitweilig mit Ludwig ausgesöhnt, wandte sich aufgrund der Vereinigung von Ober- und Niederbayern endgültig vom Kaiser ab. Auch die übrigen Fürsten begegneten Ludwig voller Argwohn.

12.1.2 Tirol

Neue Streitigkeiten folgten in Tirol, jener reichen und wichtigen Grafschaft, die im Interessengebiet der Luxemburger, Habsburger und Wittelsbacher lag. Ludwigs alter Rivale, Johann von Böhmen, hatte dafür gesorgt, dass sein Sohn Johann Heinrich 1330 die Erbtochter Heinrichs von Kärnten und Tirol, Margarete Maultasch, heiratete.

Seit Ende 1330 beabsichtigte Ludwig, beim Tod Heinrichs dessen Besitz zum heimgefallenen Reichslehen zu erklären. Kärnten und Südtirol sollten die Habsburger erhalten, Nordtirol an Ludwig gehen. Heinrich starb 1335. Kärnten und das südliche Tirol kamen zu Österreich, das sich aber im September 1336 mit Johann von Böhmen darauf verständigte, Nordtirol den Luxemburgern zu übertragen, sodass der Kaiser leer ausging.

Wie schon im Fall Brandenburgs beging Ludwig erneut den Fehler, ein heimgefallenes Lehen nicht als Reichsgut zu behandeln. Nur so hätte die Chance bestanden, es dem Zugriff der Großen zu entziehen. Doch er stritt sich mit Luxemburgern und Habsburgern wie ein Fürst unter anderen Fürsten. Die Unterstützung breiter sozialer Kreise gegen den Hochadel zu gewinnen, zog Ludwig nicht in Betracht.

1341 entbrannte neuer Streit um Tirol, der Ludwigs finale Krise einleitete. Margaretes Ehe mit dem zeugungsunfähigen Johann Heinrich scheiterte. Der Luxemburger war auch nicht imstande, die Grafschaft Tirol erfolgreich zu verwalten und überließ seinem Bruder Karl die Regierungsgeschäfte. Ende 1341 rebellierte Tirols Adel gegen Johann Heinrich, der gezwungen wurde, das Land zu verlassen.

Aus eigener Machtvollkommenheit, aber unterstützt durch Marsilius von Padua und Wilhelm von Ockham, beendete Ludwig die Ehe der Margarete und verstieß damit gegen kanonisches Recht. Im Februar 1342 verheiratete der Kaiser seinen Sohn Ludwig V., Markgraf von Brandenburg, mit Margarete und belehnte ihn mit Tirol. Karl von Mähren musste eine Niederlage hinnehmen.

12.2 Papst und Fürsten gegen Ludwig

Nun traf den Kaiser der Zorn Johanns von Böhmen, der übrigen Kurfürsten und des Papstes, der über Tirol das Interdikt verhängte. Auch Balduin von Trier, Ludwigs wichtigster Verbündeter, distanzierte sich vom Kaiser. 1343/44 scheiterten Bemühungen Ludwigs, Luxemburger und Wittelsbacher durch wechselseitige Heiraten und die Vergabe der Lausitz an Johann Heinrich auszusöhnen. Papst Clemens VI. wollte einen Luxemburger auf den Thron bringen.

1342 hatte der wankelmütige Ludwig wieder zwecklos mit Clemens VI. verhandelt. Clemens begann 1343 einen neuen Prozess gegen Ludwig; der Kurie und den Fürsten hatte der Wittelsbacher kaum etwas entgegenzusetzen.

Aus eigener Kraft vermochte Ludwig auch Tirol nicht zu halten; er kooperierte nicht mit niederen Ständen. Nach dem Tod Ludwigs des Brandenburgers übertrug Margarete 1363 Tirol den Habsburgern. Nicht unbedingt der Erwerb Tirols als solcher war Ludwigs großer „Fehler", wie Martin Clauss und Ludwig Holzfurtner annehmen (zit. nach M. Clauss, 100), sondern die Art und Weise, in der es Ludwig tat.

Johann von Böhmen brachte seinen Sohn Karl als Nachfolger und Mitkönig Ludwigs ins Spiel. Auf dem Fürstentag in Bacharach 1344 war der Kaiser, der erfolglos versuchte, Ludwig den Brandenburger zum König zu erheben, völlig isoliert.

Außerdem beging Ludwig 1344 die große Torheit, Papst Clemens VI. um eine Approbation als König zu bitten. Zum dritten Mal stellte er sein königliches Amt der Papstkirche zur Disposition. Ludwig verhandelte mit einem Gegner, der längst entschlossen war, ihn durch einen Gefügigeren zu ersetzen. Wieder ordnete Ludwig das persönliche `Seelenheil` der Staatsräson über.

Ludwigs Selbstdemütigung bedrohte die Rhenser Beschlüsse. Die Kurfürsten beharrten auf ihrem alleinigen Recht, den König zu bestimmen und warnten ihn im September 1344 davor, Clemens um eine Approbation zu ersuchen. Derartiges könne „zum Abbruch und Nachteil Eurer und unserer Würde für immer umschlagen" (zit. nach M. Clauss, 108). Hier ist ein wichtiger Grund zu erkennen, dass die Mehrheit der Kurfürsten Ludwig schon bald absetzte und gemeinsame Sache mit Clemens VI. machte. Am meisten fiel allerdings Ludwigs Territorialpolitik ins

Gewicht. Denn mit Karl IV. wurde ein König erhoben, der noch papsthöriger als der vorherige war.

Nicht Sprunghaftigkeit verursachte erstrangig Ludwigs Scheitern. Wichtiger war der politisch unkluge Ansatz, den er verfolgte. Religiöse Befangenheit verdrängte die Staatskunst; er trennte nicht Königsamt und Dynastie.

Jahrzehntelang fehlte dem Wittelsbacher die Kraft, sich vom Papsttum zu lösen. Die Kurfürsten erstrebten vor allem ein schwaches Königtum. Verbündete gab es für Ludwig nur unterhalb des Fürstenstandes.

Die letzte Drehung der Schraube erfolgte 1345. Dank seiner zweiten Frau Margarete von Holland, die Ludwig 1324 nach dem Tod von Beatrix geheiratet hatte, erbte er Holland, Seeland und Friesland, mit denen er Anfang 1346 Margarete belehnte und diese Besitzungen dem wittelsbachischen Hausbesitz inkorporierte. Seinen Gegnern erschien Ludwig IV. endgültig als zu mächtig.

Der Kaiser betrieb die Hausmachtpolitik in ihrer schlechtesten Variante; die viel zu weit entfernten und zerstreuten Territorien konnte das Haus Wittelsbach nicht wirksam verwalten. Tirol (1363), Brandenburg (1373) und Holland (1425) gingen wie Sand zwischen den Händen verloren, hätten aber als Reichsgut wenigstens teilweise der Königskrone dauerhaft unterstehen können.

Hoffnungslos isoliert verharrte Ludwig auf weiter Flur. Ohne Verbündete in den Reihen des Stadtbürgertums und Niederadels, war der Kaiser Fürsten und Päpsten ausgeliefert. Niemals kam ihm die Idee, Bündnispartner dort zu suchen, wo sie zu finden waren. Vermutlich hat der Wittelsbacher die eigene politische Situation nie durchdacht oder zumindest keine produktive Antwort gefunden.

Die Behauptung vieler Historiker, dass deutsche Könige allein durch „Konsens" mit den Großen regieren konnten, ist anfechtbar. Langfristig war ein deutscher Königsstaat nur *gegen* die Fürsten zu errichten. „Konsens" bedeutete faktisch, dass sich nicht nur der König, sondern *alle* der Willkür machtgieriger Fürsten beugten. Lichtenberg kritisierte deutsche Historiker schon 1775 wegen ihres Respekts vor fürstlichen Obrigkeiten!

12.3 Die Absetzung

Ostern 1346 verhängte Clemens VI. letztmalig den Bannspruch gegen Ludwig: „Verflucht sei sein Eingang und sein Ausgang. Es schlage ihn Gott mit Wahnsinn, Blindheit und Tollwut. [...] Die Erde öffne sich und verschlinge ihn lebendig" (zit. nach M. Clauss, 108). Clemens ersetzte den Mainzer Erzbischof Heinrich von Virneburg, der Ludwig unterstützt hatte, durch den gehorsamen Gerlach von Nassau und förderte Johanns Sohn Karl.

Der Papst erklärte den Kaiser für rechtlos und jedes Amtes unwürdig. Balduin von Trier sprach sich im Mai 1346 gegen Ludwig aus: das Ende nahte.

Die drei geistlichen Kurfürsten, der böhmische und der sächsische Kurfürst setzten Ludwig am 11. Juli 1346 symbolträchtig in Rhens ab. Karl von Mähren, Karl IV. genannt, wurde zum neuen König gewählt; ein `Pfaffen-knecht` bestieg hinterrücks den Thron.

Karl scheute sich nicht, dem Trierer Kurfürsten Balduin dankbar Geschenke zu machen. Gänzlich triumphierten die Fürsten und besiegelten den Niedergang des deutschen Königtums. Doch Martin Clauss schreibt, dass nun „das Reich für die Zeit nach Ludwig gewappnet" war (M. Clauss, 114). Dabei ist nicht einmal Clauss entgangen, dass Kurie und Fürsten Ludwigs Königtum zerstört hatten.

Ludwig anerkannte seine Absetzung nicht, sodass erneut ein Doppelkönigtum existierte. Karl IV. blieb im Hinter-grund und wartete auf den Tod des Kaisers, der am 11. Oktober 1347 bei einer Jagd tot vom Pferd stürzte. Im Elend hat Ludwig Deutschland vorgefunden; er verbes-serte nichts, sondern machte vieles noch schlimmer.

13. Bilanz eines Gescheiterten

Die deutsche Misere hat Ludwig nicht erkannt, ge-schweige deren Ursachen verstanden. Das Königsamt be-trachtete er nicht als staatsmännische Aufgabe, sondern missbrauchte es, um seine Dynastie zu bereichern, statt ihm zugefallene Territorien in Reichsgut umzuwandeln. Selbst wenn er letzteres nur *ansatzweise* erreicht hätte, wäre ihm eine Weichenstellung gelungen. Ludwigs Haus-machtpolitik aber war zum Scheitern verurteilt.

Verbündete gegen die Fürsten hat der Wittelsbacher nicht ernsthaft gesucht. Daher gab es keine politischen Ko-operationen mit dem städtischen Bürgertum insgesamt.

Anstelle von Reichstagen rief er Fürstenversammlungen ein (Hoftage). Es bedurfte der massiven, rechtlich festgelegten Berücksichtigung von Städten und Niederadel im Reichstag, um die Staatsidee dauerhaft zu verankern. Immer noch fehlten eine Hauptstadt und die Rechtseinheit, ebenso Reichsverwaltung und Reichsexekutive, die der König benötigte, wollte er den Landfrieden sichern und ein Steuersystem organisieren.

Zwar konnte der Einfluss der Kurie auf das deutsche König- und Kaisertum zurückgedrängt werden. In erster Linie ist hierin das Werk der Kurfürsten zu sehen, die Ludwigs Notlage, die er selbst verschuldet hatte, konsequent ausnutzten, indem sie das Königtum unter ihre Kontrolle brachten.

Die wichtigste Ursache des deutschen Unglücks verkannte Ludwig – die aberwitzige Rom- und Italienpolitik! Sie entzog Ludwigs schwachem Königtum wertvollste Zeit und teure Ressourcen, die für den Staatsaufbau in Deutschland fehlten. Ludwig beschwor einen völlig unnotwendigen Konflikt mit herrschsüchtigen, boshaften Papisten herauf, geriet dadurch in eine massive Abhängigkeit zu den Kurfürsten, während das Papsttum durch die französische Krone überschattet wurde. Zu oft beugte Ludwig, der mit Avignon jahrelang fruchtlos verhandelte, das Haupt vor der Papstkirche.

In Ludwigs Ära schwächten sich Kaiser- und Papsttum erneut gegenseitig. Ein historischer Prozess ging weiter, der bereits am Ende der Herrschaft Friedrichs II. begonnen hatte.

Der Kurfürstenstand siegte, das von ihm dominierte Königtum erlitt enormen Schaden. Spätere habsburgische Kaiser überließen Deutschland meistens den Fürsten.

Das Scheitern Ludwigs IV. als Staatsmann ist nicht auf persönliche Defekte zurückzuführen; es wurzelt in der spezifisch deutschen Neigung zum realitätsfernen Denken.

Hierzu gehört auch das merkwürdige Pendeln zwischen zwei scheinbaren Gegensätzen: territoriale Kleinteiligkeit einerseits und römisch-universales Kaisertum andererseits. Beides sind nur zwei Seiten der *gleichen* Medaille. Das erstere folgt aus einer unrealistischen Selbstisolierung, das zweite ist ein genauso wirklichkeitsfremder Griff in die Unendlichkeit. Die missratene Verfassung des römisch-deutschen Reiches stellte eine Synthese dieser falschen Prinzipien dar. Der Großteil deutscher Historiker nimmt das nicht zur Kenntnis.

Kann man über Ludwig nichts Positives bemerken? Etwas Gutes hat er doch bewirkt. Ludwig unterstützte bedeutsame Denker wie Marsilius von Padua und Wilhelm von Ockham, schwächte die grauenhafte katholische Kirche, deren Macht bröckelte. Immerhin leistete der Kaiser unfreiwillig einen Beitrag zur Verweltlichung der Epoche, auch wenn Ludwig die Tragweite der Theorien eines Marsilius oder Wilhelms von Ockham nicht erkannte.

Die deutsche Geschichtsschreibung über Ludwig IV. ist meines Erachtens den Dingen nicht auf den Grund gegangen. Ludwigs Fehler wurden nicht analysiert, sondern gedanklich wiederholt, beschönigt, gelobt. Wollen deutsche Historiker die verderblichen Konsequenzen der Rompolitik, die den Aufbau eines deutschen Frühnationalstaats unmöglich machte, deshalb nicht herausarbeiten, weil dies der Obrigkeit missfällt? Möge der Leser selbst beurteilen, inwiefern Lichtenbergs Kritik an deutschen Historikern zutrifft.

14. Literatur

Clauss, Martin, Ludwig IV. – der Bayer. Herzog, König, Kaiser, 2. Aufl., Regensburg 2014

Deschner, Karlheinz, Kriminalgeschichte des Christentums, Bd. 7, Das 13. und 14. Jahrhundert, 3. Aufl., Reinbek bei Hamburg, 2017

Lichtenberg, Georg Christoph, Aphorismen, Stuttgart 2004

Menzel, Michael, Die Zeit der Entwürfe 1273-1347, Gebhardt Handbuch der deutschen Geschichte, 10. Aufl., Bd. 7a, Stuttgart 2012

Ders., Ludwig der Bayer (1314-1347) und Friedrich der Schöne (1314-1330), in: Bernd Schneidmüller, Stefan Weinfurter (Hrsg.), Die deutschen Herrscher des Mittelalters, Historische Porträts von Heinrich I. bis Maximilian I. (919-1519), München 2003, 2. Auflage 2018, S. 393-407

Miethke, Jürgen, Kaiser und Papst im Spätmittelalter. Zu den Ausgleichsbemühungen zwischen Ludwig dem Bayern und der Kurie in Avignon, in: Zeitschrift für Historische Forschung, Bd. 10, 1983, S. 421-446

Schneidmüller, Bernd, Kaiser Ludwig IV. Imperiale Herrschaft und reichsfürstlicher Konsens, in: Zeitschrift für Historische Forschung, Bd. 40, 2013, S. 369-392

Schulze, Hans K., Grundstrukturen der Verfassung im Mittelalter, Bd. 3, Kaiser und Reich, Stuttgart 1998

Thomas, Heinz, Ludwig der Bayer. Kaiser und Ketzer, Graz, Wien, Köln, 1993

5. Kaiser Sigismund.
Der gescheiterte Universalmonarch

Inhalt

1. Einleitung

Obwohl Kaiser Sigismund zu den wichtigsten Gestalten des Mittelalters gehört, stand er bisher im Schatten des Interesses. Die einzige moderne Biografie über Sigismund wurde erst 1996 veröffentlicht [52]. Manche betrachten Sigismund als Vorbild supranationaler Vereinigungen in Europa und beurteilen ihn sehr positiv. Denn er trug die Königskronen von Ungarn, Böhmen, Deutschland, Italien und wurde zum römischen Kaiser gekrönt, der Konstantinopel ebenso aufsuchte wie London.

Meines Erachtens wird Sigismund falsch interpretiert. Eben das hat mich veranlasst, die vorliegende Abhandlung zu schreiben. Das völlige Scheitern Sigismunds ignorieren deutsche Historiker. Sigismunds Biograf J. K. Hoensch, aber auch andere Autoren, betrachten Sigismund unkritisch und verzichten auf eine stringente historische Analyse.

Als römisch-universaler Monarch fiel Sigismund im Zeitalter der Frühnationalstaaten gleichsam aus der Zeit. Sigismunds größter, wenn nicht einziger Erfolg, so lautet die allseits anerkannte These deutscher Historiker, war die Herstellung der Kircheneinheit 1417. Die gleichzeitige Herrschaft dreier Päpste wurde beseitigt und ein neuer Papst gewählt.

---

[52] Jörg K. Hoensch, Kaiser Sigismund. Herrscher an der Schwelle zur Neuzeit 1368-1437, München 1996

In dieser Studie wird die These vertreten, dass Sigismunds vermeintlich beste Tat sein größter staatsmännischer Fehler war. Statt die Schwäche der Päpste zu nutzen, eine gründliche Kirchenreform zu erzwingen und erst danach einen neuen Papst einzusetzen, hat er zuerst die Einheit der Kirche geschaffen. Das erneuerte Papsttum konnte jedoch die Kirchenreform blockieren.

Entscheidend ist das Motiv, das Sigismund leitete. Als künftiger römisch-katholischer Kaiser und Schutzpatron der Kirche wollte er mit dem Papst nicht brechen und ließ aus dem gleichen Grund Jan Hus verbrennen. Sigismund scheiterte, weil er die mittelalterlich-katholische Romidee zum obersten Maßstab seiner Politik machte.

Zwar hat Sigismund eine gewisse Kirchenreform angestrebt, aber mit Rücksicht auf das Papsttum zurückgestellt. Sigismund hat die religionspolitische Spaltung Deutschlands im 16. Jahrhundert mit verursacht und der deutschen Staatsräson großen Schaden zugefügt.

Trotz des Misslingens seiner gesamten Politik loben ihn deutsche Historiker emphatisch und verstehen Sigismund nicht als Warnung der Geschichte. Daran Kritik zu üben, ist das Grundanliegen meiner Studie.

Vorrangig ist diese Abhandlung an interessierte Laien gerichtet. Das facettenreiche Geschehen jener Epoche soll übersichtlich und klar geschildert werden. Enzyklopädische Vollständigkeit wird nicht angestrebt. Aber die wesentlichen Tatsachen werden analytisch verarbeitet und im

170

historischen Gesamtzusammenhang verortet. Darstellung und Interpretation gehen ineinander über.

Alle erwähnten Fakten stammen aus der Sekundärliteratur. Die Analyse, um die es hauptsächlich geht, enthält neue Elemente.

2. Die Anfänge

2.1 Herkunft und Kindheit

Nicht stets sind Würd und Amt
ein Glück, das glaube mir!

La Fontaine, Fabeln

Quer durch ganz Europa reiste Sigismund, besuchte Polen, Italien, Frankreich, betrat London ebenso wie Konstantinopel. Wohl kein zweiter Monarch des Mittelalters trug so viele Herrschertitel wie der „Kronensammler" des Hauses Luxemburg. Geboren am 15. Februar 1368 als Sohn Karls IV. und Elisabeths von Pommern, war Sigismund Kurfürst, mehrfacher König und dann Kaiser. Ein berühmtes Porträt zeigt Sigismunds großen Kopf, der halb verborgen unter einer mächtigen Pelzmütze steckt und melancholisch in die Ferne blickt. Nichts Ganzes und nichts Halbes sollte ihm gelingen.

Karl IV., den das deutsche Königreich wenig interessierte, verlagerte die Herrschaft der Luxemburger nach Osten. Nicht nur Böhmen und Brandenburg regierte er, sondern nahm auch Ungarn und Polen in den Blick. Karls Tochter Margarete heiratete 1346 den ungarischen König Ludwig I. 1349 starb Margarete, aber Karl wies seinen drei Söhnen Wenzel, Sigismund und Johann ebenfalls den Weg in Richtung Osteuropa. 1370 bestieg Ludwig I. auch den polnischen Königsthron.

Im Grunde zählte für Karl IV. nur die eigene Dynastie. Mehrfach schädigte er deutsche Interessen und verpfändete Reichsrechte. Das dadurch erhaltene Geld sollte unter anderem Wenzels Königswahl finanzieren. Auch verlieh Karl, der Rückenfreiheit für Osteuropa benötigte, Reichsgebiet an Frankreich. Deutsche Städte mussten wiederholt Geld zugunsten dynastischer Vorteile der Luxemburger entrichten. Vielen Zeitgenossen galt Karl als „Vater Böhmens, aber Stiefvater des Reichs" (zit. nach Kintzinger, 421). Aufgrund des Kaiseramtes beanspruchte er universale Macht und trug dazu bei, dass die Kurie 1368 von Avignon nach Rom zurückkehrte. Kaum hatte 1378 das große Kirchenschisma begonnen, starb Karl IV.

Sigismund war der gelehrige Schüler seines Vaters, der Karls Politik fortsetzte, übersteigerte – und scheiterte. In jungen Jahren lernte Sigismund außer Deutsch bezeichnenderweise Ungarisch, Kroatisch, Tschechisch, Polnisch, Italienisch und Französisch. 1375 wurde Sigismund mit der Tochter Maria des Königs Ludwig I. von Ungarn und Polen verlobt. Maria sollte Ungarn erben. Ihre ältere Schwester Katharina, verlobt mit dem französischen Königssohn Ludwig von Orleans, hatte das polnische Erbe anzutreten, starb jedoch schon 1378.

172

Vier Jahre später sank Ludwig I. ins Grab, aber nicht Sigismund regierte fortan Ungarn-Kroatien und Dalmatien [53]. Elisabeth, die Mutter Marias, erklärte Sigismunds Verlobung mit Maria für nichtig und gedachte sie mit Ludwig von Orleans zu verbinden. Sigismund, gekommen aus der Fremde, geriet immer tiefer in ungarische Zwistigkeiten.

Das hinderte ihn freilich nicht, seine Hände ebenso nach Polen auszustrecken. 1382 hatte ihn König Ludwig I. zum Nachfolger in Polen bestimmt. Der starke polnische Adel betonte jedoch, dass Sigismund nur dann gekrönt werde, sofern er bereit sei, dauerhaft in Polen zu bleiben. Weil der Luxemburger diese Forderung ablehnte, erhoben die polnischen Stände 1384 Hedwig zur Königin, eine Tochter Ludwigs I., die 1386 den Großfürsten von Litauen heiratete, Wladislaw II. Jagiello, der im gleichen Jahr zum polnischen König gekrönt wurde. Erst 1397 verzichtete Hedwig auf den ungarischen Königsthron.

Schon in dieser frühen Phase traten jene Gründe zutage, die Sigismunds Scheitern verursachten. Im Zeitalter der Frühnationalstaaten mehrere Länder zu regieren, gelang niemandem. Die eng mit der katholischen Romidee verknüpfte ʻMonarchia Universalisʻ, die Sigismund als Erbe Karls IV. begehrte, widersprach der europäischen

---

[53] Serbien, Bosnien, Bulgarien und die Walachei unterstanden formal der ungarischen Lehnshoheit.

Geschichts- und Kulturnorm. Europa duldet keine Hegemonie – auch nicht die von Kaisern oder Päpsten.

Auf den ersten Blick mag Sigismunds Aktivismus beeindrucken. Was aber nützt die größte Emsigkeit, wenn sie unerreichbaren Zielen dient?

2.3 Kurfürst in Brandenburg

Neben Böhmen, Ungarn und Polen gehörte auch Brandenburg zur Einflusszone der Luxemburger. 1373 hatte Karl IV. die Mark Brandenburg formal seinen drei Söhnen übertragen. Wenzel, seit 1363 als Wenzel IV. böhmischer König, wählten die Kurfürsten im Juni 1376 zum römisch-deutschen König. Beide Ämter sollte er übernehmen, sobald der Kaiser starb.

Karl verfügte Ende 1376 testamentarisch eine Erbfolgeordnung, die nach seinem Tod 1378 in Kraft trat. Sigismund erhielt den größten Teil Brandenburgs, Wenzel vermachte er Böhmen und Mähren. Ein neues Lehnsherzogtum Görlitz sollte Böhmen unterstehen und ebenso wie die Neumark an Johann fallen. Vorgesehen war für Brandenburg die gegenseitige Erbfolge Sigismunds und Wenzels. Zweifellos schwächte Karls willkürliche Erbteilung, die Bestimmungen der „Goldenen Bulle" widersprach, die Hausmacht der Luxemburger.

Brandenburg ermöglichte Sigismund den Neuaufbau des deutschen Königtums. Tatsächlich hoffte Sigismund, Wenzel vom deutschen Thron zu verdrängen, aber wie

174

schon die Wittelsbacher wusste auch Sigismund mit Brandenburg nichts Rechtes anzufangen. Letztlich missbrauchte und plünderte er die Mark, aus der Sigismund
Gelder abschöpfte, die Wenzel und Jobst von Mähren [54]
motivieren sollten, Sigismund in Ungarn zu unterstützen.

Ungerührt preist M. Kintzinger dennoch Sigismunds
„diplomatische Fähigkeiten" (Kintzinger, 465). Staatsmännisch sinnvoller wäre es gewesen, sich entweder für
Ungarn *oder* Brandenburg zu entscheiden. Letztlich verlor
Sigismund beide Länder. Brandenburg gab er preis, die
ungarische Königskrone vermochte er für die Luxemburger nicht zu bewahren.

3. König in Ungarn

3.1 Die ungarische Adelsopposition

Der König von Neapel namens Karl III. kam im Herbst
1385 nach Dalmatien und begehrte ebenfalls Ungarns
Thron. Nun ließ Elisabeth den erwähnten Ludwig von Orleans fallen und billigte die Eheschließung ihrer Tochter
Maria mit Sigismund, der bereits Teile Ungarns beherrschte. Ende Dezember 1385 erzwang Karl die Krönung zum ungarischen König, wurde jedoch Anfang 1386
auf Betreiben Elisabeths umgebracht. Sigismund behauptete sich in Ungarn; nach Karls Ermordung nahmen rebellische Ungarn Elisabeth und ihre Tochter Maria gefangen.
Elisabeth wurde erdrosselt; ihr Tod erleichterte es Sigis-

---

[54] Jobst war Markgraf von Mähren und Neffe Karls IV.

175

mund, vom ungarischen Adel zum König gewählt zu werden.

Am 31. März 1387 wurde Sigismund in Stuhlweißenburg gekrönt. Fortan residierte er meistens in Ofen (heute Budapest). Aber Sigismund war keineswegs der Herr im Haus. In der Wahlkapitulation von Temeschwar bestätigte er 1397 die Rechte des mächtigen und selbstbewussten Hochadels. Immer wieder opponierten ungarische Adelige gegen den neuen König.

Während der Regierungszeit Ludwigs I. hatte das Land seine Stellung als regionale Großmacht behauptet. Venedig musste Ungarns „Oberhoheit" über dalmatische Städte und Ragusa anerkennen (Hoensch, 64). Kroatien wurde unter Ludwig wieder erobert, der als König von Polen seiner ungarischen Krone Rotreussen zuschlug, das 1387 wieder an Polen fiel.

Die schicksalhafteste Frontlinie verlief im Südosten. Hier kontrollierte Ungarn zeitweise serbisches, bulgarisches und walachisches Gebiet. Der Vorstoß der Osmanen stellte Ungarns größtes Problem dar (vgl. Kap. 3.3). Ungarn konnte die Türken nicht allein bezwingen; es blieb auf den Beistand Venedigs und Polens angewiesen. Wegen Dalmatien Krieg gegen Venedig zu führen oder Konflikte mit Polen auszulösen, barg für Sigismund große Risiken.

Im Innern blühten Ökonomie und Kultur, doch bedrohte Ungarns Großadel, den Ludwig I. noch gebändigt hatte,

176

Sigismunds Königtum. „Etwa 50 Familien gehörte ein Drittel des Landes" (Hoensch, 65). Sigismund überhäufte die Magnaten durch Schenkungen, Verpfändungen, Privilegien. Große Teile des Königslandes, darunter viele Burgen, vergab Sigismund und gewann trotzdem nur sehr begrenzt die Loyalität der Magnaten. Die Ratsversammlung der Großen wollte das Reich kräftig mitregieren; nur Ungarn sollten Landesämter erhalten dürfen. Folglich erwarteten die Magnaten, organisiert in einer „Liga der Barone", dass Sigismund wie ein national-ungarischer König agierte (Hoensch, 62). Sigismunds Engagement außerhalb Ungarns missfiel den Baronen.

Ohne Zustimmung der Magnaten konnte Sigismund Ungarn kaum regieren. Gegen rebellische Adelige, namentlich die Familie Horvati, ging er militärisch vor. Seine beiden größten Probleme, Türken und Magnaten, löste er nie. In Ungarn galt Sigismund überwiegend als Fremdling. Erst im Juni 1387 war Sigismund imstande, Maria aus der Gefangenschaft zu befreien, die 1395 ohne Thronerben starb.

Ungarn interessierte Sigismund, der 1410/11 zum römisch-deutschen König bestimmt wurde, mehr als der deutsche Reichsteil. Sigismund hätte in Brandenburg und Deutschland permanent regieren müssen, wollte er das zusammengebrochene deutsche Königtum wieder aufrichten. Doch hat der Universalmonarch Sigismund die Wichtigkeit Brandenburgs entweder nicht erkannt oder sie war ihm gleichgültig.

Bedenkenlos opferte Sigismund im Mai 1388 seine einzige Stütze in Deutschland. Ihm fiel nichts Besseres ein, als die Mark für 500 000 Gulden bis 1393 an Jobst und Prokop von Mähren zu verpfänden. Wie O. Hintze richtig erkannte, nutzte Sigismund Brandenburg nur als „Geldquelle für die Zwecke der weitausgreifenden Politik, die er als König von Ungarn ins Werk setzte" (Hintze, 48). Finanzmittel benötigte Sigismund auch im Kampf gegen seine ungarischen Gegner. Die Erbordnung Karls IV. von 1376 war mit der Verpfändung der Mark Brandenburg in Frage gestellt, zumal Sigismund darauf verzichtete, Wenzels Nachfolge in Böhmen anzutreten, die seinem jüngsten Bruder Johann von Görlitz zufallen sollte.

Als Sigismunds kostspieliger Kreuzzug 1396 bei Nikopolis (vgl. Kap. 3.3) gescheitert war, übertrug er die eigentlich schon 1393 verfallene Mark 1397 lehnrechtlich an Jobst, der im vernachlässigten Brandenburg, das unzählige Raubritter plagten, ebenso nur Geld abzapfte. Nicht zum letzten Mal schädigte Sigismund deutsche Interessen.

Als König im Reich war Sigismund, der Brandenburg verspielte und das ferne Ungarn bevorzugte, denkbar ungeeignet. Insofern ist die oberflächliche These zu kritisieren, dass Sigismund Ungarn zu „seiner wichtigsten politischen und wirtschaftlichen Basis" machte (Damals, 6/2006, 34). Eine andere Basis hat er nie gehabt, war aber auch in Ungarn nicht wirklich anerkannt. Für den römisch-deutschen Reichsteil, wo man ihn selten erblickte, besaß Sigismund ohnehin keine tragfähige politische Strategie.

Auch in Ungarn beging Sigismund staatsmännische Fehler. Sogar nach der Schlacht auf dem Amselfeld 1389 unterschätzte Sigismund die Osmanengefahr. Vier Jahre später scheiterte sein naiver Versuch, den türkischen Eroberungswillen mittels Diplomatie zu bremsen. Und Sigismund erhob seinerseits „Hoheitsansprüche" gegenüber südosteuropäischen Fürstentümern (Kintzinger, 468). Genauso kontraproduktiv waren des Königs langjährige Kämpfe um Dalmatien gegen Venedig. Statt Venedig als festen Bündnispartner gegen die Türken zu gewinnen und Dalmatien gegen eine Geldzahlung abzutreten, musste Sigismund dieses Gebiet letzten Endes doch preisgeben.

3.3 Der gescheiterte Kreuzzug

Das in Kleinasien entstandene große Problem vermochte Sigismund nicht zu lösen. Etwa seit der Mitte des 14. Jahrhunderts hatte der osmanische Imperialismus endgültig europäischen Boden erreicht. Das tödlich bedrohte Byzanz bat verzweifelt um westliche Unterstützung.

1396 organisierte Sigismund einen dilettantisch geplanten Kreuzzug gegen Sultan Bayezid I. Franzosen, Burgunder, Reichstruppen, Johanniter und Venedig nahmen daran teil, doch scheiterte Sigismund an der Aufgabe, die Truppen zu koordinieren und anzuleiten. Das Kreuzzugsheer erlitt im September 1396 in Westgriechenland bei Nikopolis eine fürchterliche Niederlage. Auf Geheiß des Bayezids wurden die gefangenen Europäer entweder umgebracht oder versklavt.

Noch ehe die Schlacht endete, hatte Sigismund fluchtartig ein venezianisches Schiff bestiegen, das ihn nach Konstantinopel brachte. Dort phantasierte er über weitere Feldzüge gegen die Türken, bevor er in seine Residenzstadt Ofen zurückkehrte. Erst die Mongolen unter Timur Lenk brachten den Türken 1402 eine schwere Niederlage bei. An der bedrohlichen Gesamtsituation änderte diese Schlacht nichts.

Sigismund hatte total versagt, und der bizarre Auftritt in Konstantinopel verdeutlichte nur, dass er den Ernst der Situation nicht verstand. Durch isolierte Aktionen wie einen Kreuzzug war die Gefahr nicht einzudämmen. Opferreiche einzelne Feldzüge verschlimmerten die Lage. Zunächst galt es, eine massive Defensivstellung zu errichten, Festungen und Burgen zu bauen, die ein weiteres Vordringen der Osmanen stoppten. Gefordert waren eine langfristige und kontinuierliche Tätigkeit und ein stets präsenter König.

Auf dem Konstanzer Konzil thematisierte Sigismund auch eine Union mit der griechisch-orthodoxen Kirche und einen neuen Kreuzzug. Bis zum Tod hielt er an diesen realitätsfernen Ideen fest (vgl. Kap. 12).

Sigismund hegte tendenziell den Glauben, fast ganz Europa regieren zu sollen. Ihm fehlten die wichtigsten staatsmännischen Eigenschaften - Augenmaß und Urteilskraft.

4. Machtkampf gegen Wenzel

Zudem geriet Sigismund in Konflikte mit Wenzel, dem die Kurfürsten vorwarfen, dass er den deutschen Reichsteil vernachlässigte und nichts gegen das Papstschisma unternahm. Böhmische Adelige wollten Wenzels Macht beschränken und gründeten 1393 den „Herrenbund" (Hoensch, 94). Im Streit um die böhmische Kirche ließ Wenzel den Generalvikar Johann von Pomuk ermorden.

Sigismund verschaffte sich Anfang Februar 1394 durch einen Erbvertrag mit dem kinderlosen Wenzel die Nachfolge in Böhmen. Vergeblich drängte er Wenzel, die Regierung Böhmens Johann von Görlitz zu überlassen und die Kaiserkrönung anzustreben. Längst gedachte Sigismund, Wenzels Nachfolge auch im Reich anzutreten. Gemeinsam mit Jobst von Mähren hoffte er, Wenzel zu stürzen und plante möglicherweise, ihn umzubringen. Angehörige des „Herrenbundes", den Jobst von Mähren unterstützte, nahmen Wenzel von Mai bis August 1394 gefangen und bestimmten Jobst zum „Regenten" in Böhmen (Kintzinger, 471).

Weil Jobst in Böhmen erfolglos agierte, wurde Johann von Görlitz zum böhmischen Landeshauptmann ernannt, doch blieb die Lage in Böhmen weiterhin desolat. Johann ergriff Partei für Jobst, distanzierte sich vom halsstarrigen Wenzel, der ihn entließ.

Nach dem plötzlichen Tod Johanns am 2. März 1396 vermittelte Sigismund einen Ausgleich zwischen Jobst, dem

„Herrenbund" und Wenzel. Am 19. März 1396 ließ er sich vom Letzteren das Reichsvikariat für Deutschland übertragen. Schon am 1. März 1396 hatte Sigismund den Erbvertrag vom Februar 1394 erneuert. Dadurch hoffte er, seine Chancen auf die Nachfolge Wenzels „in Böhmen und im Reich" zu erhöhen (Hoensch, 97).

Im August 1400 setzten die vier rheinischen Kurfürsten Wenzel wegen vermeintlicher Unfähigkeit als deutschen König ab und wählten Pfalzgraf Ruprecht zum Nachfolger. Allerdings hat Wenzel auf seinen Königstitel nie Verzicht geleistet.

Dann beging Sigismund den Fehler, dass er Jobst die Nachfolge in Ungarn vertraglich zusprach. Prompt rebellierte Ungarns Adel, der Jobst nicht akzeptierte und Sigismund, der oft außerhalb Ungarns weilte, „die Vernachlässigung seiner Amtspflichten" vorwarf (Hoensch, 103). Auch sollte Sigismund seine ausländischen Ratgeber und Bediensteten aus Ungarn entfernen. Ende April 1401 wurde Sigismund gefangen genommen und erhielt sechs Monate später, nachdem er zugesichert hatte, dass er Ungarn gemeinsam mit der „Liga der Barone" regieren werde, seine königliche Amtsgewalt zurück. Um ein Zeichen der Verständigung zu setzen, heiratete Sigismund die Tochter eines ungarischen Adeligen: Barbara von Cilli.

Wenzels zweite Gefangenschaft 1402/03, aus der er fliehen konnte, ging auf die Initiative Sigismunds zurück, der Böhmen als Reichsverweser regieren wollte und ebenso die deutsche Königskrone erstrebte. Gewaltsam versuchte

Sigismund, Böhmen im Kampf gegen Jobst zu behaupten, scheiterte aber. Um Söldner zu bezahlen, hatte er die von Johann geerbte brandenburgische Neumark 1402 an den Deutschen Orden verpfändet und wiederum die eigene Position in Deutschland demontiert. Während Sigismund in Böhmen Krieg führte, beanspruchte Ladislaus von Neapel 1402/3 die Stephanskrone. Ihn unterstützten zahlreiche ungarische Adelige und Prälaten. Sigismund eilte herbei und bereinigte die Lage; derweil ging Böhmen verloren. Wenzel verständigte sich mit Jobst und kehrte auf den Thron zurück.

Obwohl Ungarn seine ganze Kraft erforderte, begehrte Sigismund die Königskronen von Böhmen und Deutschland. Sigismunds Gier und politische Unfähigkeit hielten einander die Waage. Brandenburg hatte er Jobst ausgeliefert, gegen den er nun um den deutschen Thron rivalisieren musste. Das Stammherzogtum Luxemburg verpfändete Jobst 1402 an Ludwig von Orleans.

Im gleichen Jahr traf Sigismund eine langfristig folgenreiche Erbvereinbarung. Der habsburgische Herzog Albrecht V. sollte, falls Sigismund keine erbberechtigten Söhne hatte, Ungarn erhalten. 1421 heiratete Albrecht Sigismunds 1409 geborene Tochter Elisabeth. Als Sigismunds Schwiegersohn trat Albrecht 1437 das ungarisches Erbe an und stellte damit langfristig eine fundamentale Weiche der österreichischen und ungarischen Geschichte.

In Ungarn konsolidierte Sigismund seine Herrschaft und gründete im Dezember 1408 den Drachenorden, der den

Abwehrkampf gegen die Türken stärken sollte. Ungarische, andere europäische Adelige und Könige gehörten dem Orden an. Auch Vlad Tepes II., Fürst der Walachei, war Ordensmitglied, dessen Sohn, der legendäre Vlad Tepes III., ebenfalls dem Orden beitrat.

5. Griff nach der deutschen Königskrone

Zehn Jahre nach der Erhebung zum Gegenkönig starb im Mai 1410 der glücklose Ruprecht von der Pfalz. Erneut stand eine Königswahl bevor. Dem (hohen)zollernschen Burggrafen Friedrich VI. von Nürnberg verlieh Sigismund rechtswidrig die Kurstimme Brandenburgs, die Jobst von Mähren innehatte, der ebenso die deutsche Königskrone beanspruchte.

Zustimmung fand Sigismund bei Papst Johannes XXIII., dem Nachfolger des 1409 auf dem Pisaner Konzil gewählten Papstes Alexander V. Das sogenannte abendländische Schisma konnte in Pisa nicht beseitigt werden; es gab nun drei Päpste mit drei Obödienzen (Herrschaftsbereichen). Johannes erwartete als Dank die Hilfe Sigismunds in Italien. König Ladislaus von Neapel vergrößerte sein Reich und bedrohte den Papst. Nun geriet Sigismund in eine gefährliche politische Verbindung zur katholischen Kirche.

Gegen Bestimmungen der Goldenen Bulle wurde Sigismund am 20. September 1410 in Frankfurt von nur drei Kurfürsten zum König gewählt (Pfalz, Trier, Pseudo-

Brandenburg [55]), während Jobst bei einer Wahl Anfang Oktober, die ebenfalls in Frankfurt stattfand, die Stimmen der Mehrheit erhielt, nämlich von Mainz, Köln, Böhmen (Wenzel), Sachsen und Brandenburg (Jobst). Formal sollte Wenzel König bleiben und die Kaiserkrone beanspruchen dürfen.

Nun gab es drei römisch-deutsche Könige, die dem Haus Luxemburg angehörten, bis Jobst von Mähren im Januar 1411 völlig unerwartet starb. Am 21. Juli 1411 wurde Sigismund als König bestätigt, insofern ihn auch jene Fürsten, die für Jobst votiert hatten, nachträglich zum König wählten, eine Rechtsfigur, die auf den Hofjuristen Job Vener zurückging. Sigismund erachtete es nicht für notwendig, an den Königswahlen in Deutschland teilzunehmen.

Nicht einmal die Mitglieder des Hauses Luxemburg vermochten sich untereinander sinnvoll zu arrangieren. Sigismund schwächte das deutsche Königtum; er blieb König von Ungarn und ignorierte somit die Staatsvernunft.

Das Erbe des gestorbenen Jobst musste verteilt werden. Wenzel erhielt Mähren, und Brandenburg fiel an Sigismund, der die Mark gleich wieder aus der Hand gab. Statt sich um Brandenburg zu kümmern, ernannte der König 1411 den Burggrafen Friedrich VI. zum Landeshaupt-

---

[55] Mit dieser Stimmabgabe betrat Friedrich VI. einen Weg, der 1415/17 mit der Übergabe der Mark Brandenburg an das Haus (Hohen)zollern endete (vgl. Kap. 7.4).

mann. Friedrich sollte das von Marodeuren heimgesuchte Kurfürstentum befrieden.

Mit der schrittweisen Übergabe Brandenburgs an die Dynastie der (Hohen)zollern eröffnete Sigismund ein neues Kapitel der deutschen Geschichte. Das Stammherzogtum Luxemburg ging an Elisabeth, Tochter des Johann von Görlitz, die 1409 Anton, den Herzog von Brabant, geheiratet hatte und Luxemburg unter burgundischen Einfluss brachte. Außerdem einigten sich Wenzel und Sigismund darauf, dass Sigismund den deutschen Reichsteil allein regierte und zugunsten Wenzels auf den Kaiserthron verzichtete.

6. Deutschland als Nebensache

Drei Jahre vergingen, ehe Sigismund in Aachen die Königskrone empfing. In dieser Zeit kam er nicht nach Deutschland, sondern zog 1412 ins ferne Italien. Sigismund bekriegte Ladislaus von Neapel, der Italien zu erobern trachtete, der Kirche und Reichsrechte zu gefährden schien. Ebenso kämpfte Sigismund gegen Venedig um das von Ungarn beanspruchte Dalmatien. Weil ihm für diesen Krieg Geld fehlte, verpfändete er 1412 den deutsch besiedelten Landstrich in der Grafschaft Zips (Slowakei) mit 13 Ortschaften an Wladyslaw Jagiello (Hoensch, 167).

In Deutschland ersetzten ihn Stellvertreter aus der Zeit Ruprechts. Darin sehen H. Boockmann und H. Dormeier kein Problem; die „Festigkeit der ungeschriebenen Reichsverfassung" habe darunter nicht gelitten (Boockmann/Dormeier, 34). Sie verkennen, dass es keine wirkliche „Reichsverfassung" gab.

Besonders laborierte das schwache deutsche Königtum an chronischer Finanznot, die Sigismund daran hinderte, wirksam zu regieren. Wenig glaubwürdig klingt Boockmanns und Dormeiers These, dass für Sigismund „erfolgreiche Königsherrschaft auch ohne hinreichende finanzielle Grundlagen möglich" gewesen sei (Boockmann/Dormeier, 32). Nur hatte Sigismund keine Erfolge vorzuweisen.

Oder meinen Boockmann und Dormeier etwa Sigismunds verunglückte Politik gegenüber dem Deutschen Orden? Seit der polnisch-litauischen Union von 1385/86 und der Schlacht bei Tannenberg 1410 geriet der Orden in eine Dauerkrise. Sigismund konnte den Deutschrittern weder militärisch noch finanziell beistehen. Fahrig lavierte er und verbündete sich 1412 sogar mit Polen/Litauen. Als ungarischer König benötigte Sigismund polnische Unterstützung gegen die Türken (Boockmann/Dormeier, 34). Sigismund war außerstande, gleichzeitig ungarische *und* deutsche Interessen zu vertreten.

Den Niedergang des Ordensstaates verhinderte er genau so wenig wie das Vordringen der Türken. Sigismund scheiterte an der Vielzahl selbstgestellter Aufgaben; er fiel der Idee vom monarchischen Universalismus zum Opfer. Das Unmögliche verfehlte er und ruinierte das Mögliche. Wieder ist die alte Grundmelodie deutscher Geschichte festzustellen.

7. Das Konzil von Konstanz

7.1 Die gespaltene Kirche

7.1.1 Einberufung des Konzils

Weitere große Themen lud Sigismund seinen Schultern auf - das 1378 entstandene Papstschisma, die Hussitenfrage und das Problem der Kirchenreform. Trotz der Abmachung mit Wenzel strebte Sigismund nach der Kaiserkrone und glaubte, die Rolle des „advocatus et defensor ecclesiae" übernehmen zu müssen (zit. nach Hoensch, 157). Die römisch-katholische Kirche war das spirituelle Gegenstück zum Kaisertum. Im Titel des römischen Königs erblickte Sigismund die Vorstufe zum universalen römischen Reich und hielt sich für legitimiert, kirchliche Angelegenheiten zu regulieren. Dem deutschen Reichsteil gewährte Sigismund nur eine nachgeordnete Bedeutung.

Das Konzil von Pisa 1409 hatte den bereits vorhandenen zwei Päpsten einen dritten hinzugefügt. Nun plante Sigismund die Einberufung eines Konzils 1414 nach Konstanz. Sigismund verhandelte darüber mit europäischen Höfen, die den jeweiligen Herrschaftsbereichen (Obödienzen) der drei Päpste unterstanden; er bereiste Italien, Frankreich, England und das römisch-deutsche Reich.

Innerhalb Deutschlands löste er außerdem Zollkonflikte zwischen rheinischen Fürsten und Städten. Nicht gelang es ihm, die Anlehnung Luxemburgs an Burgund zu revidieren.

Sehr weltliche Motive veranlassten Frankreich und England, Delegationen nach Konstanz zu entsenden. Die Teilnahme Frankreichs am Konzil erreichte Sigismund durch die vertragliche Zusicherung, Karl VI. gegen Johann von Burgund zu unterstützen. England sollte Reichsgebiet erhalten, das widerrechtlich Burgund unterstand. Sigismunds 1415/16 unternommene Versuche, im Hundertjährigen Krieg zu vermitteln, missglückten [56]. Unfreiwillig bestätigte er die Schwäche des römisch-katholischen Gedankens im Zeitalter der Frühnationalstaaten [57].

Zugunsten kirchenpolitischer Ziele opferte Sigismund Reichsgebiet und vergab die Chance, nur mit Frankreich und England die Kirchenspaltung zu beenden [58]. Der „Advokat und Verteidiger der Kirche" bevorzugte es, die Christenheit auf römisch-kirchlichem Wege zu vereinigen. Ihm ging es darum, Einheit und Vorrang des Papsttums wiederherzustellen.

---

[56] Statt Neutralität zu wahren, verbündete er sich noch 1416 unklugerweise mit Englands König Heinrich V. Burgund expandierte auf Kosten des Reichs und stand an der Seite Englands.

[57] Im Westen verlorene Territorien erhielt Sigismund nicht zurück (Kintzinger, 478).

[58] Besonders in Frankreich favorisierten viele eine solche Möglichkeit, die auch Sigismund erwogen haben soll. Aber ein Konzil hatte für ihn Priorität (Boockmann/Dormeier, 36). Böhmen und Deutschland vom Joch der Kirche zu befreien, wie es Frankreich gelang, stellte für Sigismund keine Option dar.

Anfangs weigerte sich Papst Johannes XXIII., ein Konzil einzuberufen, das ihn hätte absetzen können. Ebenso fürchtete Johannes etwaige Beschlüsse zur Kirchenreform. 1412/13 hatte er eine Art Zwischenkonzil versammelt, auf dem der Papst jeglicher Kirchenreform eine Absage erteilte. Die Thesen des John Wyclif brandmarkte Johannes als ketzerisch.

Erst als ihn König Ladislaus aus Rom vertrieb, akzeptierte Johannes die Einberufung eines Konzils. Allerdings wollte er es, um die Kontrolle zu behalten, in seinem italienischen Herrschaftsbereich durchführen. Doch gelang es Sigismund, unterstützt von den Kardinälen des Johannes, den Papst Ende 1413 umzustimmen, der nun Konstanz als neutralen Ort hinnahm und das Konzil einberief. Auch Papst Gregor XII. akzeptierte das Konzil. Erst zwei Jahre später überzeugte Sigismund die Könige von Kastilien, Aragon und Navarra, die zur Obödienz Benedikts XIII. gehörten, das Konstanzer Konzil anzuerkennen.

Am 5. November 1414 wurde das Konzil in Konstanz eröffnet. Drei Tage später ließ sich Sigismund in Aachen zum römisch-deutschen König krönen. Als künftiger Kaiser hoffte er, seine Autorität im Konzil zu steigern.

7.1.2 Die Herstellung der Kircheneinheit

Sigismund drängte „auf die Erledigung selbst theologischer und rein kirchlicher Belange" (Hoensch, 192). Seine Haltung zur Kirchenreform, die er (partiell) befürwortete, blieb widerspruchsvoll. Oberste Priorität hatte für ihn die

Einheit der wesentlich vom Papst repräsentierten Kirche. In `radikalen` Kirchenkritikern wie John Wyclif und Jan Hus sah er Häretiker und blockierte eine Reform der Kirche an Haupt und Gliedern. Das Schisma so lange wie möglich beizubehalten, um die Kirchenreform zu erleichtern, zog Sigismund nie in Betracht, der eine Romidee verfolgte, die über jegliche Staatskunst triumphierte.

Drei zentrale Themen standen auf dem Konzil zur Debatte. Das Schisma sollte beseitigt, die Kirche reformiert und die Einheit der Lehre gesichert werden. Hinzu kam der Fall Jan Hus, an dem Sigismund scheiterte. Vor allem behandelte das Konstanzer Konzil die Einheitsfrage (causa unionis).

Effektiv agierte das Konzil meistens nur bei Anwesenheit Sigismunds, der den Fehler beging, die Einheit der Kirche überzubetonen. Gelöst wurde letztlich nur das Problem des Schismas. Johannes XXIII. (Lodi), Gesandte der beiden anderen Päpste, Benedikt XIII. (Avignon), Gregor XII. (Rom) und die meisten Kardinäle waren nach Konstanz gekommen. Außerdem weilten hunderte andere Prälaten und Gelehrte sowie weltliche Fürsten oder deren Vertreter in der Stadt. Ohne die Anerkennung des Konzils durch weltliche Mächte zu erreichen, hätte Sigismund das Schisma nicht beseitigen können.

Wie damalige Universitäten formierten sich alle Teilnehmer des Konzils in „Nationen": die französische, englische und (teilweise erst 1417) spanische Nation. Zur deutschen Nation gehörten auch Böhmen, Polen, Ungarn, Litauer, Kroaten, Skandinavier, Schotten. Auch die italienische Nation war in Konstanz vertreten. Im Februar 1415 wurde als Modus der Abstimmung festgesetzt, dass jede Nation, ebenso das Kollegium der Kardinäle, jeweils eine Stimme erhielten.

Das Konzil entschloss sich, alle drei Päpste abzusetzen. Johannes XXIII., der gehofft hatte, Papst zu bleiben, ergriff die Flucht, bei der ihm der habsburgische Herzog Friedrich IV. von Tirol half, der dafür geächtet wurde. Johannes wurde Ende Mai 1415 zwangsweise nach Konstanz zurückgebracht. Bereits am 6. April hatte die Kirchenversammlung das Dekret „Haec Sancta" beschlossen, worin sich das Konzil dem Papst überordnete, der die Suprematie beanspruchte. Umstritten blieb freilich, ob diese „konziliaristische" Auffassung dauerhaft oder nur für den Fall einer Amtsunfähigkeit des Papstes gelten sollte (Boockmann/Dormeier, 42).

Johannes wurde auch des Ämterverkaufes beschuldigt und der Prozess gemacht. Das Konzil setzte ihn Ende Mai 1415 einstimmig ab und hielt ihn bis 1419 in Gefangenschaft. Wenige Wochen später ließ Gregor XII. seinen Rücktritt erklären. Benedikt XIII. hielt sich jedoch für den einzigen legalen Papst, der auch befugt sei, einen neuen Papst einzusetzen. In Konstanz wies man dieses Ansinnen zurück. Erst 1417 stimmten auch jene Fürsten, die Benedikt einst unterstützt hatten, gegen ihn. Am 26. Juli 1417 wurde er vom Konzil abgesetzt.

„Viele Konzilsväter" befürchteten, dass die Kirche nach der Wahl eines Papstes Reformen ablehnen werde und wollten nicht gleich einen neuen Papst wählen (Boockmann/Dormeier, 44). Ihre Sorge war berechtigt.

Zunächst musste das Konzil die Frage klären, welche Personen den neuen Papst wählen sollten. Franzosen und Italiener bevorzugten die traditionelle Papstwahl durch das Kardinalskolleg und den päpstlichen Hof. Nur wenige Kirchenobere hätten somit den neuen Papst bestimmen dürfen. Sigismund lehnte dieses Ansinnen entschieden ab; er wollte nicht, dass „diese Italiener und Franzosen" den Papst wählten (zit. nach Boockmann/Dormeier, 45). Schließlich gewährte man aus jeder Nation sechs Vertretern und insgesamt 23 Kardinälen das Stimmrecht.

Die Mehrheit wählte am 11. November 1417 den italienische Kardinal Oddo Colonna unter dem Namen Martin V. zum neuen Papst. Das Schisma war überwunden und die Einheit der Kirche scheinbar wiederhergestellt.

Sogleich schwand Sigismunds Einfluss auf das Konzil. Zwar verabschiedeten Konzilsteilnehmer 1418 Reformdekrete bezüglich der Simonie und anderer Einnahmen des Papstes. Trotzdem blieb die Kirchenreform „ein Torso" (Hoensch, 251). Den neuen Papst unter Druck zu setzen, konnte sich Sigismund schwer erlauben, weil er als römisch-deutscher König des Papstes Approbation benötigte, die ihm Martin V. im Januar 1418 erteilte. Pflichtschuldig leistete Sigismund Martin V. einen Treueid und versprach, Papst und römische Kirche zu unterstützen. Die

Kaiserkrönung, die er anstrebte, machte ihn vom Papst immer abhängiger.

Aufschlussreich ist die oben erwähnte Tatsache, dass Frankreich und England ein Konzil nicht sonderlich interessierte. Auch Konzilien vertraten klerikale Sichtweisen und stellten bloß das kleinere, aber gegen den Papst nutzbare Übel dar. Mittels konziliarer Beschlüsse errichtete man keine Landeskirche, die dem König unterstand [59]. Ohnehin verloren die Konzilien den Machtkampf gegen das Papsttum [60]. Der Aufbau einer Landeskirche konnte nur unabhängig von Kurie *und* Konzil gelingen. Natürlich widersprach ein solcher Gedanke Sigismunds römisch-katholischem und kaiserlichem Weltbild. Deutsche Historiker finden daran nichts auszusetzen.

Liegt in der Kirchenunion, wie deutsche Hofchronisten allgemein behaupten, tatsächlich Sigismunds größter oder sogar einziger Erfolg begründet? Hat Sigismund große Staatskunst unter Beweis gestellt?

---

[59] Wie die Kurie vergab ebenso das Basler Konzil (1431-1449) kirchliche Pfründen. Vgl. unten Kap. 10.

[60] Kap. 10. Die wenigen Reformen blieben oberflächlich. Ebd.

7.2 Jan Hus

7.2.1 Kritik an der Kirche

Bevor diese Fragen beantwortet werden, ist ein anderes wichtiges Thema darzustellen. Noch ehe das Schisma beseitigt war, hatte Sigismund bereits ein neues und langfristig weit schlimmeres Problem herbeigeführt. Seit dem späten 14. Jahrhundert war in Böhmen eine kirchenkritische Reformbewegung entstanden, die den Konflikt zwischen Tschechen und Deutschen in Böhmen verstärkte. Jan Hus, Professor für Theologie an der Prager Universität, die er 1409/10 als Rektor leitete, predigte seit 1402 kirchenkritische Thesen in tschechischer Sprache.

Der Prager Theologe übernahm Lehrmeinungen des 1384 gestorbenen Kirchenkritikers John Wyclif. 1382 hatten ihn englische Kleriker zum Ketzer erklärt. Wyclif lehnte in seinen 45 Artikeln das Papsttum ab, bekämpfte die weltliche Macht und den Reichtum des Klerus, der zu enteignen sei. Die Kirche möge sich den weltlichen Gewalten unterordnen. An die Stelle der universalen römischen Kirche sollten Landes- und Nationalkirchen auf der Basis kleiner Gemeindekirchen treten. Wyclifs Gnadenlehre (Prädestination) nahm calvinistische Ideen vorweg.

Nicht minder verurteilte Hus das Papsttum, die Verweltlichung und den Luxus des Klerus, der keine weltliche Herrschaft anstreben, sondern das Evangelium verbreiten sollte. Ablasshandel und Ämterkauf wollte Hus verbieten, und er betonte ebenfalls die Prädestination. Für Laien, denen er in tschechischer Sprache predigte, forderte er das Abendmahl in beiderlei Gestalt. Wyclifs Lehre von der Remanenz (Brot und Wein werden nicht umgewandelt) bejahte er. Hus wollte Kirche und Priestertum nicht abschaffen, aber auf geistliche Aufgaben beschränkt wissen. An der römischen Kurie wurde 1408 ein Prozess gegen tschechische Anhänger Wyclifs durchgeführt.

Die Kirchenkritik der Hussiten verschärfte 1409 den tschechisch/deutschen Gegensatz. In seinem Konflikt mit König Ruprecht, der einen Papst unterstützte, den die Prager Universität ablehnte, unterstützte Wenzel die Universität. Im „Kuttenberger Dekret" vom Januar 1409 legte er fest, dass künftig an der Prager Universität die tschechisch/böhmische Nation drei Stimmen und alle anderen Nationen zusammen nur eine Stimme erhielten. Viele Professoren und Studenten der nichtböhmischen Nationen verließen Prag; übrig blieben vorrangig die Anhänger Wyclifs.

Mitte 1409 verhörte die Inquisition Jan Hus, aber die Prager Universität wählte ihn am 17. Oktober des gleichen Jahres zu ihrem Rektor. Auf Anweisung des Pisaner Papstes Alexander V. ließ der Prager Erzbischof Zbynek im Juli 1410 hunderte Schriften des John Wyclif verbrennen. Eine von Hus geleitete Protestbewegung entstand, die Zbynek veranlasste, Hus bei der Kurie in Rom zu verklagen, die ihn mit dem Kirchenbann belegte.

Johannes XXIII. wollte mittels des Ablasshandels Kreuzzüge gegen die anderen Gegenpäpste finanzieren und erhielt dafür Wenzels Erlaubnis. Da Hus den Ablass bekämpfte und drei seiner Gefolgsleute hingerichtet wurden, verschärfte sich die Krise. Eine von der römischen Kurie beauftragte Prager Synode verhängte im Oktober 1412 gegen Hus einen weiteren Bannspruch und das Interdikt.

Auch Wenzel und Teile der Universität positionierten sich nun gegen Hus, der seine Anhänger nicht gefährden wollte und Prag verließ, ohne dadurch die Streitigkeiten zu beenden. 1413 gab Hus eine wichtige Erklärung ab. Der Papst sei nicht das Oberhaupt der Kirche und ein Konzil werde die Notwendigkeit der Kirchenreform erkennen.

7.2.2 Der Verrat

Sigismund bestellte Hus auf das Konstanzer Konzil ein und gewährte Hus am 18. Oktober 1414 sicheres Geleit. Seine Lehrmeinungen sollte Hus auf dem Konzil vortragen dürfen. Ob die Zusage, sicheres Geleit zu gewähren, auch für die Rückkehr im Fall einer Verurteilung durch das Konzil galt, ist umstritten. Zumindest beging Sigismund, der die Dinge vorsätzlich in der Schwebe ließ, eine arglistige Täuschung.

Anfang November 1414 traf Hus in Konstanz ein und erhielt die Zusage des freien Geleits in schriftlicher Form. Dessen ungeachtet wurde er gemäß der Forderung zweier böhmischer Geistlicher am 28. November 1414 festgenommen. Als Sigismund in Konstanz erschien, beließ er Hus in der Gefangenschaft. Schon jetzt brach Sigismund

seine Zusage des freien Geleits. Boockmanns und Dormeiers pauschale These, dass Hus „keineswegs einem Kom-
plott zum Opfer" gefallen sei, ist anfechtbar (Boock-
mann/Dormeier, 55, ähnlich Hoensch, 203).

Auf Betreiben einer Kommission des Konzils, die Kardinal d` Ailly leitete, sollte Hus ohne Verhandlung abgeur-
teilt werden. Sigismund bot jedoch Hus die Gelegenheit,
Anfang Juni 1415 in einer Disputation vor ihm selbst und
den Konzilsteilnehmern zu sprechen. An einem „fairen
Lehrmeinungsverfahren" war Sigismund allerdings nicht
interessiert (Hoensch, 204). Schon am 5. Mai hatte er die
45 Artikel des John Wyclif durch das Konzil verbieten lassen. Zugleich offenbarte er damit sein begrenztes Verständnis von der Kirchenreform. Das galt desto mehr, insofern Hus einen großen Teil seiner Forderungen „be-
trächtlich" mäßigte und das „sakramentale Priestertum"
nicht mehr abschaffen wollte (Hoensch, 204).

Rasch endete der Disput in einem Chaos; die Prälaten
ließen Hus kaum zu Wort kommen. Am nächsten Tag verlas man gegen ihn die Anklage; er wurde aufgefordert,
seine „ketzerischen" Thesen zu widerrufen. Sigismund
verkündete, dass er Hus begnadigen wolle, sobald dieser
widerrufe. Andernfalls, drohte der römische König, wolle
er durch „eigenhändiges Anzünden des Scheiterhaufens"
Hus zur Strecke bringen (zit. nach Hoensch, 205).

Zum Widerruf erklärte sich Hus nur bereit, wenn jemand
seine Thesen als falsch erweise. Ein weiterer Pseudodisput
kam in Gang, der mit dem Spruch der Konzilsrichter en-

dete, dass dem Konzil als „der höchsten kirchlichen Autorität absoluter Gehorsam" gebühre (zit. nach Hoensch, 205). Hus entgegnete, dass geistliche und weltliche Herren „sich im Zustand der Todsünde" befinden können (zit. nach Hoensch, 206). Hus stellte also die geistliche ebenso wie die weltliche Autorität in Frage. Wenn Hus nicht widerrufe, „dann soll er verbrannt werden", sagte König Sigismund (zit. nach Hoensch, 206).

Nach erneut gescheiterten Versuchen, Hus zum Widerruf zu bewegen, verurteilte ihn das Konzil am 6. Juli 1415 wegen Ketzerei zum Tode, überstellte Hus der weltlichen Gewalt, die ihn sogleich nahe dem Konstanzer Hafen lebendig verbrannte.

War Sigismund berechtigt, Hus ins Feuer zu schicken, oder verstieß er gegen `Treu und Glauben`? Oft neigen deutsche Historiker dazu, für Sigismund Partei zu ergreifen und ignorieren, dass Hus in eine Falle gelockt wurde.

Laut Boockmann und Dormeier gab es keine Verschwörung gegen Hus, der sich auf dem Konzil bloß hätte „zurücknehmen" müssen, wollte er eine Kompromisslösung ermöglichen (Boockmann/Dormeier, 55). Genauso hat es auch Sigismund gesehen! Auch wenn der einen Widerruf des Hus bevorzugte, hielt er als römischer König die Bekämpfung der Ketzerei für wichtiger als jede Geleitzusage. Nur hat er davon Hus nichts gesagt, weil dieser andernfalls schwerlich nach Konstanz gekommen wäre. „Zurücknehmen" hieß, die Knie vor Sigismund und den Prälaten zu beugen.

Auch Sigismunds Biograf J. K. Hoensch äußert viel Verständnis für die Gegner des Jan Hus, der „jedem Argument unzugänglich" gewesen sei (Hoensch, 205). Ist die Forderung nach „absolutem Gehorsam" als „Argument" zu qualifizieren? Oder die Drohung Sigismunds, Hus zu verbrennen, falls dieser seinen Standpunkt nicht revidiere?

Ernsthaft behauptet M. Kintzinger, dass Sigismunds Wortbruch „einer Ausweglosigkeit der Situation" geschuldet war (Kintzinger, 479), die aber nur in den Köpfen obrigkeitshöriger deutscher Historiker existiert. Auch Boockmann und Dormeier rechtfertigen die Verfolgung des Jan Hus durch die „gelehrtesten Theologen und Juristen", denn diese „mußten (!) … darauf bestehen", gegen Hus vorzugehen, der dem Papst und anderen Klerikern die „Amtsgewalt" habe entziehen wollen (Boockmann/Dormeier, 56). War das Grund genug, ihn zu verbrennen? Dabei hatte Hus nicht einmal die Möglichkeit zur freien und ausgiebigen Verteidigungsrede erhalten. Mit der jeweiligen Obrigkeit zu kollaborieren, ist das Markenzeichen deutscher Historiker.

Sigismund *musste* Hus nicht dem Scheiterhaufen überantworten. Doch wollte der künftige römische Kaiser die Einheit und Hierarchie der Kirche um jeden Preis bewahren. Kaiser und Papst waren die beiden Seiten der gleichen Medaille. Hier liegt der Grund dafür, dass der Luxemburger bezüglich der Hussiten den Standpunkt der Papstkirche vertrat. Sigismunds größte einzelne Torheit, Jan Hus zu verbrennen, hat die Flamme der Rebellion nicht etwa gelöscht, sondern erst richtig entfacht.

15 Jahre lang verheerten die Hussitenkriege Böhmen und weite Teile des Reiches. Trotzdem sprechen Boockmann und Dormeier von einer „erfolgreichen Wiederherstellung der kirchlichen Einheit" durch Sigismund (Boockmann/Dormeier, 58). Die allseits vertretene These, dass dieser „Erfolg" Sigismunds größtes oder sogar einziges Verdienst gewesen sei, ist meines Erachtens falsch. Mit dem Hussitensturm, den er auslöste, verursachte der Luxemburger kurz- und langfristig eine weit gravierendere Kirchenspaltung. Die nun entstandene Unzufriedenheit führte das Zeitalter der Reformation herbei und spaltete die Kirche ebenso wie das deutsch-römische Reich. „Wir waren Hussiten, ohne es zu wissen", soll Luther gesagt haben.

Am ersten Todestag des Jan Hus erklärte das Konzil in Konstanz den Tyrannenmord, der auch Päpste und Monarchen hätte treffen können, für unzulässig. Ketzer waren zu verbrennen, der Tyrannenmord wurde untersagt. Ein Gefolgsmann des Jan Hus, der „Ketzer" Hieronymus von Prag, erlitt Ende Mai 1416 in Konstanz den gleichen Feuertod wie Jan Hus.

Mit der Hussitenfrage war das generelle Problem der Kirchenreform, das besonders den deutschen Reichsteil betraf, eng verknüpft. Um das Papsttum nicht herauszufordern, hatte der Luxemburger die Reform der Kirche hintangestellt und die Hussitenkriege wesentlich mitverschuldet. Abgesehen von Beschlüssen zur Reform des päpstlichen Finanzsystems, wurde nur das „Dekret Frequens" verabschiedet, das die regelmäßige Einberufung von Konzilien vorsah (Boockmann/Dormeier, 47).

Sinnvoller wäre es gewesen, sich mit Jan Hus zu verbünden und die Kirche in Böhmen und Deutschland gründlich zu reformieren. Sobald Martin V. regierte, war die Gunst der Stunde unwiderruflich verstrichen [61].

So kam es zur Hussiten-Katastrophe; kirchliche Missstände in Deutschland und Böhmen blieben ungelöst. Zu denken war an eine Säkularisierung geistlicher Fürstentümer, die auch eine Reform der Reichsverfassung erleichterte [62]. Ideen zur Reichsreform hat der oben erwähnte Job Vener auf dem Konzil resultatlos vorgestellt.

In Frankreich war die Kirchenreform bereits in Gang gekommen. Der „Gallikanismus" hinderte die Kurie daran, das Land finanziell auszubeuten und gewährte der Krone

---

[61] Möglicherweise erkannte Sigismund diesen Sachverhalt (Hoensch, 251). Das entsprechende Zitat stammt allerdings aus zweiter Hand und hat keine Beweiskraft. Die grausame Hinrichtung des Jan Hus redet eine andere Sprache. Auch wenn das Zitat stimmte, ändert das nichts an Sigismunds Versagen, denn er versuchte nicht einmal, die Papisten ernsthaft zurückzudrängen. Dem geschwächten Papst die Kirchenreform zu diktieren, widersprach Sigismunds Anschauungen.

[62] Eine gründliche Kirchenreform hätte auch die Reichsverfassung teilweise modernisiert. Natürlich erforderte der Aufbau einer Landeskirche, dass Sigismund nur den deutschen Reichsteil regierte und den Reformprozess, der Zeit benötigte, erst einmal anschob.

wichtige Mitspracherechte bei der Besetzung von Kirchenämtern (vgl. Kap. 10). Für ungarische Prälaturen hat Sigismund in Konstanz „Verfügungsrechte" erlangt (Boockmann/ Dormeier, 64). Wohl nicht zuletzt auf Druck des Adels entstand auch in Ungarn eine Landeskirche. Der Reichskirche den gleichen Weg zu weisen, kam für Sigismund, der völlig im Bann der römisch-katholischen Ideologie stand, nicht in Frage. Eben deshalb hat er die Einheitsfrage priorisiert.

Wirksame Reformen der Reichskirche hätten die religionspolitische Spaltung Deutschlands im 16. Jahrhundert und den 30-jährigen Krieg verhindern können. Jedoch erstarrte das Reich in extremer Rückständigkeit. Deutsche Historiker loben dennoch Sigismunds vordergründige Lösung der Unionsfrage [63]. Weit eher ist sie als großer staatsmännischer Fehler zu beurteilen.

Acht lange Jahre, zunächst von 1410 bis 1414, dann von 1426 bis 1430, betrat Sigismund nicht den deutschen Reichsteil, der seiner Anwesenheit dringend bedurfte. Sigismunds „Reisediplomatie" zwischen dem Bosporus und Westeuropa aber verlief im Sande (Kintzinger, 480).

---

[63] Wider alle Tatsachen behaupten Boockmann/Dormeier, dass „die Chancen für einen Erfolg der causa reformationis" mit dem Ende des Schismas „nicht vertan" gewesen seien (Boockmann/Dormeier, 46).

Auf dem Konstanzer Konzil erließ Sigismund eine Verfügung von großer Tragweite. Am 30. April 1415 erhob Sigismund den Hohenzollern Friedrich VI., der seit 1411 Brandenburg erfolgreich verwaltete, zum Markgrafen und Kurfürsten von Brandenburg. Friedrich hatte 1414 auch Sigismunds Krönung in Aachen unterstützt. Endgültig verlor nun Sigismund seine einzige deutsche Hausmacht.

Die formal-rechtliche Belehnung mit Brandenburg erhielt Friedrich I., wie er nun genannt wurde, am 18. April 1417. Paradoxerweise ist diese Selbstdemontage langfristig Sigismunds beste Tat gewesen. Andernfalls wäre Brandenburg, das Sigismund nie zu schätzen wusste, dem Ruin anheimgefallen. Friedrich soll aus Dankbarkeit Sigismund einen Kredit gewährt haben.

1423 übertrug Sigismund Kursachsen (Wittenberg) dem Wettiner Friedrich IV. Darin sah der Luxemburger auch eine Anerkennung für Friedrichs Hilfe bei der Abwehr der Hussiten. Kursachsen spielte in der Reformationszeit eine sehr wichtige Rolle. Bereits 1402 war die nicht minder schicksalhafte, oben erwähnte Erbvereinbarung zugunsten des Habsburgers Albrecht V. erfolgt.

Als Papst Martin V. Sigismund im April 1418 als König und künftigen Kaiser bestätigte, entfiel Sigismunds Zusicherung, Wenzel bei der Erlangung der Kaiserkrone bei zustehen. Der kaum noch handlungsfähige Wenzel gewährte den Hussiten zunächst manche Freiräume. Sigismund aber verteidigte päpstliche Herrschaftsansprüche und bekämpfte die Hussiten radikal.

8. Die Hussitenkriege

In Böhmen verursachte die Hinrichtung des Jan Hus große Empörung. Zum „Symbol der Revolution" wurde der Streit um den Laienkelch, den das Konzil im Juni 1415 verboten hatte (Boockmann/Dormeier, 59). Jedoch forderte die Prager Universität Anfang 1417, den Laienkelch wieder einzuführen. Sigismund setzte Wenzel massiv unter Druck, der den Rektor der Prager Universität entließ und papsttreue Kleriker, die den Laienkelch ablehnten, in Ämter einsetzte.

Am 30. Juli 1419 begann der offene Kampf, als in Prag 13 katholische Mitglieder des Stadtrates aus einem Fenster geworfen wurden und dabei ums Leben kamen - der sogenannte erste Prager Fenstersturz, dem 1618 der zweite folgte. Wenige Tage später starb Wenzel, und in ganz Böhmen begann der Aufstand.

Erst ein Jahr später krönte der Prager Erzbischof am 28. Juli 1420 Sigismund auf dem Prager Hradschin zum böhmischen König. Doch vermochte Sigismund Prag gegen den Widerstand der Hussiten unter Jan Zizka nicht zu erobern. Anfang März 1420 rief der Papst gegen die religiös, national und sozial motivierten Hussiten zum Kreuzzug auf. Sigismund musste 1421/22 schwere Niederlagen hinnehmen. Die Hussiten betrachteten den König als Feind der tschechischen Nation und setzten ihn im Juli 1421 ab. Bis 1436 regierte in Böhmen kein anerkannter König mehr.

Rasch zerfielen die Hussiten in verschiedene Parteiungen, deren gemeinsame Basis die „Vier Prager Artikel" von 1420 beinhalteten. In ihnen forderten sie freie Predigt, das Abendmahl in beiderlei Gestalt, ein Ende der weltlichen Herrschaft der Priester und die Säkularisierung des Kirchenguts. Noch weiter gingen die hussitischen Taboriten, die soziale Gleichheit anstrebten, sich aber gegenseitig bekämpften.

Aus Böhmen wurde Sigismund verjagt, der in Deutschland, wo er ständige Geldnot litt, durch jahrelange Abwesenheit glänzte. Manche Kurfürsten erwogen, ihn abzusetzen.

Der ungarische Adel beklagte Sigismunds Vernachlässigung *ihres* Reiches. Zwischen 1426 und 1430 weilte Sigismund auch wegen der immer bedrohlicheren osmanischen Gefahr in Ungarn. Sigismund pflegte Kontakte mit Süddeutschen, die sich in ungarischen Bergwerken und Münzstätten engagierten. In dieser ganzen Zeit blieb das römisch-deutsche Reich sich selbst überlassen und entwickelte ein ständisches Regiment (vgl. Kap. 9).

Derweil verheerten die Hussiten nicht bloß Böhmen, sondern wüteten auch in Brandenburg, Franken, Thüringen, Sachsen, Schlesien und sogar Ungarn. Hussiten schlugen 1431 bei Taus ein weiteres Kreuzfahrerheer, ehe sie 1433 Danzig und die Ostsee erreichten. 1431 hatte Sigismund einen neuen Feldzug gegen Böhmen geplant. Jedoch fand er nicht statt, weil für Sigismund die Kaiserkrönung in Italien Vorrang erhielt. Schon seit den späten 1420er-Jahren reifte in Sigismund die Erkenntnis, dass er nicht imstande war, die Hussiten militärisch auszuschalten. Nun gedachte er, mit ihrem gemäßigten Teil zu verhandeln.

Sigismund konnte unmöglich Ungarn, Böhmen, das römisch-deutsche Reich und Italien gleichzeitig regieren.

9. Sigismunds Scheitern in Deutschland

Eine wirkliche Reichsreform kam unter Sigismund nicht zustande. Im Januar 1424 vereinbarten die Kurfürsten ein Bündnis, dem der König nicht angehörte. Die Reichsversammlungen von 1427, welche die Hussitenfrage berieten, leitete nicht der abwesende Sigismund, sondern Heinrich von Beaufort, der ein englischer Legat des Papstes war. An mehreren Reichstagen jener Zeit nahm Sigismund nicht teil; faktisch regierten die oft zerstrittenen Kurfürsten das Land. Einen der ihren, den Mainzer Erzbischof Konrad, hatte Sigismund zum Reichsvikar ernannt, der den König vertreten sollte.

Sigismund beanspruchte in Deutschland Steuerleistungen der Reichsstädte sowie Einnahmen aus Judenregal, Zoll-, Bergwerks- und Münzrechten. Außerdem wollte er durch risikoreiche Verpfändungen königlicher Rechte seinen Finanzbedarf decken. In Geldsachen unterstützte ihn der Erbkämmerer Konrad von Weinsberg.

Auf dem Reichstag von Nürnberg 1422 kam eine Reichssteuer zur Finanzierung der Hussitenkriege nicht zustande. Nur eine Heeresmatrikel wurde erstellt, die der Rekrutierung eines Heeres diente, das gegen die Hussiten kämpfen sollte. Die Kurfürsten hatten den Reichstag einberufen und Sigismund gezwungen, daran teilzunehmen!

Die 1427 zur Bekämpfung der Hussiten beschlossene Reichskriegssteuer verwaltete eine von Sigismund unabhängige reichsständische Kommission. Angesiedelt war sie in Nürnberg, das dank Sigismund 1424 die Reichsinsignien und wichtige Reliquien erhielt, die Nürnberg zum „sakralen" Hauptort des römisch-deutschen Reiches machten. Der König durfte jedoch über die Krone nicht verfügen; diese und andere Herrschaftszeichen wurden künftig nur „ausgeliehen" (Boockmann/Dormeier, 65f.).

Ein Kammergericht sollte an die Stelle des ohnmächtigen Hofgerichts treten. Erfolglos versuchte Sigismund, das Königtum auf Städte und Ritterschaft zu stützen. Unverständlich ist es, wenn Boockmann und Dormeier behaupten, dass sich „die politischen Kräfteverhältnisse im Reich" zugunsten Sigismunds veränderten, obwohl der „Augenschein", wie die beiden Historiker feststellen, „dagegen" sprach (Boockmann/Dormeier, 70). Nicht immer trügt der Augenschein!

Boockmann und Dormeier irren auch in anderer Hinsicht. Denn die am Ende fruchtlose Reichskriegssteuer von 1427 hat Deutschland keineswegs „modernisiert" (Boockmann/Dormeier, 70). Die Reichsstände wurden zum Nachteil des Königs gestärkt. Nicht Sigismund leitete jene Kreuzzugsfahrer, die den Hussiten bei Taus unterlagen, sondern der Papstlegat Cesarini.

In Deutschland durch Städte- und Ritterbünde einen Landfrieden zu stiften, missglückte völlig. Fürsten, Städte, Ritterbünde und der Kaiser erarbeiteten auf dem Reichstag in Eger (Juli 1437) kein gemeinsames Konzept. Die Fürsten bekämpften jede Gerichtsverfassung, die ihren Interessen widersprach. Ein Bündnis Sigismunds mit den Städten, das die Fürsten unter Druck setzte, kam nicht zustande. Sigismunds Vorstellungen zum Landfrieden fanden kaum Gehör; auch das desolate Münzwesen blieb unverändert. Alle Gruppierungen dachten realitätsfern und setzten ihr vordergründiges Eigeninteresse an die Stelle des Common Sense.

Erfolglos endeten Sigismunds Bemühungen, die Reichsverfassung effektiver zu gestalten, ein besseres Steuersystem und einen stabilen Landfrieden durchzusetzen. Sigismund regierte in Deutschland nur sporadisch und verknüpfte nicht die Kirchen- mit der Reichsreform. Oberste Priorität besaß für ihn die Kaiserkrönung durch den Papst.

Aufgrund seines römisch-universalen Herrschaftsanspruchs scheiterte er als deutscher König.

1439 verfasste ein anonymer Autor in Basel eine Schrift zur Reichsreform unter dem Titel „Reformatio Sigismundi". Darin entwickelte der Verfasser unter Berufung auf den bereits gestorbenen Sigismund Vorschläge zur Reichs- und Kirchenreform. Doch führten erst die Reichsreformen der Zeit um 1500 einen gewissen Wandel herbei.

10. Das Basler Konzil und die Kaiserkrone

Viel zu spät erkannte Sigismund, dass er die böhmische Rebellion nur durch Verhandlungen beenden konnte. Auf dem 1431 einberufenen Basler Konzil stand die Hussitenfrage wieder zur Debatte. Schon 1423 hatte Papst Martin V., der Kirchenreformen ablehnte, gemäß dem „Dekret Frequens" widerwillig ein Konzil nach Pavia einberufen. Die relativ wenigen Teilnehmer erörterten ohne Martin V. das Hussitenproblem und kirchliche Reformthemen. Schon im März 1424 löste der Papst das nach Siena verlegte Konzil auf und berief die nächste Kirchenversammlung, die in Basel stattfinden sollte, turnusmäßig für das Jahr 1431 ein. Wenige Monate vor dem Beginn des Konzils starb Martin V.

Der neue Papst Eugen IV. befürchtete wie sein Vorgänger einen Machtverlust durch Beschlüsse des Konzils. Das im Juli 1431 in Basel eröffnete Konzil wurde schon am 18. Dezember 1431 durch Eugen IV. für aufgelöst erklärt und sollte erst Mitte 1434 in Bologna wieder eröffnet werden, das zum Kirchenstaat gehörte, den der Papst kontrollierte.

Doch Papst Eugen stieß auf die Opposition von Kardinälen, weltlichen Fürsten sowie den Einspruch Sigismunds und widerrief am 15. Dezember 1433 seinen Auflösungsbeschluss (vgl. unten).

In Basel erörterte man drei Themen: die Hussiten, den Hundertjährigen Krieg und die Kirchenreform. Letztere kam auf dem Konzil, das 18 Jahre dauerte, nicht recht voran.

Das Konzil organisierte sich in Kommissionen, in denen „Gelehrte" spezielle Themen erörterten und „die Verhandlungen in die Länge" zogen (Boockmann/Dormeier, 74). Das Konzil schaffte gegen den päpstlichen Widerspruch die Annaten-Steuer ab [64]. Auch sollten Bistümer künftig wieder durch Wahlen der zuständigen Geistlichen besetzt werden. Allerdings vergab das Konzil nun selbst Pfründen und trat an die Stelle der Kurie.

Bei der Reformdebatte spielte Sigismund keine wichtige Rolle [65]. Dem papsthörigen König lag es fern, eine deut-

---

[64] Gemeint sind die halbjährlichen Einkünfte niederer Pfründen.

[65] Auf „Drängen" Sigismunds sollen „Dekrete zur Milderung von Bann und Interdikt" und andere geringfügige Reformen beschlossen worden sein (Hoensch, 452). Von einer „Reformation der Kirche", die Sigismund „energisch" gewollt habe (Hoensch, 452), kann unmöglich die Rede sein.

211

sche Version des Gallikanismus anzustreben. Lohnenswerter erschien es ihm, den Italienzug vorzubereiten und Konflikte mit Eugen IV. zu vermeiden.

Ende November 1431 wurde Sigismund in Mailand zum König der Lombardei gekrönt, aber bis zur Kaiserkrönung vergingen noch anderthalb Jahre. Sigismund verhandelte mit Eugen IV., dem Sigismund am 7. April 1433 vertraglich zusicherte, ihm „treu und reinen Herzens" zu dienen (zit. nach Hoensch, 391). Sigismund beteuerte, den Krönungseid zu leisten, der die Verpflichtung enthielt, als „protector, procurator, et defensor" des Papstes aufzutreten (zit. nach Hoensch, 391). Dem König versprach Eugen, finanzielle Unterstützung zu gewähren, die Sigismund noch stärker vom Papst abhängig machte.

Außerdem hatte Sigismund auf Verlangen Eugens Italien zu befrieden. Mit Venedig, das der Papst unterstützte, sollte Sigismund einen Friedensschluss vereinbaren. Indes gelang Sigismund nur der Abschluss eines Waffenstillstands.

Vom Juli 1432 bis Mai 1433 weilte Sigismund, der die Kaiserkrönung vorbereitete, in Siena. Am 31. Mai 1433 krönte Papst Eugen IV. in Rom Sigismund zum Kaiser; nun bekleidete er den gleichen Rang wie einst Karl IV.

Da Sigismund seine Königspflichten vernachlässigte, nahm kein deutscher Fürst an der Krönung teil. Sogar Friedrich I. von Brandenburg ließ sich durch einen Gesandten vertreten. Die hinderliche Kaiserkrone schwächte den überforderten Sigismund nur zusätzlich [66]. Während Sigismunds Anwesenheit in Italien vertrat ihn Herzog Wilhelm III. von Bayern-München auf dem Konzil in Basel, wo der Herzog dazu beitrug, die Hussitenfrage zu lösen. Sigismund hatte Besseres zu tun!

Dem Basler Konzil entging Sigismunds Kniefall vor dem Papst nicht. Sigismund unterstützte den Papst mehr als das Konzil; andernfalls hätte ihn Eugen IV. nicht zum Kaiser gekrönt. Und erneut wurde Sigismund des Wortbruches beschuldigt, denn er hatte dem Konzil versprochen, die Kaiserkrone erst anzunehmen, wenn der Papst die Superiorität des Konzils anerkannte. Fortan betrachteten viele Konzilsteilnehmer Sigismund als Gegner und wollten die Kaiserkrönung verhindern.

Sigismund hatte dem Papst zugesagt, nach seiner Krönung zehn Wochen in Rom auszuharren. Der Papst wollte Sigismund daran hindern, das Basler Konzil im Sinn der Kirchenreform zu beeinflussen. Erst am 11. Oktober 1433 traf der Kaiser in Basel ein. Sogleich widersprach er der Forderung, Eugen IV. abzusetzen, der das Konzil noch immer für aufgelöst erachtete. Nur aufgrund massiven Drucks anerkannte Eugen IV., wie bereits erwähnt, Mitte Dezember 1433 das Basler Konzil.

---

[66] Auch J. K. Hoenschs These, dass Sigismund dank der Kaiserkrönung den „Reichsgedanken" und seine „Regierungshandlungen" habe „stärken" können (Hoensch, 397), entspringt ideologischem Wunschdenken. Richtig ist das genaue Gegenteil. Sigismunds Rompolitik entzog ihm weitere Kräfte und blockierte die Kirchen- und Reichsreform.

Mit Eugen IV. blieb der wichtigste Gegner des Konzils und der Kirchenreform im Amt. Gehorsam erfüllte Sigismund ihm gegenüber seinen Treueid. Der Kirchenreform und dem deutschen Reichsteil erwies er einen schlechten Dienst.

Das Basler Konzil verließ Sigismund endgültig im Mai 1434. In Kirchenfragen vertrat er wesentlich den päpstlichen Standpunkt. Sigismunds halbherzige Versuche, zwischen Konzil und Papst zu vermitteln, scheiterten. Dem Basler Konzil genügten Reformschritte, die an der Gesamtsituation der Kirche zu wenig änderten. Beschlossen wurden regelmäßige Provinzialsynoden, Kirchenvisitationen und die Ermäßigung finanzieller Abgaben an die Kurie.

Schon 1436/37 bekämpften Papst und Konzil einander wieder erbittert. Umstritten war dabei auch die Frage, an welchem Tagungsort die Union mit der Ostkirche vereinbart werden sollte. Eugen IV. nahm Verhandlungen mit der byzantinischen Kirche „zum Vorwand" (Hoensch, 452), um das Konzil im September 1437 nach Ferrara zu verlegen, wo es im April des nächsten Jahres eröffnet wurde. Vom Papst angewiesen, ging die Kirchenversammlung Anfang 1439 nach Florenz. Die Mehrheit der Konzilsteilnehmer blieb in Basel und wählte 1439 einen machtlosen Gegenpapst. Das Basler Konzil scheiterte und löste sich 1449 selbst auf. Zu realisieren war letztlich nur der Aufbau reformierter Landeskirchen [67].

---

[67] Bestenfalls gab das Konzil Anstöße zur Kirchenreform. Der französische König Karl VII. übernahm in der „Pragmatischen

Boockmann/Dormeier irren sehr, wenn sie schreiben, dass Sigismund „die römische Krönung nicht mit der Preisgabe des Konzils" erkaufte (Boockmann/Dormeier, 77). Denn faktisch tat er genau das. Statt das Konzil als Verbündeten gegen den Papst zu gewinnen und die Unabhängigkeit der deutschen Kirche anzustreben, unterstützte der Kaiser Papst Eugen IV. [68].

Seinem staatsmännischen Versagen setzte Sigismund in Rom die Krone auf. Deutsche Historiker arbeiten diesen Zusammenhang nicht heraus. Sigismunds Kaiserkrönung bedeutete eben nicht den „Höhepunkt seiner politischen Laufbahn" (Hoensch, 392), sondern leitete deren katastrophales Endstadium ein. „Die Erneuerung der imperialen Gewalt", schreibt Sigismunds Biograf, „und die Wiedererrichtung des Kaisertums gehören zu seiner Erfolgsbilanz"

Sanktion" von Bourges (Juli 1438) Basler Reformdekrete, die er stark zu seinen Gunsten veränderte. Die Unabhängigkeit von Papst und Konzil erweiterte Karl und gewann großen Einfluss auf die Besetzung französischer Kirchenämter. Konzil und Papst spielte er klug gegeneinander aus. - Deutsche Kurfürsten, Erzbischöfe und König Albrecht II. nahmen in der „Mainzer Akzeptation" (März 1439) manche Basler Dekrete an, aber es entstand keine deutsche Landeskirche (Boockmann/Dormeier, 83f., Sieburg, 82f.). Das römisch-deutsche Reich blieb dem Mittelalter verhaftet.

[68] Zwischen Sigismund und Eugen IV., glaubt J. K. Hoensch, habe ein „Interessengleichklang" geherrscht (Hoensch, 400), der darin bestanden habe, dass der Kaiser die Absetzung Eugens verhinderte und sich damit „die gemäßigten Kräfte durchsetzten" (Hoensch, 407). Doch hat der Papst Sigismund zur Treue verpflichtet, und jene „gemäßigten Kräfte" lähmten ebenfalls die notwendige Reformpolitik.

(Hoensch, 522). Solche naive Lobhudelei scheitert an der Realität. J. K. Hoenschs Biografie ist genauso wie das Standardwerk von Boockmann/Dormeier ein Musterbeispiel obrigkeitshöriger deutscher Geschichtsschreibung.

11. Unterdrückung der Hussiten statt Kirchenreform

11.1 Kampf um Böhmen

Alle fünf gegen die Hussiten gerichteten Kreuzzüge waren gescheitert. Im Januar 1433 begannen auf dem Basler Konzil Glaubensgespräche mit den Gesandten hussitischer Böhmen, zu denen der „gemäßigte" Utraquist Jan Rokycana gehörte, der die Gewährung des Laienkelches forderte. Der Ausgangspunkt der Unterredungen waren die erwähnten „Vier Prager Artikel".

Ende November 1433 beschloss das Konzil die Basler oder Prager „Kompaktaten". Erlaubt wurde das Abendmahl in beiderlei Gestalt in den Teilen Böhmens, wo man es bereits praktizierte. Auf alle übrigen Forderungen hatten die gemäßigten Utraquisten, auch Kalixtiner genannt, verzichtet. Besonders Taboriten lehnten diese Nachgiebigkeit ab. Jedoch wurden sie am 30. Mai 1434 in der Schlacht bei Lipany von anderen Hussiten und katholisch-böhmischen Adeligen besiegt. Bei Lipany endeten die Hussitenkriege.

Freilich war das Problem für Sigismund damit nicht gelöst. Wollte er als böhmischer König anerkannt werden, musste er den gemäßigten Hussiten entgegenkommen. Ein böhmischer Landtag verkündete im März 1434 seine Forderungen in 14 Artikeln. Der Papst sollte Bischofswahlen in Böhmen nur bestätigen dürfen. Alle weltlichen und geistlichen Ämter waren an Tschechen zu vergeben; den Utraquisten wurde der Laienkelch zugestanden. Auch Böhmen sollte nun den Weg zur Landeskirche beschreiten.

In Brünn billigte Sigismund im Juli 1434 grundsätzlich die 14 Artikel. Delegierte des Basler Konzils erhoben Einspruch und akzeptierten nur die Basler/Prager Kompaktaten. Eine endgültige Klärung der Streitfragen wurde verschoben, aber Sigismund als böhmischer König prinzipiell anerkannt. Wegen der Stärke der Hussiten betrat Sigismund Prag noch immer nicht.

Um die Jahreswende 1434/35 wurden die Verhandlungen in Stuhlweißenburg fortgesetzt. Das Basler Konzil beanspruchte die alleinige Kompetenz in religiösen und kirchlichen Angelegenheiten. Ein Kompromiss wurde erst gefunden, nachdem Sigismund versprochen hatte, sich in Angelegenheiten des Glaubens und der Kirche nicht einzuschalten. Nun vereinbarten die Delegierten aus Böhmen und Basel ein Abkommen. Sigismunds in Brünn gegebene „Zusagen" erklärte er für „verbindlich" (Hoensch, 443). Beauftragte des böhmischen Landtags wählten Ende Oktober 1435 Jan Rokycana zum Prager Erzbischof.

Die Stuhlweißenburger Vereinbarung anerkannte der böhmische Landtag Ende Februar 1436. Am 5. Juli wurden in Iglau „alle Abmachungen" (Kompaktaten) im Beisein Sigismunds verlesen (Hoensch, 444). Hierzu gehörten

das Abendmahl in beiderlei Gestalt (Hostie und Wein-
kelch) und die Wiedereinsetzung Sigismunds als böhmischer König. Noch in Iglau schworen ihm Repräsentanten
böhmischer Stände die Treue.

Sigismund musste noch zusichern, die von Hussiten be-
schlagnahmten Kirchengüter nicht zu restituieren. Nun anerkannte ihn der böhmische Landtag am 25. Juli 1436 als
rechtmäßigen König. Ende August zog Sigismund in Prag
ein. Die Prager Burg allerdings war in den Hussitenkriegen zerstört worden und symbolisierte Sigismunds staatsmännisches Versagen. Bald trat zutage, wie wenig er daraus gelernt hatte.

Sigismunds Anerkennung als böhmischer König er-
folgte erst kurz vor seinem Tod 1437 und kam viel zu spät.
Verstrichen war die Zeit, in der Sigismund in Böhmen
hätte Aufbauarbeit leisten können. Laut Hoensch sei es
Sigismund gelungen, „den langjährigen Kampf um seine
Erblande … erfolgreich abzuschließen" (Hoensch, 446).
Aber nicht nur die lange Dauer des Kampfes machte den
Erfolg zunichte.

Der eigentliche Sieger war der hohe Adel des Landes;
ihm waren zahlreiche Kirchen- und Königsgüter zugefal-
len. Städte, hörige Bauern und Kleinadelige litten wirtschaftlich aufgrund des langen Krieges, zumal viele deutsche Stadtbürger Böhmen verließen. Sigismund verpfändete aus Finanznot weiterhin Königsland. Dann beging er
den großen Fehler, die mühselig erkämpfte Iglauer Verständigung rückgängig zu machen.

Das Basler Konzil setzte Mitte Dezember 1437, wenige Tage nach Sigismunds Tod, die Iglauer Kompaktaten in Kraft. Aber Eugen IV. lehnte die Vereinbarungen ab, und 1462 hat sie Papst Pius II. für aufgehoben erklärt. Auch in Böhmen drängte die katholische Kirche die Reformer zurück – und fand in Sigismund eine wichtige Stütze. Schon vor Beginn der Verhandlungen mit den Hussiten war der Kaiser entschlossen, den nächsten Wortbruch zu begehen. Offensichtlich trieb ihn das Motiv, nach einer gewissen Zeit „die vor den Hussitenkriegen gebräuchlichen Rechtsverhältnisse" wiederherzustellen (Hoensch, 444). Sigismund blieb der treue Sohn der Papstkirche und repräsentierte den kaiserlichen Romgedanken.

Ins Exil gegangene Ordensangehörige und Priester durften nach Böhmen zurückkehren. Gestritten wurde über die Interpretation der Iglauer Kompaktaten. Sogar den gemäßigten hussitischen Erzbischof Rokycana, der Prag fluchtartig verließ, drängte Sigismund aus dem Amt.

Als nächstes ließ der böhmische König im September 1437 Taboriten gewaltsam niederwerfen und ihre Anführer in Prag öffentlich hinrichten. Parallelen zum Feuertod des Jan Hus waren schwer zu verkennen. Angesichts der kritischen Situation in Böhmen ließ Sigismund jegliches Fingerspitzengefühl vermissen, von Staatskunst zu schweigen. Dass er seine Ämter „insgesamt verantwortungsbewusst" (Hoensch, 523) ausgeübt habe, gehört in das Reich der Legendenbildung deutscher Historiker.

Schon vorher war der Unmut derart angewachsen, dass ein böhmischer Landtag Ende Mai 1437 Sigismund vorwarf, dass er keine Religionsfreiheit akzeptiere und Beratungen des Landtages verhindern wolle. Im September tagte in Prag ein weiterer Landtag, der Sigismund entgegenhielt, dass er Katholiken bevorzugte, Utraquisten benachteiligte, Nichtböhmen Ämter verlieh und die Landesrechte missachtete.

12. Sigismunds Flucht und Tod

Daraufhin besetzten Rebellen königliche Burgen und Städte. Der gesundheitlich angeschlagene Sigismund sah sich in Prag bedrängt und gefährdet. Am 10. November 1437 verließ er die Stadt und zog in Richtung Ungarn. Der römisch-katholische Kaiser schädigte das Landeswohl; kläglich endete Sigismunds Königtum in Böhmen.

Als neuen römisch-deutschen König wollte Sigismund, der keinen männlichen Erben hatte, seinen Schwiegersohn, den Habsburger Albrecht V., einsetzen lassen. Auf der Reise nach Ungarn kam Sigismund Ende November 1437 in der südmährischen Burg Znaim an – des Kaisers letzte Station.

Albrecht V., ließ er verlauten, solle sein Nachfolger in Ungarn und Böhmen werden und betonte, dass Ungarn nur gemeinsam mit Böhmen und Österreich dem osmanischen Imperialismus widerstehe. Sigismunds ungarischen Truppen war im Juli 1437 ein Erfolg gegen die Türken gelungen. Noch auf dem Totenbett erklärte er, nicht eher sterben

220

zu wollen, bis er einen Kreuzzug nach Palästina unternommen habe. Am 9. Dezember 1437 verschied Kaiser Sigismund.

13. Schlussbetrachtung – allerorten versagt

Dass der „Kronensammler" Sigismund zu viele Länder regierte, genügt als Analyse nicht. Sigismund erlag der zum Scheitern verurteilten Heilslehre vom römisch-universalen Kaiserreich. Die längst zum Anachronismus erstarrte mittelalterliche Romidee ordnete Sigismund der deutschen Staatsräson über. Während des 15. Jahrhunderts entstanden in Europa Nationalstaaten oder konsolidierten sich. Frankreich und England betraten diesen Weg ebenso wie Spanien und Ungarn. Viele begehrten Freiheit vom Joch der katholischen Kirche und des römischen Kaisertums. Sigismund war ein Mann des tiefen Mittelalters.

Das monströse, unbewegliche „Heilige Römische Reich" aber geriet in einen fundamentalen Niedergang. Der Hanse und dem Deutschordensstaat, die beide in schwieriges Fahrwasser gerieten, Städten und niederem Adel fehlte der Rückhalt eines starken Königtums. Den Vorteil daraus zogen deutsche Fürsten, die alles bekämpften, was ihre Herrschaft hätte mindern können.

Den deutschen Reichsteil betrachtete Sigismund wie schon Karl IV. als Nebenland. Das Königtum in Deutschland blieb schwach; die desolate Finanzverfassung zwang Sigismund, Verpfändungen vorzunehmen, die er schwer einlösen konnte. Sigismund hielt sich nur hin und wieder im deutschen Bereich auf, erkannte nicht die große Bedeutung des Kurfürstentums Brandenburg, wusste dem Herrschaftswillen der Kurfürsten und Fürsten nichts entgegenzusetzen.

Das abendländische Schisma, die Kirchen- und Reichsreform und der Hussitismus hingen eng zusammen. Sigismund nutzte nicht die Spaltung der Kirche zu deren Reform. Stattdessen beseitigte er das Schisma, *bevor* er die Kirche reformieren *konnte*. Gefangen in der mittelalterlichen Reichs- und Kirchenidee, begünstigte er das Geschäft der Päpste. Eine erfolgreiche Kirchenreform bot zugleich den Ansatzpunkt für eine wirksame Reform der Reichsverfassung. Sigismund fehlte die Idee der Staatsräson, wie sie in Frankreich längst existierte. Die Verbrennung des Kirchenreformers Jan Hus symbolisierte geradezu Sigismunds Denkweise und sein Scheitern.

Das staatsmännische Kalkül opferte er dem Kaisertum und der Herrschaft des Papstes. Auch Sigismund bejahte eine (minimale) Kirchenreform, hielt aber die Einheit der Kirche und den Vorrang des Papsttums für wichtiger. „An der Schwelle zur Neuzeit" heißt J. K. Hoenschs Biografie im Untertitel. Doch blieb Sigismund dem Mittelalter zugewandt. Dank seiner tatkräftigen Hilfe gelang es den Päpsten, die Kirchenreform und den Konzilsgedanken zurückzudrängen. Die Hussiten schlug Sigismund nieder, und gleichzeitig verharrte Deutschland in der Rückständigkeit, weil Sigismund den notwendigen Gang der Dinge blockierte. Wenige Jahrzehnte später kam es zur Explosion!

Die Einheit der Kirche erkaufte er um den Preis einer weit größeren religiösen Spaltung. Der lange Hussitenkrieg, den der wortbrüchige Sigismund zu verantworten hatte, zerstörte ganze Landstriche. Dass Deutschland im 16. und 17. Jahrhundert eine katastrophale Entwicklung nahm, daran war Sigismunds antistaatsmännische Politik nicht unbeteiligt. Die von deutschen Historikern vertretene These, dass die Wiederherstellung der Kirchenunion 1417 ein Erfolg Sigismunds gewesen sei, ist meines Erachtens widerlegt.

Erst im Juli 1436 wurde Sigismund als böhmischer König anerkannt. Nun wiederholte er alte Fehler und bekämpfte auch gemäßigte Hussiten. Sigismund verhinderte die Normalisierung der Verhältnisse in Böhmen. „Die monarchische Autorität wiederherzustellen", erschwerte der König, stellt J. K. Hoensch richtig fest (Hoensch, 507). Desto unverständlicher ist es, wenn der gleiche Autor schreibt, dass Sigismund die „Kirche an Haupt und Gliedern" habe reformieren wollen, um „Glaubensspaltung und Häresien" zu beenden (Hoensch, 524). Waren die Hussiten eine „Häresie", die verdientermaßen aus dem Weg geräumt wurde? Wollte Sigismund die Kirche ernsthaft „an Haupt und Gliedern" reformieren, hätte er Jan Hus nicht verbrennen dürfen.

In Deutschland sei es Sigismund gelungen, meint Hoensch, den „Verfall der Königsmacht aufzuhalten und die imperiale Stellung des Reiches" zeitweise wieder zu beleben (Hoensch, 524). „Die Gebrechen seines Zeitalters" habe er „präzise" erfasst und war mit „beeindruckender Urteilskraft und Weitsicht ausgestattet" (Hoensch, 10). Warum ist Sigismund dann aber gescheitert? In deutschen Landen tritt höfisches Denken regelmäßig an die Stelle der historischen Realität.

Brandenburg gab Sigismund preis, blieb im deutschen Königreich erfolglos, ruinierte Böhmen und konnte als ungarischer König den Vormarsch der Türken nicht stoppen. Die Walachei und Serbien fielen an das osmanische Reich. Statt Ungarns Kräfte auf den Südosten zu konzentrieren, stritt sich der Luxemburger mit Venedig um das ferne Dalmatien. In keinem Land, das er regierte, erhielt Sigismund den notwendigen Zuspruch.

Sigismund schätzte Ungarn am meisten, und hatte doch viele Konflikte mit ungarischen Hochadeligen auszutragen. Er galt, wie seinerzeit der Ungar Janos Thuroczy schrieb, „als ein Fremder und dem Land fremd Gebliebener" (zit. nach Hoensch, 506). Nicht zufällig kamen bald nach Sigismunds Tod in Ungarn und Böhmen nationale Könige an die Macht – Matthias Corvinus und Georg Podiebrad.

Immerhin öffnete Sigismund besseren Köpfen den Weg. Vor allem die Hohenzollern förderte er, die Brandenburg erhielten, das Sigismund stets verschmähte. Ungarn und Böhmen regierte kurzfristig Albrecht II.; beide Länder kamen später dauerhaft an das Haus Habsburg. Mit dem Tod Sigismunds verschwand die luxemburgische Dynastie von der Bühne der großen Geschichte. Der letzte Luxemburger auf dem Kaiserthron hatte viel gewollt und wenig Sinnvolles erreicht.

Sigismunds Verderbnis wurzelte in seiner römisch-universalen Gedankenwelt. Von deutschen Historikern wird er dennoch mehr gelobt als kritisiert. Laut M. Kintzinger bewies Sigismund „Einsicht in politische Notwendigkeiten" sowie „diplomatisches Geschick" (Kintzinger, 485) und habe einen „geradezu überwältigenden politischen Ideenreichtum" an den Tag gelegt (Hoensch, 524). Ist also Sigismunds Erfolglosigkeit nur eine Bagatelle?

Möglicherweise erliegen manche Historiker ideologischen Zwangsvorstellungen. In Deutschlands bekanntestem Geschichtsmagazin liest man, dass Sigismund mit „bewundernswerter Ausdauer … zu einem wahrhaft europäischen Herrscher" aufgestiegen sei (Damals, 6/2006, 34). Vier namhafte deutsche Historiker lehnen es im Vorwort des hier zitierten „Handbuch(es) der deutschen Geschichte" kategorisch ab, die Wiedervereinigung Deutschlands 1990 als „Rückkehr zum Nationalstaat zu begreifen". Die seitherigen „Brüche und Verwerfungen Deutschlands" verstehen die Autoren „als sozialgeschichtliche und gesellschaftliche Probleme vor dem Hintergrund neuer europäischer und globaler Strukturen" (Boockmann/Dormeier, S. XV). Sigismund als Wegbereiter der Europäischen Union anzupreisen, könnte sich als unfreiwilliges Menetekel herausstellen.

14. Literatur

Boockmann, Hartmut Dormeier, Heinrich, Konzilien, Kirchen- und Reichsreform (1410-1495). Gebhardt (Handbuch der deutschen Geschichte), 10. Aufl., Bd. 8, Stuttgart 2005 (Unkritische, wenig analytische Darstellung)

Hintze, Otto, Die Hohenzollern und ihr Werk, 2. Aufl., Berlin 1915

Hoensch, Jörg K., Kaiser Sigismund. Herrscher an der Schwelle zur Neuzeit 1368-1437, München 1996 (Faktenreiches, aber unkritisches Standardwerk, das sich oft in Details verliert und keine analytische Gesamtstruktur entwickelt).

Kintzinger, Martin, Sigmund (1410/11-1437). Mit Jobst von Mähren (1410-1411), Ders., Wenzel (1376-1400), Ders., Karl IV. (1346-1378), in: Die deutschen Herrscher des Mittelalters. Historische Porträts von Heinrich I. bis Maximilian I. (919-1519), 2. Aufl., München 2003/2018

Sieburg, Heinz-Otto, Geschichte Frankreichs, 5. Aufl., Stuttgart u.a. 1995

6. Die Geschichte Mallorcas.

Ein Blick auf 10 000 bewegte Jahre

Inhalt

1. Mallorca. Eine Zeitreise

Wer fremde Länder verstehen möchte, sollte ihre Geschichte kennen. Ohne die Vergangenheit zu betrachten, bleibt die Seele jedes Landes unzugänglich. Viele Urlauber, die nach Mallorca kommen, wissen über die fast 10 000-jährige Kulturgeschichte der Insel nicht allzu viel. Dabei ist Mallorca kein Spielgarten, als den es manche Touristen missverstehen. Höhen und Tiefen, Blütezeiten und Grausamkeiten der spanischen Geschichte betrafen auch Mallorca.

Obwohl Mallorca meistens von außen regiert wurde, ermöglichte sein insularer Charakter auch Eigenständigkeit. Andererseits ist es relativ klein, war schwer zu verteidigen und leicht erreichbar. Immer wieder fiel Mallorca in die Hände größerer Mächte: Karthager, Römer, Byzantiner, Vandalen, Mauren, Spanier.

Mallorca besitzt fast keine Rohstoffe, fungierte aber jahrhundertelang als Drehscheibe des Handels. Schiffe der Mallorquiner verkehrten nicht nur im Mittelmeer, sondern fuhren bis England und Südamerika.

Seit 1343 gehört Mallorca endgültig zur Geschichte Spaniens. Dennoch pflegte es seine individuellen Eigenschaften und bildet heute das Kernstück der „Autonomen Region der Balearen". Eine produktive Dynamik entstand, die der Insel ihren besonderen Reiz verleiht.

2. Zur Geologie der Balearen

Ursprünglich gehörten die Balearen zur Betischen Kordillere, einem Kalksteingebirge, das von Andalusien bis Mallorca reichte und etwa zeitgleich mit den Alpen vor über 100 Millionen Jahren aufgrund der Plattentektonik emporwuchs. Die afrikanische Platte schob sich gegen die europäische und drückte den Meeresboden hoch.

Das Betische Gebirge versank im Meer; tektonische Bewegungen sorgten dafür, dass die heutigen Balearen erneut nach oben kamen. Mallorca besteht aus Kalkstein, der sich einst am Meeresgrund gebildet hatte. Die Erosion des weichen Gesteins schuf große Höhlen ebenso wie tiefe Schluchten. Hierzu zählen die legendäre Drachenhöhle bei Puerto Christo und der Torrent de Pareis.

3. Ferne Anfänge: die Höhlenkultur

Die ersten Menschen besiedelten Mallorca, so wird angenommen, im 8. Jahrtausend v. Chr. Woher sie kamen, ist ungeklärt. Vermutlich stammten sie aus Katalonien und Südfrankreich; denkbar sind auch Sizilien oder Korsika. Menschliche Knochen aus der Steinzeit fand man in Höhlen bei Palma, Valldemossa, Felanitx, Arta.

Als Kleingruppen lebten diese Menschen in Höhlen oder Hütten; sie jagten, fischten und sammelten. Noch bis in das Mittelalter wurden auf Mallorca Höhlen als Wohn- und Begräbnisstätten genutzt. Um 1800 v. Chr. baute man die ersten Steinhäuser mit Holzdächern. Aus der gleichen Zeit stammen Malereien, welche Tiere und Menschen zeigen, in der Höhle von Cova de Belem bei Deia. Funde von Metallgeräten belegen schon für die damalige Epoche eine rege maritime Handelstätigkeit.

4. Die Epoche der Talayots

Auf Mallorca wurden zwischen 1300 und 300 v. Chr. etwa 1000 Megalith-Bauten errichtet. Man nennt sie Talayots, bis zu acht Meter hohe, runde oder eckige Steinanlagen, die eventuell militärischem Schutz oder kultischen Zwecken dienten.

Talayots lagen im Zentrum von Siedlungen, die einige Dutzend Häuser umfassten, in denen mehrere Familien wohnten. Ungeklärt ist die Bedeutung der im 5. oder 4. Jahrhundert v. Chr. bei dem heutigen Stausee Gorg Blau errichteten Steinpfeiler.

Die etwa 10 000 in soziale Kasten gegliederten Bewohner Mallorcas betrieben Landwirtschaft und Viehzucht. Am Ende der Talayot-Epoche verließen manche von ihnen die Insel, um sich andernorts als Söldner zu verdingen.

5. Karthager und Griechen

Griechische, phönizische und karthagische Händler nutzten ab dem 7. Jahrhundert v. Chr. Mallorca als Handelsort und drängten die Talayot-Kultur zurück. Erstmals wurden im 5. Jahrhundert v. Chr. balearische Steinschleuderer, die in Karthagos Diensten standen, schriftlich erwähnt. Der Name „Balearen" geht auf das griechische

„ballein" (werfen) und „Baliarides" zurück – Steinschleuderer.

Über die Bewohner Mallorcas jener Epoche notierte der
Grieche Timaios, dass die Balearen Inseln seien, „welche
die Griechen Gimnesias nennen, weil die Bewohner im
Sommer keine Kleider tragen und nackt bleiben. Die Ein-
geborenen werden Balearen genannt, weil niemand auf der
Welt außer ihnen so große Steine mit Schleudern werfen
kann". Aus der Ägäis importierte antike Bronzestatuen
zeigt das archäologische Museum in Alcudia.

Bei den heutigen Städten Palma und Pollensa siedelten
Griechen im 7. vorchristlichen Jahrhundert. Phönizier und
Karthager lebten auf der Insel Cabrera und nahe Portals
Nous, Can Pastilla und Sant Jordi. Möglicherweise gab es
dort, wo heute Alcudia liegt, eine phönizische Wohnstätte.

Nachdem Karthago die Griechen 535 v. Chr. in der See-
schlacht bei Alalia geschlagen hatte, dominierten die
Nordafrikaner das westliche Mittelmeer. Anders als erobe-
rungssüchtige Römer legte Karthago vorrangig Handels-
plätze an. Etwa 2000 mallorquinische Steinschleuderer
kämpften im zweiten punischen Krieg (218-201 v. Chr.)
für Karthago.

6. Rom betritt die Bühne

Schrittweise eroberte Rom die iberische Halbinsel und
warf Karthago 146 v. Chr. endgültig nieder. Bald begehrten die Römer auch das günstig gelegene Mallorca als
Stützpunkt und Umschlagplatz. Unter dem Vorwand, mal-

lorquinische Piraten bekämpfen zu wollen, beauftragte der römische Senat den Prokonsul Metellus, die Insel zu erobern. 123 v. Chr. landete Metellus mit 3000 Legionären wahrscheinlich in der Bucht von Alcudia.

Fortan hieß Mallorca „Insula Major", ab der späten römischen Kaiserzeit „Maiorica". Das halbe Jahrtausend römischer Herrschaft bedeutete für Mallorca eine tiefe Zäsur. Militärlager entstanden, darunter im späten 2. Jahrhundert v. Chr. Palmeria, aus dem Palma hervorging. Die Römer gründeten bei dem heutigen Alcudia die Regierungshauptstadt Pollentia. Ebenfalls in römischen Militärquartieren oder Siedlungen wurzeln Llucmajor, Sineu, Andratx.

Zwischen Palma und Pollentia bauten die Römer eine Straße und gründeten Inca als weiteren Standort der Verwaltung. Drei Präfekten kontrollierten die Balearen, welche einer festländisch/spanischen Provinz angehörten. Diese enge Verbindung mit Spanien stellte eine Weiche für die Zukunft.

Mallorca wurde durch römisches Recht und die lateinische Sprache immer stärker romanisiert. Manche Inselbewohner erhielten das volle römische Bürgerrecht, andere das eingeschränkte latinische Recht. Mittels der Abstufung der Rechte förderten die Römer den Willen der Inselbewohner, sich der römischen Kultur anzupassen.

In der frühen römischen Kaiserzeit war der Prozess der Romanisierung abgeschlossen. 75 n. Chr., unter der Regierung des Kaisers Vespasian, erhielten Pollentia und Palma das volle römische Bürgerrecht. Etwa 30 000 Menschen lebten auf Mallorca; zahlreiche Handelsschiffe verkehrten zwischen der Insel und Italien. Die Zerstörung des Jerusalemer Tempels (70) veranlasste einige Juden, nach Mallorca auszuwandern.

Reste des in Pollentia im ersten Jahrhundert n. Chr. gebauten Amphitheaters sind in Alcudia zu besichtigen. Das heutige Pollensa gründeten vermutlich in Spätantike oder Frühmittelalter umgesiedelte Bewohner der Stadt Pollentia.

Palma erhielt ebenfalls ein Amphitheater und ein Forum. Eine Wehrmauer, die bis ins frühe 20. Jahrhundert existierte, schützte die Bewohner. Villen voller Mosaikfußböden und Wasserleitungen zierten das antike Palma.

Römische Architektur und Ingenieurskunst bestimmten die Bauweise der Ortschaften und Straßen. Viele Städte erhielten Wasser durch Aquädukte; spanische und italienische Siedler führten Weinbau und Olivenzucht ein. Handwerker stellten Keramik, Lehmziegel, Amphoren und Glaswaren her. Im Süden Mallorcas wurde Campos wegen seiner Thermalquellen, die zu den wichtigsten im Mittelmeer gehörten, stark frequentiert.

7. Die Spätantike

Lange Zeit blühte Mallorca, aber seit dem 3. Jahrhundert geriet Rom in eine Dauerkrise, welcher 200 Jahre später der Untergang folgte. Um 270 sank Pollentia großenteils in Trümmer, wobei innerstädtische Unruhen eine Rolle spielten. Die Balearen wurden 369 in eine separate

Verwaltungsprovinz umgewandelt, ohne dass sich die Situation besserte.

Viele Mallorquiner zogen sich ins Privatleben zurück; die Zahl öffentlicher Bauten sank drastisch. Im weströmischen Reich begann eine beispiellose geistige Weltflucht, die den Sieg des Christentums vorbereitete. Ab dem 3. Jahrhundert erfasste der christliche Glaube auch die Balearen: eine fundamentale historische Zäsur fand statt.

380 wurde das Christentum im römischen Reich zur Staatsreligion erhoben; vermutlich entstand 480 Mallorcas erstes Bistum. Kaum hatten Christen die Macht erobert, verfolgten sie „Häretiker". Auf der Insel Cabrera lebten seit dem frühen 5. Jahrhundert Augustiner.

8. Völkerwanderung und Frühmittelalter

In den folgenden zwei Jahrhunderten erlebte das westliche Mittelmeer zahlreiche Turbulenzen. Vandalische Invasoren, deren Kriegsflotte das Meer beherrschte, plünderten die Balearen. 425 fiel ihnen Pollentia in die Hände; rapide verfiel Mallorcas damals noch größte Stadt. Das Amphitheater wurde in einen Friedhof umgewandelt. Etwa 429 wurden die Balearen dem Reich der Vandalen, dessen Schwerpunkt im heutigen Tunesien lag, eingefügt. Mallorca musste Tribute entrichten; trotzdem hinterließen die Vandalen auf Mallorca kaum Spuren.

Byzanz zerschlug 534 das Reich der Vandalen und besetzte das strategisch wichtige Mallorca. In byzantinischer Zeit gewann Palma den Rang einer neuen Inselhauptstadt. Schiffe liefen nun meistens die Bucht von Palma an. Während der über dreihundertjährigen byzantinischen Ära gehörte Mallorca zum „Exarchat Mauretania Secunda". Die Basilika von Son Fiol ist byzantinischen Ursprungs.

Dann entrissen die Westgoten 616 Byzanz seine spanisch/festländischen Territorien. Jedoch verblieben die Balearen bei Ostrom und waren von Spanien getrennt. Im 7. Jahrhundert verdrängte der aggressive Islam Byzanz aus Nordafrika; manche von dort vertriebene Christen emigrierten nach Mallorca.

9. Unter der Herrschaft des Islams

Muslime okkupierten im frühen 8. Jahrhundert fast die gesamte iberische Halbinsel. Die Eroberer unterstanden dem Umayyaden-Kalifat von Damaskus. Der Clan der Abbasiden stürzte 750 die Umayyaden, deren einziger Überlebender, Abd ar-Rahman, in Spanien das Emirat von Cordoba gründete. Fast gleichzeitig begann die jahrhundertelange christliche Reconquista (Rückeroberung) Spaniens.

Mallorca kam in Bedrängnis, blieb aber vorläufig vom Islam verschont, weil den Arabern anfangs eine starke Flotte zur Eroberung der Balearen fehlte. Mallorquinische Piraten attackierten sogar die iberisch-arabische Küste. Der um Hilfe gebetene Karl der Große rettete Mallorca

799 vor einer muslimischen Invasion. Noch unterstanden die Balearen formal Byzanz, waren aber relativ unabhängig, auch wenn ihre Bevölkerungszahl und Wirtschaftskraft schrumpften. Seit der Mitte des 9. Jahrhunderts musste Mallorca den Umayyaden Tribut entrichten.

Schließlich eroberten spanische Araber 903 Mallorca; innerhalb eines Jahres brachen sie den letzten Widerstand. Ein muslimischer Statthalter, den der Emir ernannte, regierte die Balearen und machte Arabisch zur Amtssprache. Christen und Juden zahlten eine Kopfsteuer, hatten politisch nichts zu sagen, durften aber ihre Religionen eingeschränkt ausüben. 929 trat an die Stelle des Emirats das Kalifat von Cordoba.

Bald nach der Besetzung Mallorcas errichteten die Mauren in Palma, das nun „Madinat Mayurca" hieß, einen Almudaina genannten Herrschaftspalast, der auf römischen Fundamenten ruhte. In Palma gibt es noch heute Reste arabischer Bäder. Mauren gründeten Alcudia (= der Hügel) und bedienten sich hierzu römischer Baustoffe. Auch die botanischen Gärten von Alfabia und Son Raxa erinnern an die Maurenzeit, ebenso arabische Städtenamen, außer Alcudia beispielsweise Binissalem.

Von Mallorca aus unternahmen muslimische Seeleute Raubfahrten gegen die spanische und französische Küste. Piraterie und Sklavenhandel verbesserten Mallorcas wirtschaftliche Situation. Das von Römern geschaffene Bewässerungssystem erweiterten die Araber vor allem bei Banyalbufar und Estellenc. Obst und Wein wurden angebaut; zahlreiche Windmühlen dienten der Getreideversorgung. Außerdem züchteten die Mauren Schafe, Ziegen und Maultiere, verarbeiteten Seide und Leder, produzierten Keramik in Felanitx und Inca.

Im frühen 11. Jahrhundert zerfiel das iberische Kalifat in Kleinkönigreiche (Taifas), die oft ehemalige Sklaven regierten. Bis 1115 unterlag Mallorca der Herrschaft von Taifa-Dynastien. In dieser Zeit wurde südlich von Felanitx die Festungsanlage Castell de Santueri gebaut. Palma zählte acht Moscheen und zwei maurische Festungen.

Zwischen 1086 und 1090 gelangten in Spanien die Almoraviden zur Macht und beseitigten alle Kleinkönigreiche. Almoravidische Statthalter verwalteten ab 1115 die Balearen. Pisa und die Grafschaft Barcelona hatten kurz zuvor Mallorca erobern wollen. Graf Ramon Berenguer III. von Barcelona besetzte 1114/15 Palma und Ibiza und befreite christliche Sklaven. Doch brach Berenguer seine Unternehmung ab, als Mauren Katalonien angriffen.

Rasch verfiel die Herrschaft der Almoraviden; neue Kleinkönigreiche etablierten sich. Der Statthalter von Mallorca, Mohammed ibn Ghaniya, nutzte diese Situation und proklamierte 1127 ein unabhängiges Mallorca. In Andalusien ergriff 1148 die Berber-Dynastie der Almohaden die Macht.

Ghaniyas Nachfolger arrangierte sich mit italienischen Seestädten. Italienische, französische und katalanische Kaufleute ließen sich in Palma nieder, wo Muslime mit Edelmetall aus der Sahara handelten.

Der römisch/deutsche Kaiser Friedrich I. Barbarossa soll 1162 die Eroberung Mallorcas geplant haben. Fast 20

Jahre später gelang es dem normannischen König Wilhelm II. nicht, die Balearen zu unterwerfen. Wie andere mittelmeerische Inseln stand auch Mallorca ständig im Fadenkreuz der Mächte.

Lange widersetzten sich mallorquinische Statthalter den Almohaden. Erst seit 1203 beherrschten sie die Insel. Bis zur christlichen Eroberung Mallorcas 1229 regierten Statthalter der neuen Dynastie. Aber auch einer von ihnen beanspruchte 1224 für Mallorca die Unabhängigkeit. Weitere schwere Kämpfe folgten - wem sollte die Insel gehören?

10. Die Rückeroberung

In Spanien wurden die Muslime 1212 bei Las Navas de Tolosa entscheidend geschlagen. Der König von Aragon, Jaume (Jakob) I., proklamierte Ende 1228 einen Kreuzzug, durch den er Mallorca zurückerobern wollte.

Jaume gewährte pisanischen und genuesischen Kaufleuten Handelsprivilegien für das künftige christliche Mallorca. So konnte er Genua und Pisa motivieren, Aragons Eroberung der Insel hinzunehmen, die auch deshalb gelang, weil Mallorcas almohadischer Statthalter Abu Yahya verhasst und isoliert war. Juden, die auf Mallorca lebten, unterstützten den aragonesischen König.

1229 schritt Jaume zur Tat. Eine Flotte von 155 Schiffen mit etwa 14 000 Mann, größtenteils Katalanen, stand dem 21-jährigen König zur Verfügung. Auch einige deutsche und italienische Söldner waren beteiligt. Im September

1229 fuhren die Schiffe von Katalonien aus in die Bucht von Pollensa, segelten aber wegen schlechten Wetters weiter zum Südwesten der Insel. Bei Santa Ponca gingen Jaumes Truppen ungehindert an Land.

Am 12. September kam es bei Sa Porassa zur Schlacht; die Muslime zogen sich zurück. Der Großteil der Araber unter Abu Yahya verschanzte sich in Medina Mayurka (Palma), das die Christen am letzten Tag des Jahres 1229 befreiten. Dabei sollen 20 000 Muslime und Christen ihr Leben verloren haben.

Der Kampf um Mallorca war entschieden. Ein Teil der Muslime setzte sich in das östliche Tramuntana-Gebirge ab und kapitulierte erst 1231/32. Andere verteidigten sich in den großen saalartigen Höhlen von Arta. Heute gehören sie zu den touristischen Attraktionen der Insel.

Jaume I., damals bereits König von Aragon, Graf von Barcelona, Fürst von Montpellier, ließ sich am Neujahrstag 1230 in der Hauptmoschee von Palma zum König von Mallorca ausrufen. Noch immer erfreut sich Jaume großer Beliebtheit bei den Mallorquinern.

Die Hälfte des mallorquinischen Bodens fiel an den König, der jenen Adeligen, die an der Eroberung teilgenommen hatten, Grund und Boden als königliches Lehen verlieh, ebenso Templer, Johanniter, Kirche und Kaufleute mit Land bedachte, denn sie hatten das Unternehmen wesentlich finanziert.

Der königliche Landanteil verlief quer über die Insel; dazu gehörten Palma, Inca, Montueri, Pollensa. Freie

Pächter bewirtschafteten den Boden; im Nordosten der Insel gab es noch islamische Bauern. Ibiza wurde 1234/35 und Menorca 1287 von der islamischen Herrschaft losgelöst.

Genua und Pisa durften wie versprochen Handelsniederlassungen gründen. Ein neuer Kodex regelte gemäß dem katalanischen Recht Bodennutzung, Justizwesen, Salzgewinnung, Mühlenwirtschaft und Fischerei. Medina Mayurka wurde in Ciudad de Mallorca umbenannt.

Die Balearen bildeten nun einen Teil des Konglomerats der Krone von Aragon und orientierten sich an der Verfassung der Grafschaft Katalonien. Der Statthalter, welcher eine hierarchische Verwaltung leitete, beaufsichtigte ebenso die Rechtsprechung. Ihm unterstanden Landvögte, Marktkontrolleure, Verwalter der Festungen, Wasseraufseher.

In den Städten ließ Jaume Kaufleute und Patrizier regieren, um ein Kontragewicht gegen den Adel zu schaffen. Adelige, Patrizier, Kaufleute und Handwerker saßen in Mallorcas Ratsversammlung. Die katalanische Münze war Zahlungsmittel.

Aufgrund zahlreicher steuerlicher Privilegien blieben die Einnahmen, die Jaume I. aus Mallorca abschöpfte, sehr begrenzt. Aber die geostrategische Lage der Insel erleichterte die Kontrolle des westlichen Mittelmeers. Christliche Kaperfahrer erbeuteten tausende Muslime und verkauften sie auf Palmas Sklavenmarkt. Etwa 8000 muslimische Sklaven sollen in der Mitte des 13. Jahrhunderts auf Mallorca gelebt haben.

Jaume I. betrachtete die Königreiche von Aragon und Mallorca als gleichberechtigt. Testamentarisch verteilte er sie 1272 unter seine beiden Söhne. Dem älteren Pedro wurden Aragon, Katalonien und Valencia zugesprochen, Jaume sollte die Balearen sowie mehrere Graf- und Herrschaften in Katalonien und Südfrankreich übernehmen. Das dynastische Erb- und Teilungsprinzip stellte ein Grundfaktum des europäischen Mittelalters dar.

Nachdem Jaume I. 1276 gestorben war, wurde Jaume II. in Palma zum neuen König gekrönt. Mallorca war in der katalanischen Ständeversammlung („Cortes") vertreten. Eigene Cortes, die eine balearische Identität hätten stiften können, fehlten dem Königreich. 9333

Pedro III. wollte auch Mallorca beherrschen und zerstritt sich mit Jaume. Ein unabhängiges Königreich Mallorca lehnte Pedro ab; er hielt es für zu klein und kaum lebensfähig. Pedro zwang Jaume II. 1279 unter die Lehnshoheit Aragons und verpflichtete ihn, persönlich an der Ständeversammlung Kataloniens teilzunehmen. Mallorca war von Aragon und Katalonien abhängig; seine staatsrechtliche Position blieb ungeklärt.

Der diplomatisch unkluge Jaume II. vermochte das zersplitterte Königreich Mallorca nicht zu konsolidieren. Hauptsächlich residierte er in Perpignan.

Pedro annektierte 1282 Sizilien und hatte daraufhin gegen den französischen König Philipp III. zu kämpfen, der

243

sich mit Jaume II. verbündete. Darin sah Pedro eine Verletzung der Lehnspflichten des mallorquinischen Königs und besetzte Perpignan. Ende 1285 starb Pedro. Sein Nachfolger Alfons III. hatte noch kurz vor Pedros Tod das Königreich Mallorca okkupiert. Die

Kommandanten der mallorquinischen Festung von Alaro, Guillem Cabrit und Guillem Bassa, ließ Alfons hinrichten. Befürworter eines unabhängigen Mallorca verehren diese beiden als Heldenfiguren.

Nun war Mallorca unmittelbar ein Teil des Königreichs Aragon. Alfons III. starb 1291. Sein Bruder Jaume II., nicht zu verwechseln mit Jaume II. von Mallorca, trat die Nachfolge im Königreich Aragon an, musste jedoch auf Geheiß des Papstes Bonifaz VIII. laut dem Vertrag von Anagni (1295) Mallorca Jaume II. zurückgeben, konnte aber die 1279 eingeführte Lehnshoheit wiederherstellen. Bonifaz erstrebte ein selbständiges Mallorca, denn er fürchtete Aragons Macht. Freilich vergingen noch drei Jahre, ehe Mallorca 1298 in die relative Unabhängigkeit entlassen wurde.

Sobald Jaume II. wieder auf dem Thron saß, förderte er Landwirtschaft und Handel. Mehr noch ging er als Bauherr in die Annalen ein. Die maurische Festung Almudaina wurde teilweise abgerissen und an gleicher Stelle ein Königspalast gebaut. Auch ließ Jaume oberhalb Palmas die Burg Bellver errichten. Dem König waren ebenfalls die Kastelle in Manacor, Sineu, Valdemossa, Capdepera und San Telm zu verdanken. Das zentral gelegene Sineu, durch eine Römerstraße mit Palma und Alcudia verbunden, erhob Jaume II. 1309 zum Königssitz und lebte bei sommerlicher Hitze gern in Valdemossa.

1306 begann in Palma der Bau der Kathedrale - das Wahrzeichen der Königsmacht. Eine Moschee musste der Kathedrale weichen, die 1587 vorläufig und erst anfangs des 20. Jahrhunderts endgültig fertiggestellt war. Jaume verstärkte die Stadtbefestigungen von Palma und Alcudia. In einer 1300 geschaffenen Münzstätte wurde eigenes mallorquinisches Geld geprägt. An Siedlungswillige vergab der König gegen Zahlung eines Pachtzinses Land und Baumaterial.

Der bekannteste mallorquinische Gelehrte, Ramon Llull, lebte in der Regierungszeit Jaumes II. Geboren 1233 auf Mallorca, trat Llull dem Franziskanerorden bei, verfasste hunderte philosophische und naturkundliche Werke. Llull gründete 1276 bei Valldemossa eine Schule für orientalische Sprachen, welche die Bekehrung von Moslems vorbereiten sollte. Bei einer Missionsreise in Nordafrika starb Llull 1315 eines gewaltsamen Todes. In der Basilika San Francisko in Palma wurde er bestattet.

12. Die letzten Jahre des unabhängigen Königreichs Mallorca

Mallorca hatte 1295/98 erneut eine begrenzte Unabhängigkeit erlangt. Die Insel blieb lehnsabhängig und musste Aragons Außenpolitik unterstützen. Jaumes II. wichtigster Regierungssitz lag weiterhin in Perpignan.

Statthalter leiteten Mallorcas nunmehr in 15 Bezirke gegliederte Verwaltung. Seit 1249 existierte der Stadt-

und Inselrat von Palma („Universitat"), dem ein Adeliger, vier Patrizier sowie ein Handwerker angehörten, welche die Bevölkerung mit Getreide versorgten und den Weinimport regulierten. Bürgermeister und Stadträte verwalteten die größeren Orte.

1311 bestieg Sancho, ein Sohn Jaumes II., den Königsthron. Die Lehnshoheit Jaumes II. von Aragon akzeptierte er und leistete ihm militärischen Beistand wider Genua.

Sancho bestimmte seinen Neffen Jaume zum Nachfolger, der 1324 im Alter von zehn Jahren als Jaume III. die Herrschaft antrat. Zunächst regierte Jaumes Onkel und Vormund Felipe; die komplizierten Verhältnisse der Regentschaft schwächten das mallorquinische Königtum. Der mündig gewordene Jaume III. engagierte sich für Mallorcas Seehandel. Rund 350 mallorquinische Schiffe kreuzten über das Meer.

Jaume II. von Aragon hatte die Thronerhebung Jaumes III. abgelehnt. Frankreich, Neapel und der Papst wollten jedoch Aragons Macht einschränken. Daher verhinderten sie, dass Jaume II. Mallorca okkupierte. 1325 anerkannte zwar Jaume II. das Königtum Jaumes III., der aber 1336 Constanza heiratete, eine Schwester des aragonesischen Thronfolgers Pedro IV. Unfreiwillig begünstigte Jaume somit Pedros Ambitionen auf Mallorca.

13. Das Ende der Eigenständigkeit

Pedro IV. „der Zeremoniöse" gedachte das Königreich Mallorca zu erobern. Im Hundertjährigen Krieg war Jaume

246

III. mit England verbündet und stieß daher Frankreich, das ihn früher unterstützt hatte, vor den Kopf. Geschickt nutzte der aragonesische König die neue Situation. Jaume weigerte sich, Pedro IV. den Lehnseid zu leisten, woraufhin ihm dieser im Februar 1343 das Herrschaftsrecht über Mallorca entzog. Gleichzeitig versprach Pedro den mallorquinischen Kaufleuten und Patriziern, ihre Geschäfte zu fördern.

Mit 116 Schiffen segelte Pedro IV. 1343 nach Mallorca und besetzte die Insel fast kampflos. Am 22. Juni des gleichen Jahres ließ er sich in Palmas Kathedrale krönen und vollzog hierdurch die Vereinigung Mallorcas mit den Besitzungen der Krone von Aragon. Etwa zwei Monate später streckten die letzten Anhänger Jaumes III. die Waffen.

Größtenteils nahmen die Einheimischen diesen Wandel hin, der ihr Leben vorläufig kaum veränderte, zumal der neue König der gleichen Dynastie angehörte wie der alte. Auch Menorca und Ibiza fielen an Pedro. Die Grafschaften um Perpignan kamen ebenfalls unter die aragonesische Krone und wurden Katalonien zugeschlagen.

Jaume verblieb nur das kleine Herrschaftsgebiet Montpellier, das er dem französischen König Philipp VI. verkaufte, um Geld für Soldaten zu erhalten, die Mallorca zurückerobern sollten. Anfang Oktober 1349 landete Jaume mit 3000 Infanteristen und 400 Reitern bei Pollensa. Vom Festland herbeigeeilte Truppen Pedros bereiteten ihm jedoch bei Llucmayor eine völlige Niederlage. Jaume, den die Mallorquiner nicht unterstützt hatten, starb in der Schlacht. Neben Jaume II. liegt er in Palmas Kathedrale begraben.

Jaumes Frau und seine beiden Kinder, darunter der elf-jährige Jaume (IV.), ließ Pedro zunächst im Kastell Bellver einkerkern und dann nach Barcelona verschleppen. Jaume lebte 13 Jahre lang in einem Käfig, bevor ihm 1362 die Flucht gelang und er die Königin Johanna von Neapel heiratete, die Jaume bei der Rückeroberung Mallorcas beistehen sollte. Doch sein Plan, Mallorca zurückzugewinnen, scheiterte. 1375 starb er - möglicherweise durch Giftmord.

Nun beanspruchte Jaumes Schwester Isebel das Königreich Mallorca, obwohl Jaume I. Frauen von der Thronfolge ausgeschlossen hatte. Ihre vermeintlichen Rechte trat Isebel an Ludwig I. von Anjou ab, der sich ebenfalls nicht durchsetzte. Jaume I. hatte nur seinen direkten Nachkommen ein Erbrecht gewährt.

De facto endete 1343 die Unabhängigkeit des Königreichs Mallorca. Souverän war Mallorca zwischen 1229 und 1343 freilich nie gewesen. Eigene Cortes gab es nicht, das Sonderbewusstsein der Mallorquiner hielt sich in Grenzen. Letztlich war das Königreich viel zu schwach, zersplittert und wirtschaftlich abhängig. Es konnte nicht dauerhaft etabliert werden, behielt jedoch bis 1715 seine tradierte Rechtsordnung.

Von jetzt an galten die Balearen als Unterkönigreich des Hauses Aragon und seit 1479 ganz Spaniens. Mallorca gewann Stabilität und Schutz, musste aber auch große Belastungen tragen. Ohne die Jahre der Unabhängigkeit gäbe es heute schwerlich eine balearische Autonomie.

Vizekönige regierten die Balearen als Stellvertreter des Monarchen. 140 Bürger vertraten Mallorca im „Großen Generalrat" der Obrigkeit gegenüber. Die Zahl der Adeligen, Händler, Juristen und Handwerker, die den Generalrat bildeten, sank im Laufe der Zeit. Meistens stammten sie aus Palma und widmeten sich am intensivsten der Steuererhebung. Ihre Gesetzesanträge genehmigte oder verwarf der König. Handelsherren und Kaufleute der Universitat, ebenso ranghohe Kleriker, repräsentierten Mallorca in den Cortes von Katalonien.

Die neue Zeit brachte den Mallorquinern beträchtliche Schwierigkeiten. Pedros IV. Kämpfe um Sardinien und gegen Kastilien mussten sie mit Soldaten und Geld unterstützen. 1398 stellte Mallorca mehrere Galeeren zur Verfügung, welche an einer gescheiterten Attacke gegen Muslime in Nordafrika teilnahmen. Aragons Expansionspolitik überdehnte alle seine Kräfte und verursachte ökonomische Probleme.

Knapp 50 Jahre zuvor hatte die Pest auf Mallorca gewütet; dabei starben 70% der 65 000 Einwohner. Bauern und Handwerker rebellierten 1391 wegen steuerlicher Belastungen gegen adelige Landbesitzer und Handelsherren. Pedros Nachfolger, König Juan (Johann) I., der auf der Insel verhasst war, weil ihn die Nöte der Einwohner nicht interessierten, besiegte die Aufständischen.

Da zu wenige Christen auf Mallorca lebten, sank der Bevölkerungsanteil der Muslime vorerst langsam. Sie erhielten Selbstverwaltung, eigene Justiz und zahlten eine Kopfsteuer. Entweder wurden die Mauren assimiliert oder sie verließen die Insel.

In Altertum und Mittelalter lebten auf Mallorca zahlreiche Sklaven. Rund 10% der mallorquinischen Bevölkerung sollen 1400 dem Sklavenstand angehört haben. Meistens waren sie muslimischer Herkunft und arbeiteten hauptsächlich in der Landwirtschaft. Man befürchtete, dass sie islamische Korsaren unterstützen könnten und verminderte ihre Zahl.

1229 hatte auf Mallorca die Herrschaft der katholischen Kirche begonnen. Die Insel wurde in Pfarreien eingeteilt. Stiftungen und Schenkungen vergrößerten den enormen Einfluss der Kleriker. Mehrere Orden, vor allem Dominikaner und Franziskaner, errichteten Klosteranlagen, widmeten sich der schulischen und religiösen Erziehung ebenso wie der Armen- und Krankenversorgung. Lluc bei Escorca avancierte etwa 1240 aufgrund der vermeintlichen Entdeckung einer Marienfigur zum Kultort der Marienverehrung. 1492 wurde Mallorca der Erzdiözese von Valencia hinzugefügt. Nur selten weilte ein für Mallorca zuständiger Bischof auf der Insel; meistens residierten hier Generalvikare.

Bereits Ramon Llull, der die mallorquinischen Juden zu missionieren hoffte, hatte sie unter Druck gesetzt. In Spanien geschahen 1391 antijüdische Pogrome; auf Mallorca wurden mehr als 300 Juden ermordet. Wegen Abwanderung verschwanden zahlreiche jüdische Gemeinden der Insel. Beide Synagogen Palmas wurden 1414 in katholische

Kirchen umgewandelt. Für lange Zeit erlosch das jüdische Leben auf Mallorca.

15. Der Ausgang des Mittelalters

Während des Hochmittelalters erblühten die Balearen in Handel und Gewerbe. Es gab 85 Zünfte, die bis 1836 existierten. Auch Wissenschaft und Kultur erlebten einen Aufschwung. Mallorca nutzte seine geostrategische Lage und handelte mit englischer Wolle, Fellen und orientalischen Farbstoffen. Schließlich verdrängten französische und italienische Kaufleute Mallorca vom Handel mit England.

Die Mallorquiner waren hervorragende Seeleute, verstanden sich auf Schiffbau und Kartographie. Der König verlieh manchen Kapitänen sogenannte Kaperbriefe, die sie zu `legalen` Piraten machten. Im Spätmittelalter beteiligten sich Mallorquiner an der Eroberung der Kanarischen Inseln.

Mallorca unterhielt ebenfalls Handelskontakte mit italienischen und französischen Städten. Es bestanden aber auch massive Rivalitäten. 1332 plünderten Genuesen mallorquinische Ortschaften. Der Anbau von Getreide und Wein, Oliven und Feigen, die Wollverarbeitung, Fischerei und Handwerk, stellten weitere Zweige der mallorquinischen Wirtschaft dar.

In der ersten Hälfte des 15. Jahrhunderts wurde nahe dem Hafen von Palma die Seehandelsbörse (La Llotja) im Stil der Gotik erbaut. Sie repräsentierte bis in die 1830er-Jahre die Bedeutung Mallorcas als Handelsstadt und beherbergt heute Kunstausstellungen. Französische, italienische und katalanische Stilelemente, welch letztere immer stärker hervortraten, beeinflussten Mallorcas Architektur.

Das Königreich Mallorca blieb defizitär. Um seine Kasse zu füllen, wollte Alfons V. bäuerliche Ländereien beschlagnahmen. Bauern und Handwerker, die 1451/53 rebellierten und zeitweise Palma belagerten, ließ Alfons brutal unterdrücken.

Von 1462 bis 1472 kämpften die katalanischen Stände für ihre Eigenständigkeit gegen Aragons König Juan II. Mallorca unterstützte den siegreichen Juan, aber Menorca begünstigte die Aufständischen. Der kostspielige Bürgerkrieg verschärfte die wirtschaftliche Zerrüttung der Balearen.

1483 wurde auf Mallorca eine Universität gegründet, welche die Lehren Ramon Llulls verbreiten sollte. Außer Philosophie und Theologie unterrichtete man medizinische Fächer und Pharmazie. Der Lehrbetrieb endete 1829; die Universität wurde 1951 in Palma neu gegründet.

16. Frühe Neuzeit

16.1 Die habsburgische Ära

Der letzte König des Hauses Aragon, Martin I., starb 1410. Sein Nachfolger wurde 1412 der kastilische Prinz Fernando (Ferdinand) I. von Trastamara, Bruder des kastilischen Königs Pedro IV. Mallorca begrüßte die Thronbesteigung Fernandos, mit der sich die Vereinigung Spaniens unter einer Krone anbahnte. Fernandos Nachfolger

Alfons V. verließ allerdings die italienischen Besitzungen Aragons nicht. Ihm folgte 1458 als neuer König sein Bruder Juan II.

Ein Sohn Juans II., Fernando der Katholische, und Isabella von Kastilien vereinigten 1479 Aragon und Kastilien, das den nun begründeten spanischen Nationalstaat dominierte. Im Laufe des 16. Jahrhunderts verlagerte Spanien seinen wirtschaftlichen Schwerpunkt auf die amerikanischen Kolonien und den Atlantikhandel. Aragon, Katalonien und Mallorca verloren an Bedeutung.

Statt produktiv zu investieren, zogen es die meisten spanischen Eliten vor, Grundeigentum oder Paläste zu erwerben. 800 Jahre Reconquista hatten Spaniens Volksseele geformt und ihr den Geist der Eroberung, Herrschsucht, Ausbeutung und Inquisition tief eingebrannt. Das auf tönernen Füßen blutig errichtete spanische Kolonialreich ruinierte die Wirtschaft des Landes endgültig.

Während der frühen Neuzeit plünderten Seeräuber der Barbareskenstaaten wiederholt Mallorca. Sie verschleppten zahlreiche Mallorquiner in grausame Sklaverei. Schwer belasteten die zur Abwehr der Korsaren erforderlichen Ausgaben die leidgeprüften Inselbewohner. 1518 machte der berüchtigte Pirat Chaireddin, genannt Barbarossa, Algier zu seinem Hauptstützpunkt.

1535 und 1541 besuchte Karl I., gleichzeitig Kaiser Karl V., Mallorca und begann von hier aus Seekriegszüge gegen die Korsaren. Karl bezwang die Barbaresken 1535 auch dank mallorquinischer Soldaten. Die Expedition von 1541, die Algier zerstören sollte, misslang jedoch.

Korsaren attackierten mehrfach Mallorcas Westküste und besonders Andratx. Auch plünderten sie Pollensa, Alcudia, Soller, Valldemossa, Santany. Berühmtheit erlangten die siegreich abgewehrten Angriffe auf Pollensa (1550) und Soller (1561). Nahe Soller mussten die Piraten eine schwere Niederlage hinnehmen.

Balearische Kämpfer beteiligten sich an dem großen Sieg über die türkische Flotte bei Lepanto 1571. Danach ging die Piratengefahr zurück.

Bis zum Ende des 17. Jahrhunderts bauten die Mallorquiner entlang der Küste 85 Piraten-Wachtürme. Etwa 50 dieser „Türkentürme" sind heute noch erhalten. Manche waren mit Kanonen bestückt; die Turmbesatzungen kommunizierten durch Rauch und Feuer. Auch verstärkte man die Wehrmauern von Palma und Alcudia und verlegte Städte von der Küste ins Binnenland. Hafen und städtisches Siedlungsgebiet liegen daher manchmal auseinander. 1775 fand der letzte verbürgte Piratenangriff auf Mallorca statt, der drei Fischerbooten galt. Seit etwa 1800, dank des Abflauens der Seeräubergefahr, wurden etliche der heutigen Küstenorte erbaut.

Dem Terror der spanischen Inquisition entging Mallorca nicht. Erstmals wurden hier 1490 „Ketzer" verbrannt. In die Fänge der Häscher gerieten vor allem zum Christentum konvertierte Juden. Im Kloster der Dominikaner zu Palma residierte die Inquisitionsbehörde. Furchtbar wüteten mallorquinische Inquisitoren 1691, als sie 37 Juden öffentlich verbrennen ließen. Ein Jesuit, Francisco Gerau, war dafür mitverantwortlich. Wieder verließen fast alle Juden die Insel. Generell kontrollierte die erst 1820 beendete Inquisition das Leben aller Untertanen.

Bauern und Handwerker hatten 1521 auf Mallorca wie vielerorts in Spanien revoltiert. Die Unzufriedenen verlangten, Adel und Klerus zu besteuern, doch Truppen der Obrigkeit zerschlugen den Aufruhr. Im 17. Jahrhundert, einer Zeit wirtschaftlichen Elends, plagten Mallorca neue innere Krisen. Räuberbanden terrorisierten das Volk, Sippen- und Familienfehden bedrohten die öffentliche Sicherheit. Wer nachts in Palma sein Haus verließ, riskierte Leib und Leben.

Wegen der unsinnigen Religions- und anderen Kriege, die das erzkatholische Spanien führte, wuchs die Verarmung. Gold und Silber, aus amerikanischen Kolonien herbeigeströmt, flossen in ausländische Handels- und Bankhäuser, mit deren Geld das Land seine Armeen finanzierte. Inflation und Preissteigerungen erforderten eine immer höhere Besteuerung der produktiven Schichten. Allein während des 17. Jahrhunderts ging der Staat viermal bankrott. Oft kämpften mallorquinische Soldaten fern der Heimat; die Piratenabwehr und das Wirtschaftsleben der Insel litten darunter.

In jener frühneuzeitlichen Epoche betätigte sich Mallorca als Umschlagplatz für Handelsgüter und Schmuggelwaren. Es gab Textilmanufakturen zur Verarbeitung von Wolle; in Soller wurden Seidenraupen gezüchtet. Etwa 73 000 Menschen lebten 1590 auf Mallorca, davon fast die Hälfte in Palma. Die Zahl der Einwohner stieg, wenn auch unterbrochen durch Seuchen und Hungersnöte.

1613 und 1635 verheerten Flutkatastrophen die Gegend um San Telm. Jahrzehnte später verursachten Dürrezeiten eine Hungerkatastrophe. Als die Pest 1652 Mallorca erneut in den Griff nahm, starben rund 20 000 Menschen.

16.2 Die Bourbonen und die Anfänge der Aufklärung

Im Spanischen Erbfolgekrieg (1701-1714) kämpfte das Haus Habsburg gegen die französischen Bourbonen um die Thronfolge in Spanien. Mallorcas Adel und Stadtbürgertum unterstützten Österreich; sie fürchteten den französischen Zentralismus. Mehrheitlich verlangten die Mallorquiner ein föderal strukturiertes Spanien. Aber Jesuiten und Dominikaner der Insel bevorzugten den am Ende erfolgreichen Bourbonen Philipp.

Philipps V. Truppen besetzten 1715 die widerspenstige Insel. Noch im gleichen Jahr verlor Mallorca sein im Mittelalter verwurzeltes Rechtssystem; es wurde durch kastilisches Verwaltungsrecht ersetzt. Lediglich das Privatrecht blieb erhalten. Künftig existierte das Königreich Mallorca nur als Titulatur und Verwaltungseinheit schattenhaft bis zur Reform von 1833. Aragon, Katalonien und Valencia traf das gleiche Schicksal. Unter dem Zepter des Absolutismus spielten die Cortes kaum noch eine Rolle.

Der neue König regierte zentralistisch und organisierte ein effektives Steuersystem. Mallorca erbrachte nun größere Steuerleistungen. Statt der Vizekönige herrschten Generalkapitäne, die Zivil- und Militärgewalt vereinigten. Der Große Generalrat wurde abgeschafft; in den mallorquinischen Städten regierten vom König ernannte Räte.

Katalanisch galt als Amtssprache. Immer noch behauptete die Kirche ihre fatale Macht und zog Steuern in Form von Getreide ein.

Ständig musste Mallorca Soldaten zu ausländischen Kriegsschauplätzen entsenden. Wer dem Gestellungsbefehl nicht folgte, wurde so lange im Schloss Bellver eingesperrt, bis man ihn zum Einsatzort abtransportierte. Mallorquinische Adelige, die unter den Bourbonen wenig zu sagen hatten, lebten auf ihren Landsitzen wie im Exil.

Während des Erbfolgekrieges hatten die Briten Menorca und Gibraltar erobert. (Erst 1802 erhielt Spanien Menorca zurück). Großbritannien beherrschte das Mittelmeer. Mallorca unterhielt Truppen, die eine britische Invasion verhindern sollten. Außerdem dezimierten Hungersnöte und eine Pestepidemie unter Fernando VI. die Bevölkerung. In Palma lebten 1750 etwa 5000 Bettler. Negativ war die mallorquinische Handelsbilanz des 18. Jahrhunderts; exportiert wurden Olivenöl, Wein, Baumwolle, Stoffe und Textilien.

In der Ära Karls III. zog auch in Spanien der Geist der Aufklärung und Wissenschaft ein. Karl verwies 1767 alle Jesuiten des Landes. Mallorca besaß drei Jesuiten-Kollegs; an der Universität dozierten jesuitische Professoren. Künftig sollten weltliche Lehrkräfte die naturwissenschaftlichen Fächer unterrichten. Dann wurde 1777 auf Mallorca die private Vereinigung „Sociedad Economica Mallorquina de Amigos del Pais" gegründet. Sie erstellte Programme zur Modernisierung von Wissenschaft und Wirtschaft. Tatsächlich gelang es, die Produktivität des Agrarsektors spürbar zu erhöhen.

Gegen Ende des 18. Jahrhunderts arbeiteten die meisten der etwa 140 000 Mallorquiner in der Landwirtschaft. Neue Feldfrüchte wurden angebaut: Kartoffeln und Bohnen. Sehr oft exportierte man Olivenöl und Wein. Manufakturen entstanden in der Leinen- und Tuchindustrie, ebenso zur Herstellung von Seife und Glas. Auch gelang es, die Werftindustrie zu verbessern und auszubauen.

Trotz mannigfacher Anstrengungen konnte Spanien den Rückstand zu Westeuropa nicht wettmachen. Letztlich blieben die Reformen zu inkonsequent. Spanien war ein Land mit stark gedrosselter Modernisierung. Die im Bildungswesen geschwächte mallorquinische Kirche blieb mit 42 Ordensniederlassungen und 54 Pfarreien weiterhin machtvoll. Ein mallorquinischer Missionar, Junipero Sera, gründete in Kalifornien San Franzisko und Los Angeles.

17. Krisen und Kriege – das 19. Jahrhundert

17.1. Fortschritt und Reaktion – die gebremste Modernisierung

Während der napoleonischen Kriege hatte Mallorca sehr zu leiden, wurde aber nie französisch besetzt. Das politisch desorientierte Spanien kämpfte abwechselnd für und gegen Frankreich oder blieb neutral. Die Abhängigkeit vom Nachbarstaat wurde größer. An fast allen Kriegen der Zeit nahmen Mallorquiner teil; große wirtschaftliche Probleme bedrückten die Inselbewohner. Aufgrund der englischen Blockade brach der Atlantikhandel zusammen.

Als Spanien 1808 bis 1814 die französische Invasion bekämpfte, revoltierten auch Mallorquiner gegen die Fremd-
herrschaft. Lokale Komitees („Juntas") regierten im Namen Fernandos VII. Häufig vertraten sie restaurative, kle-
rikal-antiaufklärerische Sichtweisen. Tausende Mallorquiner unterstützten auf dem Festland Spaniens Unabhängig-
keitskampf. Einige zehntausend Spanier, vor allem Kleriker, emigrierten umgekehrt nach Mallorca.

Auf Cabrera internierten die Spanier etwa 9000 französische Kriegsgefangene; wegen Krankheit und Hunger starben fast zwei Drittel dieser Unglücklichen.

In Cadiz erhielt Spanien 1812 eine liberal-demokratische
und zentralistisch orientierte Verfassung. Mallorquinische
Abgeordnete waren daran beteiligt. Jetzt herrschten nicht
mehr Generalkapitäne auf Mallorca. Stattdessen trennte
man Militär- und Zivilverwaltung; es regierten jeweils ein
Zivilgouverneur, zugleich Vorsitzender des Deputierten-
rates, und ein Militärgouverneur.

Liberale und Konservative wetteiferten um die Gestal-
tung der spanischen Zukunft. Weltliche und klerikale
Großgrundbesitzer, die ihre Ländereien oft nicht bewirtschafteten, stießen auf massive Kritik. Fernando VII.
schaffte die Verfassung von Cadiz bereits 1814 wieder ab.
Staatliche Repression ergriff auch Mallorca. Provinzde-
putationen wurden beseitigt, die frühere Behördenorgani-
sation kehrte zurück. Nach der Wiedereinführung der Verfassung 1820 rebellierten viele Spanier und Mallorquiner
1822 gegen Fernando, der den französischen König Ludwig XVIII. um Hilfe bat, dessen Truppen 1823 die Volks-
erhebung niederwarfen.

Spanien erlebte nun ein ständiges Hin und Her von relativer Modernisierung und reaktionären Gegenschlägen. Staatsstreiche des Militärs gaben den Ausschlag. Hinzu kam ein bürgerkriegsartiger Thronstreit, den die Anhänger der Königin Isabella II. gegen den ultrakonservativen Don Carlos führten (Karlistenkriege). Mallorquinische Anhänger Karls proklamierten ihn 1835 in Manacor vergeblich zum König Spaniens.

Weiterhin verharrte die politische und soziale Modernisierung des Landes innerhalb enger Grenzen. Bis zum Bürgerkrieg sollte diese instabile Situation andauern. Herrschende Gruppen in Staat, Wirtschaft und Kirche trugen daran die Hauptverantwortung. Noch 1861 konnten auf Mallorca 93% der Frauen und 75% der Männer weder lesen noch schreiben. Auch das fest in die spanische Geschichte eingebundene Mallorca erlebte die Pendelausschläge reaktionär/klerikaler Politik und zeitweiser Liberalisierung.

Aufgrund der Verwaltungsreform von 1833 lösten in Spanien 49 Provinzen die nominellen Königreiche ab. Ein Gouverneur, vom Monarchen ernannt und durch das Innenministerium kontrolliert, stand jeweils an der Spitze einer Provinz, die man in Bezirke unterteilte. Mallorca gliederte sich in drei Bezirke: Palma, Inka und Manacor. Außerdem gab es einen für das Militärwesen zuständigen Generalkapitän. Die neue „Provinz Palma de Mallorca" umfasste die Balearen. Rein formal wurden Spaniens Provinzen insgesamt 15 historische Regionen zugeordnet.

Die Auflösung der Zünfte 1836 liberalisierte Mallorcas Wirtschaft. Wie überall in Spanien enteignete man kirchliche Besitzungen („Desamortizacion") und verkaufte sie an Private, um die Wirtschaftskraft zu steigern. In Palma wurde der einstige Sitz der Inquisition, das Dominikanerkloster, der Palast des Schreckens, abgerissen. Die Zahl der Einwohner Mallorcas betrug Mitte des 19. Jahrhunderts knapp 200 000; davon lebten etwa 50 000 in Palma. Den Mallorquinern ging es wirtschaftlich besser; sie handelten mit überseeischen Ländern und verkauften agrarische Produkte, Tücher und Schuhe.

Als das Militär 1868 Isabella II. stürzte, wurde das Rathaus von Palma gestürmt und erfolglos die Republik ausgerufen. Die liberal-konstitutionelle Verfassung von 1869 erlaubte es, Bürgermeister zu wählen. In Spanien gab es 1873/74 eine kurzlebige Republik, die vom Militär beseitigt wurde. Als Anhänger der Republik auf Mallorca dagegen protestierten, verkündete der Generalkapitän Palanca den Kriegszustand. Diese Vorgänge beinhalteten unverkennbar Parallelen zu den 1930er-Jahren.

17.2. Industrialisierung, Aufschwung, Katastrophen

Mit der Krönung Alfons XII. 1874 begann die Ära der Restauration. Spanien wurde laut der Verfassung von 1876 konstitutionelle Monarchie; ein vom Militär abhängiger König regierte. Das gesamte Staatswesen war von Korruption und Günstlingswirtschaft durchdrungen; die Provinzen unterstanden einem autoritären Zentralismus. Alfons besuchte 1877 Mallorca, um dessen Verbundenheit mit Spanien zu stärken.

Das Industriezeitalter hatte begonnen. Seit etwa 1835 verkehrten regelmäßig Dampfschiffe zwischen Mallorca und Barcelona und erleichterten die Anfänge des Tourismus, der damals eine Sache weniger Privilegierter wie George Sand und Fredric Chopin war, die den Winter 1838/39 in Valldemossa verlebten.

Im letzten Viertel des 19. Jahrhunderts erhielt Mallorca ein Eisenbahnnetz. Kohlebergbau, Werft- und Baubranche, Textil- und Seifengewerbe wurden mechanisiert. Eine Arbeiterbewegung entstand, die Gewerkschaften und Zeitungen gründete, auch enge Kontakte zur Arbeiterschaft in Katalonien knüpfte. Fischfang und Viehzucht (Schafe, Ziegen, Schweine) spielten auf Mallorca eine sekundäre Rolle.

Die berühmteste mallorquinische Persönlichkeit jener Epoche war der 1847 geborene Erzherzog von Österreich-Toskana namens Ludwig Salvator. Erstmals besuchte er Mallorca 1867 und kaufte in den nächsten Jahren Landgüter zwischen Valldemossa und Deia. Der junge Herzog vergeudete sein Leben nicht an europäischen Höfen wie andere Hochgeborene. Stattdessen schrieb er eine mehrbändige landes- und naturkundliche Gesamtdarstellung der Balearen. Salvator pflegte Wissenschaft, Kunst und Natur; er bevorzugte einen schlichten Lebensstil.

Auf dem kleinen Schiff „Nixe" bereiste Salvator, der ein Kapitänspatent erworben hatte, das Mittelmeer. Als er 1915 starb, erbte sein Sekretär Antonio Vives den mallorquinischen Besitz Salvators, dessen zum Museum ausgebaute Villa in Son Marroig zu besichtigen ist. Der Schauspieler Michael Douglas gründete in Valldemossa das kulturelle Zentrum „Costa Nord". Hier erinnerte Douglas an Ludwig Salvator. Anfang des 20. Jahrhunderts ließen sich im benachbarten Bergdorf Deia die ersten Dichter und Künstler nieder.

Wie rückschrittlich Mallorca noch immer war, geht auch daraus hervor, dass nicht einheimische, sondern englische Ingenieure die Sümpfe von S`Albufera 1863 (teilweise) trockenlegten.

Im späten 19. Jahrhundert erreichte Mallorca einen bescheidenen Wohlstand. Dann traf eine jähe Doppelkatastrophe die Insel. Schädlinge zerstörten ab 1889 großenteils die Wein- und Orangenkultur der Insel. Neu angepflanzte Mandelbäume, die Mallorca derzeit charakterisieren, ersetzten die Weinreben nicht. Viele nun arbeitslose Mallorquiner emigrierten nach Katalonien, Westeuropa oder Südamerika. Der Verlust der letzten spanischen Kolonien 1898 stürzte Mallorcas Schiffbau und andere Gewerbe in eine tiefe Krise.

Obwohl Mallorca Eisen, Werkzeuge und Maschinen importierte, hunderte Handelsschiffe über die Meere entsandte, fehlten der schwach entwickelten Wirtschaft umfangreiche Investitionen. Erst gegen Ende des 19. Jahrhunderts wurden balearische Banken und Versicherungsgesellschaften gegründet. Zwei Drittel der Spanier waren Analphabeten. Bis etwa 1930 verließen mehr Menschen die Insel als einwanderten; erst die Tourismusblüte verkehrte diesen Trend ins Gegenteil.

Der auf Mallorca geborene konservative Politiker Antonio Maura wurde 1907 zum spanischen Ministerpräsidenten ernannt. Maura förderte die Eigenständigkeit der Gemeinden, unternahm jedoch nichts gegen die Fälschungen ländlicher Kommunalwahlen. In Spanien gab es seit 1890 ein allgemeines und gleiches Männerwahlrecht.

Traditionell war Mallorca politisch, wirtschaftlich und kulturell eng mit Katalonien verbunden. Die katalanische Regionalpartei unterstützte mallorquinische Autonomiewünsche. Während der 1920er-Jahre entstanden zwei Organisationen, die Autonomie für die Insel forderten: „Liberal Autonomic Mallorqui" und „Assciacio per la Cultura de Mallorca". Ihr Vordenker war Enric Prat de la Riba.

18. Republik und Bürgerkrieg

1923 putschte in Spanien General Primo de Rivera mit Zustimmung des Königs Alfons XIII. und nahm in mancher Hinsicht die Herrschaft Francos vorweg. Riveras Unterdrückungspolitik erfasste auch Mallorca. Parteien wurden verboten, missliebige Bürgermeister entlassen, die kommunale Selbstverwaltung abgeschafft. Jegliche Autonomie, wie sie Katalonien, das Baskenland und die Balearen forderten, lehnte das Regime ab. Letztlich vermochte sich die Diktatur, auch wenn sie das Gesundheitssystem und den Wohnungsbau verbesserte, nicht zu konsolidieren.

Anfang 1930 trat Primo de Rivera zurück. Die demokratische Opposition erzwang 1931 die Abdankung Alfons XIII. und rief im April des gleichen Jahres die Republik aus, mit der viele Spanier die Hoffnung verknüpften, dass eine soziale Umwälzung erfolgen werde und regionale Autonomie zu erreichen sei.

Bei den nationalen Parlamentswahlen im Juni 1931 siegte die sozialistische Partei PSOE. Auf Mallorca erhielten rechtskonservative Parteien eine Mehrheit. Überwiegend bekämpften Spaniens privilegierte Schichten das republikanische System.

Die demokratische Verfassung vom Dezember 1931 legte die Wahl eines Bürgermeisters durch die jeweilige Gemeinde fest. Wollte eine Provinz autonome Region werden, so musste sie ein entsprechendes Statut ausarbeiten, ihren Bürgern zur Abstimmung vorlegen und von den Cortes genehmigen lassen. Das für die Balearen geplante Autonomiekonzept fand in Madrid kein Gehör.

Staat und Kirche wurden getrennt, das Schulsystem aus dem Griff der Kirche befreit. Die angestrebten Landreformen trafen auf den Widerstand der Grundbesitzer, gegen die auch mallorquinische Bürger revoltierten. Die Republik litt an wirtschaftlicher Schwäche, ihre Anhänger waren zerstritten und reaktionär-klerikale Kräfte wollten ein autoritäres Regime herbeiführen.

Der `Pate` von Mallorca, Juan March y Ordinas, unterstützte die Republikfeinde. March, ein skrupelloser Spekulant und Bauunternehmer, hatte sein Finanzimperium durch Tabakschmuggel begründet und war einer der reichsten Männer der Welt. Auf Mallorca erwarb er Landbesitz und gründete die heute noch existente „Banca March". Die mallorquinische Arbeiterschaft versuchte March zu korrumpieren, indem er ihr 1924 in Palma einen

Versammlungspalast schenkte. March gehörte die Tages-
zeitung „El Dia"; er finanzierte den Putschgeneral Francisko Franco.

1933 gewannen Rechtskonservative und Republikfeinde
die landesweiten Parlamentswahlen. Auf Mallorca erziel-
ten sie wiederum überdurchschnittliche Erfolge. Massen-
streiks gegen die Regierung erhoben sich im ganzen Land.
Katalonien erklärte sich unter Lluis Companys für unabhängig; brutal wurde die katalanische Opposition nieder-
geschlagen. Noch schlimmer erging es 1934 asturischen
Bergarbeitern. General Franco unterdrückte sie mittels
grausamer militärischer Gewalt. 1933/34 war Franco Mi-
litärkommandeur der Balearen und kooperierte mit Juan
March.

Bei den Wahlen vom Februar 1936 siegte die Volks-
front; auf Mallorca jedoch behielt die von Juan March ge-
förderte Rechte die Oberhand. Streiks der Industriearbeiter
und spontane Landbesetzungen griffen um sich. Gefährli-
cher Militärs versuchte sich die republikanische Regierung
zu entledigen, indem sie Franco auf die Kanaren und Ma-
nuel Goded nach Mallorca versetzte.

Am 17. Juli 1936 begann der Staatsstreich. Zwei Tage
später besetzte auf Mallorca das Militär alle wichtigen Institutionen. Ohne Zögern trat die Mehrheit der Mallorquiner auf die Seite der Republikgegner. Nur vereinzelt gab
es geringen Widerstand, in Soller, Manacor und Puerto
Pollensa. Im Juli und August 1936 wurde Palma durch republikanische Flugzeuge angegriffen.

266

Die von Goded einberufene Inselregierung, welcher auch der Bürgermeister von Palma beitrat, funktionierte reibungslos. Das mallorquinische Metallgewerbe stellte für die Putschisten Kriegsmaterial her. Goded flog nach Katalonien und wurde dort im August 1936 hingerichtet. Ibiza schloss sich ebenfalls Franco an, während Menorca der Republik bis zuletzt treu blieb. Insgesamt fielen im Bürgerkrieg durch Erschießungen über 3000 Mallorquiner dem weißen Terror zum Opfer. Manche verließen fluchtartig die Insel.

Tausende republikanische Soldaten, die Kapitän Alberto Bayo kommandierte, landeten im August 1936 bei Sa Coma an der mallorquinischen Ostküste. Zwar eroberten sie einen schmalen Gebietsstreifen, unterlagen jedoch den franquistischen Streitkräften. Anarchistische Milizionäre gingen in Puerto Christo an Land und wurden nahezu aufgerieben.

Die „Schlacht um Mallorca" dauerte etwa zwei Wochen. Höchst negativ machten sich die mangelnde Koordination und Führungsschwäche der Republikaner bemerkbar. Francos Soldaten verdankten ihren Erfolg wesentlich italienischen Kampfflugzeugen. Ibiza und Formentera, die republikanische Soldaten zwischenzeitlich befreit hatten, besetzten die Franquisten erneut.

Ohne deutsche und italienische Hilfestellung hätte Franco den Bürgerkrieg niemals gewonnen. Deutsche Flugzeuge transportierten Francos Truppen von Marokko nach Spanien. Auch die Bomberstaffeln der Legion Condor beeinflussten massiv das Kriegsgeschehen. Hingegen verweigerten Großbritannien und Frankreich der Republik jeglichen Beistand.

Als Flotten- und Luftwaffenstützpunkt Francos und seiner Verbündeten spielte Mallorca eine wichtige Rolle. Francos Bruder Ramon kommandierte die spanische Luftwaffenbasis auf Mallorca. 1938 starb er bei einem Flugzeugabsturz. Von Mallorca aus griffen deutsche und italienische Bomber Ziele in Ostspanien an. Im Hafen von Palma und in der Bucht von Pollensa lagen mehrere Kriegsschiffe der Putschisten. Ebenso diente Mallorca als Truppenübungsplatz; zahlreiche mallorquinische Freiwillige traten Francos Armee bei.

Wasserflugzeuge der Legion Condor, bei Puerto Pollensa stationiert, flogen Angriffe gegen Menorca und Ostspanien. Ein Gedenkstein erinnert in Pollensa an 13 Gefallene dieser Fliegergruppe. Noch immer starten und landen Wasserflugzeuge an gleicher Stelle wie damals.

Obwohl Spanien im Zweiten Weltkrieg offiziell neutral war, liefen deutsche U-Boote mallorquinische Häfen an. 1942 wurde Palmas Hafen ausgebaut. Flugzeuge der Achsenmächte nutzten Mallorca für Notlandungen.

19. Deutsche auf Mallorca im frühen 20. Jahrhundert

Die starke Präsenz deutscher Touristen auf Mallorca hat ihre Vorgeschichte. Erstmals kamen Deutsche 1229 als Söldner Jaumes I. nach Mallorca.

Deutsche Firmen investierten hier seit Anfang des 20. Jahrhunderts. Siemens baute mehrere Straßenbahnlinien;

ab 1903 versorgte die Firma Ahlemeyer Palma mit Strom. Aber auch deutsche Kleinhändler, Drogisten, Metallwarenverkäufer und Handwerksbetriebe stärkten Mallorcas wirtschaftliche Entwicklung.

Palma war damals eine kleine beschauliche Stadt, in der hübsche Villen die Szenerie bestimmten. Gerade erst wurde die Stadtmauer abgetragen. Seit 1932 konnte man auf Mallorca Rundfunksendungen aus Deutschland empfangen. Innerhalb der letzten hundert Jahre wuchs Palmas Bevölkerungszahl von 60 000 auf 400 000 Bewohner.

In den 1920er-Jahren entstand auf Mallorca eine deutsche Touristen-„Kolonie": etwa 9000 Urlauber und 2200 „Residenten". Zahlenmäßig erreichten die Deutschen knapp den gleichen Anteil wie Briten und Franzosen.

1932 wurde die „NS-Ortsgruppe Palma de Mallorca" gegründet. Der politisch umtriebigen Vereinigung schlossen sich zahlreiche Mallorca-Deutsche an. Kurz vor Hitlers Machtübernahme wurde der Nationalsozialist Hans Dede, „Vater der deutschen Kolonie" auf Mallorca, zum Honorar-Konsul ernannt.

Dede observierte deutsche Emigranten, insbesondere Juden, welche auf der Insel lebten und verfasste über sie Berichte, die er deutschen Behörden zusandte. Unter Francos Herrschaft wurden Juden auf Mallorca schikaniert und zur Auswanderung gezwungen. Einige begingen Selbstmord. Im Mai 1945 wurden das deutsche Konsulat in Palma geschlossen und alle NS-Organisationen aufgelöst.

Francos Diktatur gestalteten vorwiegend autoritär-konservative, monarchistische und katholisch-klerikale Kräfte. Schon vor dem Ende des Zweiten Weltkrieges drängte Franco die faschistischen Tendenzen seiner Bewegung zurück.

Der Kalte Krieg rettete den Putschgeneral; die Westmächte benötigten Spanien und scheuten das Risiko, die Diktatur zu stürzen. Franco bestimmte 1947 einen Bourbonen, Juan Carlos, zum künftigen König Spaniens und schloss 1953 mit den USA ein Stützpunktabkommen. Auf Mallorcas höchstem Berg, dem Puig Mayor, errichtete das amerikanische Militär eine Radaranlage.

Das zentralistische Madrider Regime unterdrückte jeglichen Regionalismus. Nur die kastilische Sprache war erlaubt. Auch moderne Kunstströmungen durften sich nicht entfalten. Erst seit den 60er-Jahren regten sich mallorquinische Traditionen, und der Gebrauch des Katalanischen kehrte allmählich zurück.

Obwohl Mallorca im Bürgerkrieg Franco tatkräftig unterstützt hatte, verwandelte es sich nun in eine Fluchtburg mancher Regimekritiker, die sich häufig im Hotel Formentor trafen.

Trotz hoher amerikanischer Kredite, die Franco erhielt, blieb Spanien bis in die 1960er-Jahre verarmt. Mallorca gehörte zu den ersten spanischen Regionen, die sich in den

270

1950er-Jahren dem Tourismus öffneten. Binnen weniger Jahrzehnte wurde die Infrastruktur der Insel modernisiert und ihre Sozialstruktur deutlich verändert.

Während der 1920er-Jahre verbrachten reiche Touristen auf Mallorca bevorzugt die Wintermonate. Etwa 30 000 Touristen kamen im Jahr 1930 nach Mallorca. 1960 waren es 300 000, 1990 vier Millionen, 2012 neun Millionen. Dieser enorme und rasche Anstieg ging mit dem Ausbau von Palmas Seehafen und besonders des Flughafens Son San Juan einher, der 1960 als Verkehrsflughafen eröffnet wurde. Hinzu kamen die Autobahn und andere neue Straßen; der Stausee Gorg Blau sichert die Wasserversorgung.

Der Wildwuchs unzähliger Hotels beeinträchtigte Mallorcas Naturschönheiten. Ganze Küstenbereiche verschwanden unter Beton. Diese „Balearisation" sollte kurzfristigen Gewinn einbringen. Dank des Tourismus prosperiert aber die Insel, sodass Mallorca heute zu den reichsten spanischen Regionen gehört.

Die neue Dienstleistungskultur erleichterte den Übergang zur Demokratie nach Francos Tod 1975. Trotzdem birgt die einseitige Fixierung auf Urlauber für Mallorca wirtschaftliche Risiken. Sollte der Boom eines Tages enden, entstünde eine ähnliche Situation wie 1898. Der Tourismus wäre als trügerisches „El Dorado" bloßgestellt; gewisse Parallelen zum 16. Jahrhundert liegen nahe. Zukunftsindustrien entbehrt die Insel.

Bei den ersten freien Wahlen seit 1936 wählte Mallorca 1977 erneut konservativer als der spanische Durchschnitt. Die liberalkonservative UCD des Ministerpräsidenten Adolfo Suarez erhielt landesweit 34% der Stimmen, auf Mallorca jedoch 51%.

Gemäß der spanischen Verfassung von 1978 wurden in Katalonien, dem Baskenland und Galicien Regionalregierungen eingeführt. Die Balearen erhielten 1983 den Status einer „autonomen Region". Seit 1983 gliedert sich ganz Spanien in autonome Regionen; teilweise haben sie unterschiedliche Rechte und gelten nicht als Staaten. Historisch orientieren sie sich an den 1833 formal eingeführten Regionen.

Die Balearen haben Kompetenzen, die etwa den Rechten der deutschen Bundesländer entsprechen. Palma ist Sitz der Regionalregierung. 1983 fanden die ersten Wahlen zum balearischen Parlament statt. Der Einfluss der autonomen Regionen wird dadurch gestärkt, dass sie Abgeordnete in den spanischen Senat entsenden.

Der Präsident der balearischen Regionalregierung wird vom Parlament gewählt und vom König ernannt. Darüber hinaus verfügen Mallorca, Menorca, Ibiza und Formentera jeweils über einen „Inselrat", der besonders das Bauwesen und die Abfallentsorgung verwaltet und spezifische Inselinteressen vertritt. Mallorca besteht aus 53 Gemeinden und den Stadtverwaltungen von Palma, Alcudia, Soller, Inca, Felanitx, Llucmayor, Manacor. Offizielle Amtssprachen sind kastilisch und katalanisch. Gegenwärtig hat Mallorca etwa 900 000 Einwohner.

Mallorcas Autonomiestatut scheint gut zu funktionieren. Es meidet die Gefahr der Isolierung genauso wie die einer zentralistischen Bevormundung. Sollte sich aber Katalonien, Mallorcas verwandter Nachbar, von Spanien lossagen, dürfte das die Balearen nicht unberührt lassen.

Bei den landesweiten Wahlen von 1983 ging der sozialistische PSOE als Sieger hervor, nicht aber auf Mallorca, wo die Konservativen (Alianza Popular) dominierten. Der starke Dienstleistungssektor mit vielen Unternehmern und der geringe Anteil an Industrie fielen dabei ins Gewicht. Jedoch wählten Menorca, Ibiza und Formentera überwiegend die PSOE, die deshalb zur stärksten Partei im Regionalparlament der Balearen avancierte. Die drittstärkste Kraft wurde die „Unio Mallorquina".

1986 wurde Spanien Mitglied der EU und nutzte Fördergelder für den Aufbau einer neuen Infrastruktur. Modernisiert wurde die Industrie, der Tourismus boomte, die Wirtschaft wuchs, aber dennoch gab es mehr Arbeitslose. Die konservativ-neoliberale Regierung Aznar deregulierte zwischen 1996 und 2004 den Arbeitsmarkt. Sein Nachfolger Zapatero (PSOE), der von 2004 bis 2011 regierte, konnte 2008 das Platzen der Immobilienblase nicht verhindern, wodurch Spaniens Bauwirtschaft in eine schwere Krise geriet.

Dieses stete Auf und Ab spiegelte sich auf Mallorca wider. Derzeit sind etwa 75% der mallorquinischen Erwerbstätigen im Dienstleistungssektor beschäftigt, der 80% der

Wertschöpfung erwirtschaftet. 10,5% arbeiten im Bauge-
werbe; es hängt sehr vom Tourismus ab. In der ebenfalls
mit dem Tourismus verknüpften Industrie - Textilien, Le-
derwaren, Schmuck, Schuhe - sind 8% beschäftigt. In
Landwirtschaft und Fischfang arbeiten noch 5% der Er-
werbsbevölkerung. Das Pro-Kopf-Einkommen liegt mit
118% über dem spanischen Durchschnitt. Stark gingen die
Lebenshaltungskosten in die Höhe.

Heute versucht Mallorca, Landschaftspflege und Tourismus miteinander zu vereinbaren. Laut einem Küsten-
schutzgesetz ist die weitere Bebauung von Stränden und
Steilküsten untersagt. Die Insel Cabrera wurde unter Na-
turschutz gestellt.

22. Literatur

Walther L. Bernecker, Horst Pietschmann, Geschichte
Spaniens. Von der frühen Neuzeit bis zur Gegenwart, 2.
Aufl., Stuttgart 1997. Georg Bossong, Das maurische
Spanien, 3. Aufl., München 2016. Thomas Freller, Die
Geschichte Mallorcas, Ostfildern 2013. Michael Imhof,
Trauminsel Mallorca. Geschichte, Architektur, Land-
schaft, Petersberg 1998. Alexander Sepasgosarian, Mal-
lorca unterm Hakenkreuz 1933-1945, Göttingen 2017.
Heide Wetzel-Zollmann, Wolfgang Wetzel, Mallorca. Ein
Streifzug durch die 6000jährige Geschichte Mallorcas,
Freiburg 1991.

7. „Räsonieren" verboten! Das „Sklavenjoch" in der preußischen Armee und die Niederlage von 1806

Unsere nachgeborene friderizianische Armee, die statt der Ehre nur noch den Dünkel, und statt der Seele nur noch ein Uhrwerk hat – ein Uhrwerk, das bald genug abgelaufen sein wird.

Theodor Fontane[69]

Im Epochenjahr 1789 erschien in der Zeitschrift „Jahrbuch für die Menschheit" eine Abhandlung unter dem Titel „Über den Selbstmord"[70]. Verfasst hatte ihn der evangelische Pastor Johann M. Schwager (1738-1804), der im preußischen Minden-Ravensberg (Jöllenbeck) lebte[71]. Schwagers Thesen veranlassten Friedrich Wilhelm II., ein Strafverfahren gegen ihn einzuleiten.

---

[69] Theodor Fontane, Schach von Wuthenow. Erzählung aus der Zeit des Regiments Gensdarmes, Diogenes Verlag, Zürich 1998, S. 172.

[70] Johann Mori(t)z Schwager, Über den Selbstmord, in: Jahrbuch für die Menschheit oder Beyträge zur Beförderung häuslicher Erziehung, häuslicher Glückseligkeit und praktischer Menschenkenntniß, hrsg von Friedrich Burchard Beneken, Bd. 2, Hannover 1789, S. 552-578.

[71] Frank Stückemann, Neuere Aspekte zu Johann Moritz Schwagers Vita, Werk und Wirkung, in: Walter Gödden, Peter Heßelmann, Frank Stückemann (Hrsg.), „Er war ein Licht in Westphalen". Johann Moritz Schwager (1738-1804). Ein westfälischer Aufklärer. Veröffentlichungen der Literaturkommission für Westfalen, Bd. 55, Bielefeld 2013, S. 27-36.

Welche „Verfassung" der Zeit, hatte Schwager in dem Artikel gefragt, verursachte den Anstieg der Selbstmordrate in Preußen? [72] Am häufigsten sei der Suizid „aus wahrer Verzweiflung", und deshalb gebe es in Preußen nirgends so viele Selbsttötungen wie im Militär. Besonders „gemeine Soldaten" wählten den Freitod. Der „schrecklichste Mangel, die unmenschlichste Behandlung, und das schmerzhafte Gefühl verlohrner Freiheit" bedingten solche Tragödien.

Wüsste nur der König, „wie schwer oft das Sklavenjoch seine Krieger drückt, wie hündisch manche behandelt werden, wie seine ... Reglements von kleinen, unerträglichen Despoten verdreht werden; sein gutes Herz müßte bluten". Denn jene Offiziere, die ihre Untergebenen quälten, „nehmen den Schild des Buchstabens vor die Brust, und verwahren ihre Bubenstücke dahinter" [73]. Glaubte Schwager, dass Friedrich Wilhelm II. ahnungslos war? Hatten nur Offiziere den Missbrauch der Gesetze zu verantworten?

Der drangsalierte Soldat sah des „Jammers kein Ende", denn er konnte sich nirgends beschweren, ohne neue Er-

---

[72] Johann M. Schwager, Über den Selbstmord, wie Fußnote 2, S. 552-557.

[73] Ebd., S. 561. Das in Preußen legale „Gassenlaufen" erwähnte Schwager nicht, meinte aber offensichtlich, dass Offiziere rechtswidrige Strafen verhängten. (Vgl. unten die „Declamation" Friedrich Wilhelms II.). Teile des Artikels sind abgedruckt in: Frank Stückemann, Johann Moritz Schwager (1738–1804). Ein westfälischer Landpfarrer und Aufklärer ohne Misere, Veröffentlichungen der Literaturkommission für Westfalen, Bd. 36, Bielefeld 2009, S. 448-450. Bisher wurde der Fall Schwager seitens der Geschichtswissenschaft nicht ausgewertet.

niedrigungen befürchten zu müssen. „Was bleibt seiner Verzweiflung übrig als – eine Kugel?"[74]

Abscheu und Entsetzen befalle „den Menschenfreund, wenn er bartlose Pürschchen auf lang gediente Soldaten wie auf Mülleresel losschlagen sieht und im Castrationsbasse losdonnern hört"[75]. Gerade auch dieser anschaulich formulierte Satz empörte die Obrigkeit[76].

Verschlimmert wurde das Soldatenleben aufgrund willkürlich abgelehnter Heiratsgesuche. Niemand lasse sich „die Liebe durch ... höhnende Machtsprüche [oder] Stockschläge austreiben". Häufig begingen diese „Unglücklichen" Selbstmord[77].

Nichtpreußen (zumeist Deutsche) wurden mittels falscher Versprechungen ins Militär gelockt. Dem unerfahrenen Menschen gaukelten die Soldatenwerber, die gern Alkohol anboten, ein „Schlaraffenleben" vor. Sobald der Betrogene seine „jugendliche Übereilung" erkannte „und dann sich besann, besann er sich zu spät". Nun schockiert ihn der Verlust der „natürlichen Freiheit", „und wehe dem Nüchterngewordenen, wenn er sich der verlorenen Freiheit „mit lebhaftem Gefühle erinnert" und obendrein wahrnimmt,

---

[74] Johann M. Schwager, Über den Selbstmord, wie Fußnote 2, S. 561. Vermutlich trieb ebenso die Scham über Misshandlungen manchen in den Tod.

[75] Ebd., S. 561 f. Die „bartlosen Pürschchen" waren vermutlich junge Fähnriche.

[76] Vgl. unten das Schreiben des Geheimen Justizrates von Arnim.

[77] Johann M. Schwager, Über den Selbstmord, wie Fußnote 2, S. 562 f.

277

„daß ihm, da er Wort halten muß, nicht Wort gehalten wird" [78].

Dabei lehnte der Autor die militärische Subordination nicht ab. Aber Schwager verlangte, sie „menschlicher" zu gestalten. Gelinge das nicht, so möge in Notzeiten, die das „stark aufbrausende Freiheitsgefühl" hervorbringen werde, „Gott den Fürsten gnädig" sein, denn diese dürfen sich keinesfalls auf „dergleichen Unglückliche, in denen so oft die Menschheit beleidigt ward, auf solche Beschützer, die selbst keinen Schutz genossen, verlassen!!!" [79].

Der preußischen Armee prophezeite Schwager 17 Jahre vor ihrem Untergang eine düstere Zukunft! Die Französische Revolution beurteilte er wohl reserviert. Aber ein Militär, zusammengehalten durch Schläge, Betrug und Brüllorgien, das eigene Soldaten schlimmer als Tiere behandelte, widerstand keinem Gegner, der die Bürgerrechte anerkannte.

„Der Geist ist heraus, alles ist Dressur und Spielerei geworden" [80], bemerkte Fontane und verglich Preußens er-

---

[78] Ebd., S. 563

[79] Ebd., S. 561. `Patriotische` und humanitäre Gedanken motivierten Schwager. Nicht einmal Friedrich Wilhelm hat Schwager „Wehrkraftzersetzung" vorgeworfen, wie Stückemann behauptet, der bewusst die Unwahrheit schreibt, indem er einen Begriff des 20. Jahrhunderts verwendet. Vgl. Frank Stückemann, Johann Moritz Schwager (1738–1804). Ein westfälischer Landpfarrer und Aufklärer ohne Misere, Veröffentlichungen der Literaturkommission für Westfalen, Bd. 36, Bielefeld 2009, wie Fußnote 5, S. 448.

[80] Th. Fontane, Schach von Wuthenow, wie Fußnote 1, S. 63.

starrte Armee mit der späten Mingdynastie [81]. Allerdings ignorierte Fontane, der vorrangig den Adel betrachtete, dass nicht nur „Dressur und Spielerei" die Truppe schädigten, fielen doch zahlreiche Soldaten der Barbarei anheim.

Laut Friedrich Wilhelm bedrohte Schwagers Artikel das Militär und den gesamten Staat [82]. Darum verurteilte ein Gericht in Minden-Ravensberg, schrieb der Justizrat von Arnim, Schwager aufgrund „wahrheitswidriger Schilderung und der dabei gebrauchten beleidigenden Schreibart" zum Nachteil der „Preußischen Militär-Verfassung" und bezogen auf „den Stand des gemeinen Soldaten" zu einer Geldstrafe von 50 Talern. Außerdem sollte er seine Thesen öffentlich „widerrufen". Ihm wurden die Kosten des Verfahrens (4 Taler) auferlegt [83]. Folglich hatte Schwager preußische Soldaten beleidigt - und nicht etwa der preußische Staat!

---

[81] Ebd., S. 174.

[82] In einer Kabinettsorder vom 25.3.1790 beauftragte der König den Minister Wöllner, bei der Mindenschen Regierung ein Strafverfahren gegen Schwager zu beantragen, weil dieser „eine aufwiegelnde, der allgemeinen Ordnung der Staatsverfassung äußerst nachtheilige" Schrift verfasst habe. Zit. nach Frank Stückemann, Johann Moritz Schwager (1738–1804). Ein westfälischer Landpfarrer und Aufklärer ohne Misere, wie Fußnote 5, S. 449.

[83] Geheimer Justizrat Albrecht Heinrich von Arnim, (1798 preußischer Justizminister), im Auftrag Friedrich Wilhelms II., In fiskalischer Untersuchungssache wider den Prediger Joh. Mori(t)z Schwager, o. Dt., (etwa Oktober 1790), in: Geheimes Staatsarchiv Preußischer Kulturbesitz, I. HA, Rep. 96, Geheimes Zivilkabinett, ältere Periode (bis 1797), Nr. 218, Bl. 36.

Kniefällig bat Schwager den König, ihn zu begnadigen und das Urteil aufzuheben [84]. Jemand denunzierte ihn wegen des Artikels bei Friedrich Wilhelm, der daraufhin ein Strafverfahren in Gang setzte, obwohl „Patriotismus" und „warme Vaterlandsliebe" Schwager bewogen hätten, die Feder zu ergreifen. Immer wollte er dem „Staate nützlich" sein. Der zuständige Richter sprach Schwager deshalb vom „Verdachte der Aufwiegelei" frei.

Schwager berief sich auf das Generaldirektorium und die leitenden Persönlichkeiten Wöllner, von der Reck, Heinitz sowie den Königsberater Bischoffwerder, die ihm das „Zeugnis des wärmsten, thätigsten Patriotismus" ausstellen könnten. „Wahre Menschenliebe" veranlasste Schwager, Zustände im Militär zu kritisieren, die auch die „Königliche Majestät Allerhöchst Selbst verabscheut", von „Dero menschenfreundlicher Absicht" er überzeugt war [85].

---

[84] Schreiben Johann M. Schwagers an Friedrich Wilhelm II., 5. September 1790, in: GStA, wie Fußnote 15, Bl. 28 f. Stückemann erwähnt weder diesen Bittbrief noch den Bescheid des Justizrates von Arnim. Das Berliner Kammergericht, behauptete Schwager, habe ihn in zweiter Instanz freigesprochen. Akten hierzu fehlen. Erfolgte der (vermeintliche) Freispruch unabhängig vom abgelehnten Gnadengesuch? Welches Urteil galt? Vgl. Frank Stückemann, Johann Moritz Schwager (1738–1804). Ein westfälischer Landpfarrer und Aufklärer ohne Misere, wie Fußnote 5, S. 450. Die Haltung des Königs in der Causa Schwager beeinflusste dieser (etwaige) Freispruch nicht.

[85] Schreiben Johann M. Schwagers an Friedrich Wilhelm II., 5. September 1790, in: GStA, wie Fußnote 15, Bl. 28. Schwager hätte noch erwähnen können, dass ihm Friedrich II. 1780 einen Belobigungsbrief zugesandt hatte. Vgl. Johann Moritz Schwager Lesebuch, hrsg. von Frank Stückemann, Köln 2012, S. 53.

Weithin dementierte der Bittsteller seine im „Jahrbuch für die Menschheit" formulierte Kritik. Nun gab es keine Selbstmorde mehr. Wenige „Missbräuche" im Militär seien „wohl noch nicht so gänzlich abgestellt". Allenfalls existierten „hin und wieder noch Befehlshaber, die zu hart mit dem gemeinen Soldaten umgehen". „Der Armee im Ganzen" machte er „keine Vorwürfe". Sollten „zu harte Worte" gefallen sein, beging Schwager diesen „Fehler" als „patriotischer Unterthan".

Friedrich Wilhelm, ein „Menschenfreundlicher Monarch", werde ihm vergeben. „Und um diese Verzeihung, Sire! um gänzliche Niederschlagung des Prozesses und um Aufhebung der dictirten Strafe und Kosten werfe ich mich Euer Königlichen Majestät zu Fuße". Schwager konnte das Strafgeld nicht zahlen, ohne sich „zu ruinieren, ohne meine zahlreiche Familie darben zu lassen, und ohne meinen Sohn aus seiner Carriere heraus zu nehmen," den er drei Jahre lang bei der Königlich Mindischen Kammer „als Kalkulator-Assistenten mit mich drückenden Kosten unterhalte" und der die vollste Zufriedenheit seiner Vorgesetzten erlangte.

Auch erinnerte Schwager daran, dass er Anfang 1790 „dem Staat" 108 Kinder dank „eigenhändigen" Impfens vor den Pocken rettete und ihnen auf seine Kosten Medikamente kaufte. Daher möge Friedrich Wilhelm diese seine „flehentlichste Bitte allerhuldreichst" erfüllen und ihm „Gnade" gewähren [86].

---

[86] Schreiben Johann M. Schwagers an Friedrich Wilhelm II., wie Fußnote 16, Bl. 28f.

Alle Dementis bezüglich seines Artikels, das erniedrigende Flehen um Mitleid, die Appelle an den „menschenfreundlichen" König, nützten dem Bittsteller nichts. Der von Friedrich Wilhelm beauftragte Justizrat wies Schwagers Gnadengesuch zurück. In seinen „Gründen" schrieb Arnim, dass Schwager über Misshandlungen gemeiner Soldaten berichte, ohne „Orte, Regimenter und Personen" zu benennen. Dennoch erwecke er den Eindruck, die preußische Armee besser zu kennen als der König.

Besonders verärgerten den Justizrat des Autors „bartlose Pürschchen" mit der Kastratenstimme, die gnadenlos ältere Soldaten malträtierten. Schwagers gesamten Text, sofern er sich auf die preußische Armee bezog, hielt Arnim für strafwürdig. „Wo sind unter der Regierung Seiner Königlichen Majestät die Unglücklichen, die das Sklavenjoch drückt, die hündisch behandelt, die zur Verzweiflung gebracht werden, in denen die Menschheit beleidigt wird?" In seiner „Vernehmung" habe Schwager keine konkreten Tatsachen erwähnt [87].

Zweifellos leiteten Schwager aufklärerisch-humanitäre Beweggründe, die allerdings unmöglich den Verdacht rechtfertigen, dass er log.

---

[87]Geheimer Justizrat von Arnim, In fiskalischer Untersuchungssache, wie Fußnote 15, Bl. 29f. Ein Zeitschriftenartikel von 1788 „über berlinische Selbstmörder" veranlasste Schwager, dieses Thema zu bearbeiten und das Militär einzubeziehen. Ebd, Bl. 29 R. Als Teilnehmer des Siebenjährigen Krieges hatte Schwager entsprechende Erfahrungen gemacht. Außerdem nutzte er hierfür Veröffentlichungen der „Berlinischen Monatsschrift" der Zeit vor 1786. Vgl. Frank Stückemann, Johann Moritz Schwager (1738–1804). Ein westfälischer Landpfarrer und Aufklärer ohne Misere, wie Fußnote 5, S. 448, S. 450.

Arnim bemerkte, dass Friedrich Wilhelm „Verordnungen" erlassen habe, „welche vorzüglich dahin abzwecken, um alle etwaigen Missbräuche abzustellen, daß keine unmenschliche Behandlung und keine willkürliche und ungerechte Bestrafung vorgehe", Heiratsverbote unterblieben und die Anwerbung korrekt ablief [88]. Derlei Maßregeln ergeben aber nur dann Sinn, wenn Zustände, wie sie Schwager kritisiert hatte, in der preußischen Armee vorkamen! Und doch behauptete Arnim, dass die von Schwager behaupteten „Mängel und Gebrechen ... nicht existiren".

Selbstverständlich interessierte Arnim nicht die Wahrheitsfindung; unabhängige Gutachter heranzuziehen, stand nie zur Debatte. Die Voreingenommenheit des Justizrates kann man nur *extrem* nennen. Das Allerheiligste hatte Schwager angegriffen, die preußische Armee, das Fundament der Monarchie. In Schwagers Artikel sah Arnim „eine Beleidigung des Staats und dessen Regenten" sowie der gemeinen Soldaten.

„Als ein Landeseinwohner und Prediger" unterliege Schwager der „Verbindlichkeit", dem Staat „nützlich zu werden" und seinen „Ruf zu fördern". Trotzdem habe er den Staat „verlästert, öffentlich beim auswärtigen und inländischen Publico", indem er den Eindruck hervorrief, dass in der preußischen Armee ein durch „Misshandlungen und Despotie" verursachtes „Sklavenleben" manche Soldaten in den Selbstmord treibe. Somit werde des Königs Militär „in einen üblen Ruf gesetzt und Mistrauen und

---

[88] Geheimer Justizrat von Arnim, In fiskalischer Untersuchungssache, wie Fußnote 15, Bl. 29 R

Abneigung" erfassen am Ende den „ganzen Preußischen Staat" [89].

Zwar sei Schwager „ein treuer, gutgesinnter Staatsbürger und rechtschaffener Prediger", der weder den „bösen Vorsatz" hatte, zur „Aufwiegelei" anzustiften noch die „öffentliche Ruhe verletzen" wollte. „Unwissenheit" und „Schreibseligkeit" hätten Schwager veranlasst, seine „dreisten Behauptungen" zu publizieren [90]. Arnim kümmerte nicht, was die Geldstrafe für Schwagers Familie bedeutete.

Hat Schwager gelogen, oder schrieb der Justizrat, verlängerter Arm des Königs, aus falsch verstandener Staatsräson die Unwahrheit? Um diese Fragen zu beantworten, empfiehlt es sich, gesetzliche Bestimmungen zu analysieren, die vor allem „gemeine Soldaten" betrafen. Innerhalb des preußischen Militärs galten, differenziert nach Dienstgraden, spezielle Rechtsordnungen. Auch gab es eine Militärgerichtsbarkeit [91].

---

[89] Ebd.

[90] Ebd., Bl. 29 R und Bl. 30. Interessanterweise erwähnt Arnim, dass Schwager den „Beifall des Censors" gefunden habe, der offensichtlich Schwagers Artikel für glaubwürdig hielt. Demnach hatte der Zensor Schwagers Text genehmigt, bevor Friedrich Wilhelm intervenierte.

[91] Betreffs die Gesamtsituation des preußischen Heerwesens von 1786-1806 vgl. Handbuch zur deutschen Militärgeschichte 1648-1939, hrsg. vom Militärgeschichtlichen Forschungsamt, Bd. 1, Abschnitt II, München 1979, S. 81-88. Kritiker des Strafsystems scheiterten am Widerspruch der meisten Offiziere. Ebd., S. 89-99, bes. S. 90-92.

Artikel 28 der Kriegsgesetze vom 20. März 1797 legte fest: „Im Fall der Selbstentleibung aus Schwermuth oder Melancholie ist der Körper ganz im Stillen fortzuschaffen und zu beerdigen. Ist jedoch nur eine Verwundung erfolgt [= versuchter Selbstmord], so müssen die Umstände, nach dem Grade der Schwermuth und Melancholie in Erwägung gezogen werden, um die Bestrafung des Thäters, wenn ihm dabei Bosheit [!] zur Last fällt, mit Gassenlaufen zu bestimmen" [92].

Versuchte „Selbstentleibung" wurde mit Gassenlaufen, sprich Schlägen bestraft, wenn jemand aus „Bosheit" gehandelt hatte, das heißt dem unerträglichen *Dienst* durch Selbstmord entgehen wollte.

Die verklausulierte Sprache des Artikels 28 sollte glauben machen, dass Soldaten meistens wegen individueller „Schwermuth" Hand an sich legten. Selbsttötungen als Flucht vor dem Dienst seien daher Ausnahmen. So verschleierten die Verfasser des Gesetzes die grausame Wirklichkeit.

Dass Artikel 28 zugunsten Schwagers ins Gewicht fiel, bekräftigte unfreiwillig Friedrich Wilhelm II. Am 20. März 1797 erließ er eine „Declamation" zur Ergänzung der Kriegsartikel vom gleichen Tag. Hier stand bereits unter Punkt 1, dass der Offizier ihm Untergebene nicht „durch tyrannische oder brutale Behandlung" zur „Wider-

---

[92] Kriegesartikel für die Unter-Offiziere und gemeinen Soldaten von der Infanterie, Cavallerie und Artillerie, Berlin 1797, in: GStA, I HA Rep. 9 Allgemeine Verwaltung, NN lit d, Paket 1796-1800.

setzung veranlassen" dürfe [93]. Also herrschten tatsächlich Brutalität und Tyrannei im Heer der Preußen!

Weiter verbot der König, dass die Gassenlauf-Strafe den Delinquenten tötete oder (unheilbar) dienstuntauglich machte. Friedrich Wilhelm, der jegliche „Insubordination" schwer zu bestrafen gedachte, erließ diese Bestimmung weniger aus Gutherzigkeit, die ihm Schwager angedichtet hatte, sondern weil er nicht unnötig Soldaten verlieren wollte.

Deshalb verminderte er die bis dahin zulässige Höchststrafe des „30maligen Gassenlaufens" (= 150 Rutenschläge auf den Rücken) auf das 20malige Gassenlaufen (= 100 Schläge), [94] obwohl vermutlich auch diese tödlich enden konnten. Nicht einmal Schwager hatte den lebensgefährlichen Gassenlauf erwähnt.

Hinsichtlich der Anwerbung von Soldaten ergingen im Februar 1787 neue Regularien. „Alle listigen Nachstellungen, Überredungen und Täuschungen [sollen] völlig unterbleiben, und keine Rekruten anders als mit ihrem freien

---

[93] Declamation über einige Punkte zur Anwendung der neuen Kriegesartikel, Berlin, 20. März 1797, in: GStA, wie Fußnote 24.

[94] Ebd. Die Widerrede gegen einen Offizier konnte vor dem März 1797 mit bis zu 30maligem Gassenlaufen geahndet werden. Der tätliche Angriff zog prinzipiell das Todesurteil nach sich. Vgl. Artikel 4 und 5 der Kriegesartikel für die Unter-Offiziere und gemeinen Soldaten, wie Fußnote 24. „6maliges Gassenlaufen" bedeutete 30 Schläge, pro Gassenlauf also 5 Schläge. Das `Instrument` der Bestrafung wurde Fuchtel, Spießrute, Stock oder Rute genannt. Vgl. Anhang zu den Kriegesartikeln vom 20. März 1797, 29. Dezember 1800, in: ebd.

Willen und bei nüchternem Muthe, angeworben werden".
„In den Wirthshäusern" müsse der Umworbene deshalb
nicht „zum Trunke gereizet, und nie in der Trunkenheit en-
gagirt werden" [95]. Ob „muß nicht" ein Verbot bedeutete,
ist unklar.

Die „Werbung" erfordere „größte Ehrlichkeit", und niemand solle „durch Unwahrheit oder durch falsche Versprechungen getäuscht werden" [96]. Bedurfte es dieser Gebote? Sehr wahrscheinlich betraf das Reglement die von
Schwager 1789 getadelten Sachverhalte.

Inländische Soldaten, die sich trotz Bestrafung der
Dienstordnung widersetzten, verurteilte man zu lebenslanger Festungs- oder Zuchthausstrafe [97].

---

[95] Reglement für die ausländische Werbung vom 1. Februar
1787, in: GStA, Novum Corpus Constitutionum Marchicarum,
8. Band, 1786-1790, Nr. 12, Artikel 2. Zu den Hintergründen der
Anwerbung von Nichtpreußen: Handbuch der deutschen Militärgeschichte, wie Fußnote 23, S. 87f. Entstanden war dieses
System in der Zeit Friedrichs II. Vgl. Martin Guddat, Handbuch
zur preußischen Militärgeschichte 1701-1786, Hamburg 2001,
S. 49f.

[96] Reglement für die ausländische Werbung vom 1. Februar
1787, wie Fußnote 27, Artikel 3.

[97] Zwei Schreiben des Oberkriegskollegiums, 1. Departement,
an die Generalinspekteure der Infanterie, März und Mai 1789,
in: GStA, IV. HA, Rep. 11, Preußische Armee, Kommando- und
Verwaltungsbehörden sowie Truppenteile der Alten Armee bis
1806/07, Nr. 65, Bl. 1f. `Unverbesserlichen` Nichtpreußen sollten (wie Tieren oder Sklaven) jeweils ein Buchstabe in den Rücken eingebrannt werden. Dann brachte man sie außer Landes;
auch die Einweisung in ein preußisches Arbeitshaus kam in Betracht. Das Brandzeichen diente wohl der Bestrafung und sollte

Zwei bisher unbekannte Fälle der Soldatenbestrafung runden das Bild ab. Im April 1793 hatte ein Musketier namens Kupitsch „öffentlich raisoniert", meldete Generalmajor von Rüchel dem preußischen König[98]. Am gleichen Tag habe ein Stabskapitän „ähnlich dienstwidrig" den Kommandeur eines Bataillons „vor der Front [des Bataillons] zur Rede gestellt"[99].

Der Generalmajor verschwieg, worin die `Räsonnements` bestanden und ob eine Verbindung zwischen Kupitsch und dem Offizier existierte. Offenkundig lagen tiefe Unzufriedenheiten zugrunde, wofür die sehr harte Strafe spricht, die Kupitsch traf: das „20malige Gassenlaufen" (= 100 Schläge). Kupitsch kam ins Lazarett und sollte nach der Genesung in ein westlich des Rheins stationiertes Regiment versetzt werden[100].

Wesentlich glimpflicher erging es dem Stabskapitän; ihn wollte Rüchel nur zeitweise strafversetzen und dann begnadigen[101]. Scharf betonte Standesgrenzen charakterisierten eine Armee, in der Offiziere und Mannschaften getrennten Welten angehörten, deren wichtigstes Verbindungsstück die *Rute* bildete. Ohne freiwilligen inneren Zu-

---

vor allem preußische Soldatenwerber davon abhalten, diese Personen nochmals zu verpflichten. Ebd.

[98] Generalmajor Friedrich Wilhelm von Rüchel an Friedrich Wilhelm II., 20.4.1793, in: GStA, I. HA, Rep. 96, Geheimes Zivilkabinett, ältere Periode (bis 1797), Nr. 256 H, Bl. 35. Rüchel verfasste diesen Brief in seinem Quartier nahe Frankfurt am Main.

[99] Ebd., Bl. 35 R.

[100] Ebd.

[101] Ebd., Bl. 35 R, Bl. 36.

sammenhalt war keine ernsthafte kriegerische Bewährungsprobe zu bestehen.

Die 1795 eingesetzte „Immediat-Militär-Organisation" brachte abgesehen von folgenlosen Denkschriften kaum etwas zustande. Hermann von Boyen, damals Stabsoffizier, forderte vergebens die Abschaffung der Körperstrafe [102].

„Der große König", schrieb Fontane, „hat diesen schlimmen Zustand der Dinge vorbereitet, aber dass er *so* schlimm werden konnte, dazu mussten sich die großen Königsaugen erst schließen" [103]. Im Gegensatz zu Friedrich II. vermochte der Nachfolger seiner Armee `Geist und Seele` nicht einzuhauchen. Übrig blieben Schematismus, stumpfer Drill und der oft gehandhabte Stock. Naive Preußen-Apologeten sehen darin nur einen „Leistungsabfall" des sonst untadeligen preußischen Staates [104]. Weit eher entblößte Friedrich Wilhelm II. die verhängnisvolle Kehrseite des monarchischen Staatsgedankens. Gleichsam umgekehrt proportional ist dieser König genauso bedeutsam wie Friedrich II.

---

[102] Grundzüge der deutschen Militärgeschichte, hrsg. von Karl-Volker Neugebauer im Auftrag des Militärgeschichtlichen Forschungsamts, Bd. 1, Freiburg 1993, S. 81ff.

[103] Th. Fontane, Schach von Wuthenow, wie Fußnote 1, S. 172.

[104] Gerd Heinrich, Geschichte Preußens. Staat und Dynastie, Frankfurt/Main, Berlin, Wien 1984, S. 256. Das Problem habe nur in der Person des Königs gelegen, ebd., S. 272. Gerade der oberste Mann ist eben eine der Achillesfersen jedes monarchischen Absolutismus! Fundamentale Schwächen der preußischen Staatsidee verkennt Heinrich ebenso wie er barbarisch misshandelte Soldaten ignoriert. Aber er lobt das „regierbare", gehorsame und „arbeitswillige" Volk, ebd., S. 256.

Natürlich gab es im 18. Jahrhundert gleichartige Zustände auch in anderen Armeen. Aber die Situation war in Preußen wegen der Französischen Revolution und besonders seit der „Levee en masse" von 1793, die eine Bürgerarmee auf der Basis der Wehrpflicht schuf, gründlich verändert.

Nun musste Friedrich Wilhelm II. entscheiden, ob und wie er die Ereignisse in Frankreich beantworten sollte. Nicht nur die Zuverlässigkeit der Armee galt es zu sichern. Staat und Militär waren in Preußen so eng verwoben, dass die Kritik an der Armee, worauf der Justizrat von Arnim richtig hingewiesen hatte, beinahe zwangsläufig in die Kritik am Staat einmündete [105].

Man darf den `Fall Schwager` nicht isoliert betrachten. Welches Selbstverständnis entwickelte die preußische Staatsführung? Zwei Möglichkeiten standen der Regierung zur Wahl: gründliche Staatsreform oder Stillstand. Anfangs schien Friedrich Wilhelm II. die Kontinuität des aufgeklärten Absolutismus fortzusetzen. Die französische Regie der Zoll- und Akziseverwaltung wurde abgeschafft. 1787 gründete er das Oberkriegskollegium und verlieh ihm die Kompetenzen eines Kriegsministeriums. Dann ließ der König 1794 die monarchisch-autoritär revidierte Endfassung des „Allgemeinen Landrechts" in Kraft treten.

Solche und andere Maßnahmen änderten wenig. Das Ständewesen, die Privilegien des Adels, auch das Militär-

---

[105] Aufklärerisch gesinnte preußische Offiziere erkannten ebenfalls, dass „sich absolutistisches Staats- und Heeresprinzip entsprachen". Handbuch zur deutschen Militärgeschichte, wie Fußnote 23, S. 94.

system blieben ebenso erhalten wie der Merkantilismus [106]. Letztlich obsiegten Erstarrung und Repression. Berlins politische Polizei beobachtete und registrierte jeden Schritt ausländischer Gesandter [107].

Die unnachsichtige Zensur fast aller Druckwerke lähmte das Geistesleben. Johann Christoph von Wöllners berüchtigtes Religionsedikt (1788) schrieb den evangelischen Geistlichen die Auslegung des Christentums penibel vor [108]. Gemaßregelt wurde auch Immanuel Kant, dem der Monarch 1794 seine „höchste Ungnade" und „unangenehme Verfügungen" androhte. Erbärmlich beugte Kant, der es kategorisch ablehnte, gegen die Obrigkeit zu rebellieren, den Nacken vor der „landesväterlichen Intention" [109].

Des Königs große Fehler in der Außenpolitik verschlimmerten die Gesamtlage. Törichterweise intervenierten preußische Soldaten in den Niederlanden (1787) und in

---

[106] Otto Hintze, Die Hohenzollern und ihr Werk, Berlin 1915, S. 407-411. Christopher Clark, Preußen. Aufstieg und Niedergang, 1600-1947, 1. Aufl., München 2006, S. 330ff. Zum Oberkriegskollegium: Handbuch zur deutschen Militärgeschichte, wie Fußnote 23, S. 110f.

[107] Hierüber informieren mehrere umfangreiche Aktenbände. Berichte über Gesandte in Berlin, in: GStA, I. HA, Rep. 96, Geheimes Zivilkabinett, ältere Periode (bis 1797), Nr. 147, K k, Bd. 2, u.a.

[108] Brigitte Meier, Friedrich Wilhelm II. König von Preußen (1744-1797). Ein Leben zwischen Rokoko und Revolution, Regensburg 2007, S. 209ff.

[109] Vgl. den berühmten Brief des Königs an Kant. Friedrich Wilhelm II. an Immanuel Kant, 1. Oktober 1794, (Abschrift), in: GStA, VI. HA, NL Friedrich Theodor Althoff, Nr. 49, Bl. 2-3.

Frankreich (1792-1795), wo sie zugunsten der jeweiligen Obrigkeit eingriffen. Im ersten Koalitionskrieg erlitt die preußische Armee eine klägliche Niederlage. Frankreich besetzte aufgrund des Basler Friedens 1795 Preußens linksrheinische Gebiete.

Der Räumung deutscher Westgebiete folgte besonders nach der dritten Teilung Polens (1795) eine aberwitzige Ostexpansion. Nun gehörten das ferne Bialystok und die polnische Hauptstadt Warschau zu Preußen; fast jeder dritte Einwohner des Königreiches war polnischer Herkunft [110]. Preußen verlor das innere Gleichgewicht und schwächte seine Position in Deutschland.

Theodor Fontanes Urteil, dass Preußen vom Tode Friedrichs II. bis 1806 „den Kopf in den Sand gesteckt (habe), um nicht zu hören und nicht zu sehen", [111] stimmt nur teilweise. Zwar nahm die Regierung grundsätzliche Mängel des eigenen Staates nicht zur Kenntnis. Aber die Herausforderung durch die Revolution in Frankreich wurde keinesfalls unterschätzt. Den Teilnehmern des Regensburger Reichstag vom August 1791 sagte Friedrich Wilhelm II., dass „die Ansteckung des Geistes der Freiheit und des Ungehorsams die ernsteste Aufmerksamkeit aller Regierungen" erfordere [112].

---

[110] Zur preußischen Außenpolitik vgl. Christopher Clark, Preußen, wie Fußnote 38, S. 333-342. Speziell über die polnischen Teilungen: Michael G. Müller, Die Teilungen Polens. 1772, 1793, 1795, München 1984.

[111] Th. Fontane, Schach von Wuthenow, wie Fußnote 1, S. 174.

[112] Zitiert nach Brigitte Meier, Friedrich Wilhelm II., wie Fußnote 40, S. 112. Generell: Ilonka Egert und Günter Vogler, Stimmen zur Französischen Revolution in Preußen 1789 bis 1795.

Seitens der preußischen Staatsleitung formulierte man ein konservatives Gegenprogramm zur Französischen Revolution. Etwa 1795 entstand der bisher unbekannte „Plan zu einer Volksschrift", um „schädlichen Meinungen", die aus Frankreich hereinkamen, die „Grundsätze des Patriotismus entgegen zu setzen" und dem „lesesüchtigen Publikum" das Staatsinteresse zu erläutern [113]. In vielen Köpfen geisterten phantastische „Fernwelten", welche die „wirklichen Welten" zerstörten. Spekulationen über „Regierungs Constitutionen" irritierten den „zur nützlichen Thätigkeit bestimmten Staatsbürger" und machten ihm Preußens reale Verfassung schlecht, in welcher er zufrieden gelebt hatte, nun aber durch ein „Schlaraffenland" ablösen wolle [114].

Diese „nicht geringe Zahl" von Personen verstünden nicht, wie Staaten zu regieren seien. In Frankreich proklamierte „Rechte der Menschen" und die Reden der dortigen Volksvertreter hätten sie verführt. Frankreich taumele zwischen einer „unanwendbaren Demokratie" und „wilder

---

Argumente für das Pro und Contra, in: Heiner Timmermann (Hrsg.), Die Französische Revolution und Europa 1789-1799, Saarbrücken 1989, S. 343-368. Helga Schultz, Gesellschaftliche Strukturen und geistig-politisches Klima in Berlin 1789-1799, in: Timmermann, ebd., S. 381-392. Wilhelm Lüdtke, Friedrich Wilhelm II. und die revolutionäre Propaganda 1789-1791, in: Forschungen zur brandenburgischen und preußischen Geschichte, Bd. 44, 1932, S. 70-83, besonders S. 76-79.

[113] Plan zu einer Volksschrift, ohne Angabe des Verf., ohne Dt.,(etwa 1795), in: GStA, I. HA Rep. 96, Geheimes Zivilkabinett, ältere Periode (bis 1797), Nr. 218, Bl. 25-27.

[114] Ebd., Bl. 25.

Oligarchie" [115]. Ein negatives Frankreichbild hatte den Preußen die Vorteile ihres Staates näher zu bringen.

Der „Missverstand" der „Volkshaufen" gefährde die „Ruhe des Staats", den allein „die Weisesten" regieren können. Selbst wenn preußische Zeitungen rein sachlich über die Reden der „Opposition" im englischen Parlament berichten, füllen sie „die Gemüther mit falschen Begriffen". Sogar die „Wahrheit" wenden sie unrichtig an! Trotz „aller Bücherverbote" kursierten solche dem „Missbrauch unterworfenen Meinungen" innerhalb des Volkes [116].

Wie aber sollte der ideale Untertan geformt werden? Die künftige „Volksschrift" müsse die „Begriffe berichtigen" und das Interesse der „Volksklassen" auf die Hebung ihres „Wohlstandes" lenken. Ob Kaufmann oder Bauer, je nach Beruf oder Stand, werde man Empfehlungen wirtschaftlicher Art erteilen,[117] die „Vorzüge der Vaterländischen Verfassung einleuchtend" darstellen, umrahmt von einer „Moralität in ihrer liebenswürdigen Gestalt". Dabei sei die „Miene der Freimüthigkeit" zur Schau zu stellen und „Schmeichelei" zu vermeiden [118]. Statt sich politisch zu betätigen, sollte der Bürger Unmündigkeit mittels

---

[115] Ebd., Bl. 25 R.

[116] Ebd.

[117] Ebd., Bl. 25 R und Bl. 26

[118] Ebd., Bl. 26f. In der Randnotiz einer unbekannten anderen Person hieß es, dass dieser „Plan" nur wenigen zur „Kenntniß gelangen" dürfe. Ebd., Bl. 26 R. Der deutsche Hang zum abstrakt-realitätsfernen Denken ebnete solchen Vorstellungen den Weg. Monarchische Obrigkeiten wurden vergöttlicht, und die isolierte Betonung privat-ökonomischer Interessen verdrängte die politische Wirklichkeit.

Wohlstand kompensieren - ein sehr deutsche, noch immer attraktive Idee!

Zwei bisher unbeachtete öffentliche Ansprachen zielten in die gleiche Richtung. Gehalten wurden sie anlässlich der Huldigung Friedrich Wilhelms III. am 6. Juli 1798 im Berliner Stadtschloss [119]. Die Redner waren Friedrich Philipp Eisenberg (Kammergerichtsrat, Stadtpräsident und Polizeidirektor von Berlin) und Eberhard Friedrich Christoph Freiherr von der Reck (Präsident des Obertribunals, 1800 preußischer Justizminister). Beide hatten schon für den vorherigen König gearbeitet.

Angesichts der Umwälzungen im Nachbarland erörterten sie das Selbstverständnis des monarchischen Staats. „Ich rede zu Preußischen Unterthanen", verkündete Eisenberg. „Euch wird der Meinungs-Schwindel nicht ergreifen. Ihr werdet verrätherischen Lockungen kein Gehör geben, nicht Euren Blick an aufgestellte Scheinbilder heften, die sich in Furiengestalten umwandeln, frech alle Bande zerreißen, um alle [wie in Frankreich] gleich elend zu machen; Einzelne mit Ungebundenheit täuschen" [120].

Dem König gelte das „feierlichste Gelübde ... des strengsten Gehorsams". Sollen „denn Andere sich über die beste oder bessere Form regiert zu werden, streiten; mögen sie sich bei diesem Zanke um Meinungen unglücklich machen: wir wollen ihnen zurufen: Völker, seht auf uns! Wir

---

[119] Reden, welche bei der Huldigung S. M. des Königs Friedrich Wilhelm III. den 6. Juli 1798 gehalten worden, Berlin 1798, in: GStA, I. HA Rep. 9, Allgemeine Verwaltung, NN lit d, Paket 1796-1800.

[120] Reden, ebd., S. 20.

haben einen gemeinschaftlichen Vater, wir alle sind seine Kinder. Er liebt uns; wir verehren ihn. Lernt an unserem Beispiel wahrhaft glücklich seyn!"[121]

Meinungsstreit durfte es in Preußen nicht geben; erlaubt war nur der „strengste Gehorsam" des Kind/Untertanen gegenüber dem Vater/König. Möge Preußen der Welt als Vorbild dienen! Freie Geister gediehen selten im autoritär-absolutistisch regierten Staat.

Der andere Redner fügte Eisenbergs monarchistischer Apotheose wichtige Ergänzungen hinzu. In Preußen, betonte von der Reck, galten „Gleichheit vor dem Gesetz – die einzig mögliche" Form der Gleichheit, die an Gesetze gebundene „bürgerliche Freiheit", nicht minder „Gewissens-Freiheit" und „Sicherheit des Eigentums"[122].

Staat und Militär blieben der Krone vorbehalten, aber die Bürger erhielten von oben kontrollierte private und wirtschaftliche Freiräume zugewiesen[123]. Der „Plan zu einer Volksschrift" und die zitierten Reden enthielten Grundsätze einer gegen die Französische Revolution gerichteten

---

[121] Ebd., S, 24 f. Innerhalb der preußischen Führungsschicht hatte die Hinrichtung Ludwigs XVI. offensichtlich ein Trauma verursacht.

[122] Ebd., S. 19.

[123] Wenige Jahre später setzten die Aufhebung der Gutsuntertänigkeit und die Einführung der Gewerbefreiheit diese Linie fort. Dem obrigkeitlichen Verständnis von Aufklärung entsprach es, keinen Widerspruch darin zu sehen, dass der König den politischen Bereich dominierte. Die so festgelegte Teilung in zwei Machtsphären hat Deutschlands Geschichte langfristig und folgenreich mitbestimmt. Oft hat das wirtschaftlich agile Volk politisch versagt.

Ideologie. Bezogen auf den 1. Koalitionskrieg, könnte man sie `Die Preußischen Ideen von 1792` nennen.

Das monarchische Gehorsamsprinzip und die Despotie der Rute kennzeichneten Preußen. Auf dem Schlachtfeld von Jena und Auerstedt wurde im Oktober 1806 das historische Urteil gesprochen. Die vom „Sklavenjoch" entwürdigten Soldaten, für die Johann M. Schwager 1789 leidenschaftlich das Wort ergriffen hatte, unterlagen einer Armee gleichberechtigter Bürger. Nur eine Schlacht ging verloren, und das friderizianische Heer zerfiel, während der Staat fast kollabierte.

Johann M. Schwagers kluge Prophezeiung bewahrheitete sich. Sowohl er als auch Albrecht Heinrich von Arnim waren zuvor gestorben. Von Blindheit geschlagen, hatten Friedrich Wilhelm II. und sein Justiz-Werkzeug 1790 einen wehrlosen Mann verfolgt, der dem König die Augen öffnen wollte! Wahre Patrioten sind kritische Patrioten.

Erst die katastrophale Niederlage von 1806 öffnete den Weg auch zu einer gründlichen Militärreform. Dank der neuen Kriegsartikel vom 3. August 1808 wurde die Körperstrafe abgeschafft; der Heeresreformer August Neidhardt von Gneisenau proklamierte „die Freiheit des Rückens" [124]. Soldatenmisshandlungen gehörten aber noch lange zum militärischen Alltag [125].

---

[124] Handbuch zur deutschen Militärgeschichte, wie Fußnote 23, S. 132-135. Das Zitat: S. 135.

[125] Vgl. Harmut Wiedner, Soldatenmisshandlungen im Wilhelminischen Kaiserreich (1890-1914), 1982, Online: https://library.fes.de

8. „Todesurteil" gegen Juden – die „Hepp-Hepp"-Unruhen in Danzig 1819

Monatelang wüteten 1819 in Deutschland die antijüdischen „Hepp-Hepp" - Pogrome. Ende September 1819 wurden auch in Danzig Juden terrorisiert. Über diesen „Geist der Unruhe" sandte Generalleutnant Ludwig von Borstell dem preußischen König Friedrich Wilhelm III. einen Bericht.

Borstell diente 1819 als Kommandierender General des 1. Armeekorps in Königsberg. Um „die Quelle des Übels" zu entdecken, besuchte er Danzig [126] und verfasste das erwähnte Schreiben, dem Borstell eine Flugschrift mit dem Titel: „Todes Urtheil gegen Juden" beifügte. Darin wird die Ermordung aller Danziger Juden gefordert.

Im Anfang war der Streit zweier Professoren der Würzburger Universität. Der Staatsrechtler und Landtagsabgeordnete Wilhelm Joseph Behr bekämpfte das bayerische Edikt zur Judenemanzipation von 1813, das seit 1814 auch in Würzburg galt. Auf der Gegenseite stand der Jurist Sebald Brendel; er hatte mehrere projüdische Artikel verfasst.

Das ehemalige Hochstift Würzburg war 1814 an Bayern gefallen. Erst 1803 hatten sich Juden nach ihrer Vertreibung im 17. Jahrhundert in Würzburg erneut niederlassen dürfen. Ihre Zahl stieg bis 1819 auf etwa 400 Personen;

---

[126] Generalleutnant Ludwig von Borstell an Friedrich Wilhelm III., 2. Oktober 1819, in: Geheimes Staatsarchiv Preußischer Kulturbesitz, IV. Hauptabteilung, Rep. 2, Preußische Armee, Militärkabinett, Unterdrückung von Unruhen, Nr. 3, Bl. 8f.

viele christliche Kaufleute fürchteten die Konkurrenz jüdischer Ladenbesitzer.

Am 2. August 1819 folgten dem Streit der Professoren blutige Straßenkämpfe. Drei Tage lang wurden jüdische Kaufläden zerstört oder geplündert. Ein christlicher Kaufmann und ein Soldat starben. Erst das Militär konnte die Exzesse beenden; kurzzeitig verließen die meisten Juden Würzburg [127].

Der zentrale Kampfruf der Judenfeinde lautete: „Hepp Hepp"! Die Herkunft dieses Wortes ist nicht eindeutig geklärt; denkbar wäre „Hierosolyma est perdita" (= Jerusalem ist verloren). Auch ein Zuruf an Tiere, das Weite zu suchen, könnte gemeint sein [128].

Alle „Hepp-Hepp" - Tumulte zielten gegen jene Emanzipationsedikte, welche die Rheinbundstaaten und Preußen erlassen hatten. Sobald Napoleons Herrschaft endete, kehrten frühere Denkweisen zurück. Christlich-romantische, antijüdische, pseudonationale Ideen des Wartburgfestes 1817 verschärften die Krise [129].

---

[127] Rainer Erb und Werner Bergmann, Die Nachtseite der Judenemanzipation. Der Widerstand gegen die Integration der Juden in Deutschland 1780-1860, Berlin 1989, S. 218-224. Stefan Rohrbacher, The „Hep Hep" Riots of 1819: Anti-Jewish Ideology, Agitation, and Violence, in: Christard Hoffmann, Werner Bergmann and Helmut W. Smith (Editors), Exclusionary Violence. Antisemitic Riots in Modern German History, Michigan 2002, S. 27-31.

[128] Erb, Bergmann, Nachtseite, ebd., S. 219

[129] Werner Bergmann, Ulrich Wyrwa, Antisemitismus in Zentraleuropa, Darmstadt 2011, S. 22.

Preußen tat sich mit der ʽJudenemanzipationʼ schwer. Das 1750 erlassene friderizianische Judenreglement [130] atmete den Geist des Mittelalters. Die Juden „schädigen den Handel der Christen und sind für den Staat nicht zu brauchen", notierte Friedrich II. 1752 in seinem „Politischen Testament" [131]. 1772 ließ der Preußenkönig tausende Juden aus polnischen Teilungsgebieten vertreiben [132].

Hardenbergs Emanzipationsedikt von 1812 [133] gewährte den Juden der preußischen Kernprovinzen „gleiche bürgerliche Rechte und Freiheiten", doch blieb es ihnen verwehrt, höhere Staatsämter auszuüben. Genauso avancierten Juden im Regelfall nicht in das Offizierskorps, obwohl sie nun in die Armee eintreten durften und mussten [134].

---

[130] Judenreglement vom 17. April 1750, in: GStA, XII. HA, VI. Edikte und Verordnungen, Nr. 366.

[131] Friedrich der Große, Das Politische Testament von 1752, Reclam Verlag, Stuttgart 1974, S. 44

[132] Tobias Schenk, Das Emanzipationsedikt – Ausdruck „defensiver Modernisierung" oder Abschluss rechtsstaatlicher Entwicklungen des „(aufgeklärten) Absolutismus"?, in: Irene A. Diekmann (Hrsg.), Das Emanzipationsedikt von 1812 in Preußen. Der lange Weg der Juden zu „Einländern" und „preußischen Staatsbürgern", Europäisch-jüdische Studien, Bd. 15, Berlin, Boston 2013, S. 28.

[133] „Edikt vom 11. März 1812 betreffend die bürgerlichen Verhältnisse der Juden in dem Preußischen Staate", abgedruckt in: Diekmann, ebd., S. 335-340.

[134] Julius H. Schoeps, Von der Untertanenloyalität zum Bürgerpatriotismus. Preußen, die Juden und die Anfänge des Identifikationsprozesses zu Beginn des 19. Jahrhunderts, in: Diekmann, ebd., S. 16, S. 14.

Sehr schnell entfesselten Zeitungsmeldungen über das Würzburger Pogrom vielerorts den Judenhass. Zu erwähnen sind besonders Franken, Südwestdeutschland, Köln, Düsseldorf, Koblenz, Frankfurt/Main, Hamburg, Kopenhagen [135].

Auch im preußischen Osten kam es, oft anlässlich jüdischer Feiertage, zu antijüdischen Kundgebungen [136]. Flugzettel mit dem „Signalwort Hep Hep" wurden in Grünberg bei Liegnitz verbreitet. Die Ursache hierfür, schrieb der zuständige Regierungsrat, sei die „Bedrückung" der Grünberger Tuchfabrikanten durch jüdische Händler [137]. In einem der Traktate las man, dass auf einen jüdischen Tuchhändler namens Philipp einzuschlagen sei, „denn solche blutsaugende Creatur muß nicht unter lebenden Menschen geduldet werden" [138]. Unter der Losung „Hep! Hep! Jude verreck!" sollten sich die Gegner der Juden „bewaffnet" in Grünberg versammeln [139].

Antijüdisches war nicht minder aus Königsberg zu vermelden, wo Juden ebenfalls „das Losungswort Hep Hep nachgerufen" und das Gerücht verbreitet wurde, laut dem

---

[135] Stefan Rohrbacher, Gewalt im Biedermeier: antijüdische Ausschreitungen in Vormärz und Revolution (1815-1848/49), Frankfurt/Main, New York, 1993, S. 94-156. Ders., The „Hep Hep" Riots, aaO, S. 23-42.

[136] Rohrbacher, Biedermeier, ebd., S. 115-117, gibt hierzu eine knappe Zusammenfassung.

[137] Geheimer Regierungsrat Reitzsch an den preußischen Innen- und Polizeiminister Friedrich von Schuckmann, 10. Sept. 1819, in: GStA, I. Hauptabteilung, Rep. 77, Ministerium des Innern, Tit. 30, Nr. 4, Bl. 22f.

[138] „Copie", ebd., Bl. 26.

[139] „Abschrift", ebd., Bl. 27.

sich 400 Königsberger unter der Leitung „von vier Häupt-
lingen" verschworen hätten, „die Juden aus der Stadt zu
treiben, bei ihren Wohnungen keinen Stein auf dem anderen zu laßen" [140].

Sehr gewalttätig verliefen die Ausschreitungen in Danzig. Flugschriften kursierten, deren Verfasser den Juden
„Untergang, Vertreibung und Tod" prophezeiten. Während des jüdischen Festtages der „langen Nacht" (29. September, Jom Kippur) sollten die mosaisch Gläubigen angegriffen werden [141].

Bereits am 28. September versammelten sich bei einer
Synagoge antijüdisch gesinnte „Menschen in Haufen".
Obwohl Militär, Landgendarmerie und Polizei die De-
monstrationen auflösten, wurden Fenster jüdischer Häuser
eingeworfen und Steine gegen Soldaten und Polizisten ge-
schleudert [142].

---

[140] Der Polizeipräsident von Königsberg, Schmidt, an
Innenminister Schuckmann, 29. Sept. 1819, in: GStA, I.
Hauptabteilung, Nr. 4, aaO, Bl. 33. Rohrbacher, Biedermeier,
aaO, S. 116f., zitiert diese Stelle nicht.

[141] Major und Kreisbrigadier (der Gendarmerie) von Lüblow
an den Generalleutnant und (Militär)-Commandanten von
Berlin, Chef der Gendarmerie, mehrerer hoher Orden Ritter,
(Ludwig Matthias) von Brauchitsch, „Bericht über den in
Danzig am 28. und 29. September 1819 vorgefallenen Aufstand
der Einwohner", 2. Okt. 1819, in: GStA, I. Hauptabteilung, Nr.
4, aaO, Bl. 55.

[142] ebd., Bl. 56; vgl. Oberst Karl von Kamecke,
„interimistischer" Militärkommandant von Danzig, „Bericht
über die in Danzig statt gehabten Unruhen gegen die Juden", o.
Dt., (Oktober 1819), in: GStA, IV. Hauptabteilung, Nr. 3, aaO,
Bl. 9.

Tags darauf strömten noch mehr Judenfeinde herbei und beschädigten die Fenster dreier Synagogen. Als das Militär sie aufforderte, nach Hause zu gehen, weigerten sie sich, „schimpften auf die Behörden", zerstörten Fensterscheiben jüdischer Häuser, „schrien das berüchtigte Wort `Hepp Hepp` und daß man die Juden aus der Stadt jagen müße". Daraufhin wurden einige Personen festgenommen; das Militär attackierte „wüthende" Tumultuanten mit „Kolbenstößen" [143]. Nur die vollständig mobilisierte Garnison verhinderte Schlimmeres. Tagelang patrouillierten Soldaten durch die Stadt [144].

Die Danziger Provinzialregierung versuchte, das Geschehen zu entpolitisieren. Hinter den Unruhen stecke „gemeiner Krämergeist, der in den Juden einem ihm nachtheiligen Bewerber seines Kramhandels nicht mit Unrecht (!) erblickt". Beklagt wurden der „Muthwillen frivoler Ladendiener, die Roheit von „Packträgern" und deren „kleinliche Rachsucht". Nun kämen diese „frechen Störer der öffentlichen Ruhe" vor das Danziger Stadtgericht [145].

Offiziell betonten die zuständigen Beamten allein `Ruhe und Ordnung`, mochten einige auch selbst antijüdische

---

[143] Bericht Lüblow, aaO, Bl. 56f.

[144] Bericht Lüblow, ebd., Bl. 58; Bericht Kamecke, aaO, Bl. 10f.

[145] Schreiben der Danziger Provinzialregierung, I. Abtheilung, an Innenminister Schuckmann, 19. Okt. 1819, in: GStA, I. Hauptabteilung, Nr. 4, aaO, Bl. 71.

Ressentiments hegen und die Juden für ein „orientalisches Volk" halten [146].

In einem Regierungsbericht steht zu lesen: „Die Erbitterung gegen die Juden zeigte sich unter allen Klassen der Einwohner". Auch solche, die nicht direkt an den Ausschreitungen teilnahmen, sahen „mit anscheinendem Vergnügen dem Tumulte zu, es fielen selbst von gebildeten Männern und Bürgern der Stadt Äußerungen, welche dem gemeinen Mann noch mehr Aufmunterung gaben". So habe es „niemand aus der Bürgerschaft" gebilligt, „daß die Behörden dem Unfuge so kräftig Widerstand leisteten". Gendarmerie und Polizei allein hätten die gefährliche Situation nicht zu kontrollieren vermocht [147].

Am 28. und 29. September wurden in Danzig 13 Personen verhaftet: Handwerksgesellen, „Arbeitsmänner", „Handlanger", ein „Bauernknecht". Da gegen sie, von einer Ausnahme abgesehen, keine „erschwerende Anzeige" vorlag, kamen fast alle wieder frei [148].

---

[146] ebd., Bl. 74f. Vgl. Michael Szulc, Emanzipation in Stadt und Staat. Die Judenpolitik in Danzig 1807-1847, Göttingen 2016, S. 176.

[147] Bericht der Danziger Provinzialregierung an Innenminister Schuckmann, 1. Okt. 1819, in: GStA, I. Hauptabteilung, Nr. 4, aaO, Bl. 43f. Stundenlang hätten „wohlgebildete junge Leute, Ladendiener, Handwerksgesellen" Steine gegen die Hausfenster jüdischer Kaufleute geworfen. Ein Polizist und ein Soldat seien durch Steinwürfe verletzt worden. Ebd., Bl. 42. Lüblow hebt ebenfalls hervor, dass sich an den Danziger Vorfällen auch „junge Menschen, welche auf Bildung Anspruch erheben", beteiligt hätten. Bericht Lüblow, aaO, Bl. 58.

[148] Ludwig von Borstell an Friedrich Wilhelm III., 7. Okt. 1819, in: GStA, IV. Hauptabteilung, Nr. 3, aaO, Bl. 14R;

An der Danziger Katharinenkirche war eine „Proclamation" mit der Überschrift „Brüder in Christo!" zu lesen. Die Juden seien „Feinde unseres Glaubens" und wollen „unsere Priester kreuzigen, unsere Heiligthümer schänden". Juden seien „verzehrende Heuschrecken", die danach trachteten, das „ganze preußische Christentum umzustürzen". Die Parole laute: „Nun auf zur Rache! unser Kampfgeschrei sei Hepp! Hepp!! Hepp!!! Aller Juden Tod und Verderben, ihr müßt fliehen oder sterben!" [149]

In einer damals weit verbreiteten Broschüre, die der Schriftsteller Hartwig Hundt (1780-1835), der sich „von Hundt-Radowski" nannte, heißt es: „Am Besten wäre es jedoch, man reinigte das ganze Land von dem [jüdischen] Ungeziefer ..." Um die Juden an der Fortpflanzung zu hindern, empfehle es sich, sie künftig nicht zu „beschneiden", sondern zu „verschneiden". Einen Juden zu töten, sei nur ein „Polizeivergehen". Daher könne man die Juden entweder „durchaus vertilgen" oder aber „zum Lande hinausjagen". Die günstigste Lösung bestehe darin, sie nach Paläs-

„Nachreichung der arretirten Personen", o. Dt., beigefügt in: Bericht Borstell, ebd., Bl. 11.

[149] „Proclamation", Abschrift, in: GStA, I. Hauptabteilung, Nr. 4, aaO, Bl. 76; abgedruckt in: Stefan Rohrbacher, Michael Schmidt, Judenbilder. Kulturgeschichte antijüdischer Mythen und antisemitischer Vorurteile, Reinbek 1991, S. 263.

tina zu verbringen [150]. In nur drei Wochen sind 10 000 Exemplare dieser Schrift gedruckt worden [151].

Der wichtigste Quellentext, welcher die Danziger „Hepp Hepp"-Unruhen betrifft, offenbart die Geisteshaltung der *extremen* Judenhasser. Diese Flugschrift trägt die Überschrift „Todes Urtheil der Juden" und galt der Provinzialregierung als „Ausgeburt des Hasses gegen die Judenschaft" [152]. Solche „Anschlage Zettel", schrieb Borstell, hingen an „Straßen Ecken und öffentlichen Gebäuden" der Stadt. Sie hätten der „hiesigen Judenschaft den Untergang" vorhergesagt und die „tumultuarischen Auftritte herbeigeführt" [153].

Der ungenannte Verfasser lehnte die Emanzipationsedikte der napoleonischen Ära ab. „Nicht das Bürgerrecht hilft euch – Auch nicht der Soldatenstand". - „Denn als Auswürfe der Hölle seyd zum Tode Ihr verdammt".

Beginnt die „lange Nacht ... werdet ihr leise und sacht trotz aller Wacht plötzlich umgebracht". Nicht einmal ein „Strick" sei den Juden zu gönnen. Stattdessen müsse man sie an ihren eigenen Bärten erhängen, die Köpfe abschla-

---

[150] Hartwig von Hundt-Radowski, Judenspiegel. Ein Schand- und Sittengemälde alter und neuer Zeit, 2. Aufl., Würzburg (November) 1819, S. 146-148. In: GStA, I. Hauptabteilung, Nr. 4, aaO, Bl. 159.

[151] Peter Fasel, Revolte und Judenmord: Hartwig von Hundt-Radowsky. Biografie eines Demagogen, Berlin 2010, S. 154-172.

[152] Bericht der Danziger Provinzialregierung an Innenminister Schuckmann, 1. Okt. 1819, in: GStA, I. Hauptabteilung, Nr. 4, aaO, Bl. 39.

[153] Bericht Borstell, 7. Okt. 1819, aaO, Bl. 14R.

gen und auf dem „Wall" der Stadtbefestigung zur Schau stellen, damit „Groß und Klein" sich des Anblicks erfreuen. Man werde den Juden „das Gehirn zerschlagen"; bald schon lägen der Juden „Männer Kind und Weib ... entleibt" [154]. Somit wurde der Ausrottungsgedanke formuliert oder, wie man damals sagte, die „Vertilgung" der Danziger Juden gefordert.

Seine Morddrohungen meinte der Verfasser ernst, mochte er immer *auch* das Ziel verfolgen, die Juden zu demoralisieren, damit sie Danzig verließen. Das antijüdische Denken oszillierte häufig zwischen „fliehen" oder „sterben".

Weiter erfährt der Leser, dass die Juden auch dann eine „Schacherbrut" blieben, wenn sie das Christentum annehmen und sich den Bart rasieren. Ihr „Gauner Angesicht" behalten sie trotz der Taufe, denn „so verläßt der Jude den Schacher so wie die Sau das Grunzen nicht".

Im Gegensatz zur religiös motivierten Katharinenkirchen - „Proklamation" verortet der Autor des „Todes Urtheils" das zentrale `Problem` nicht mehr in der Religion, sondern eher in einer nicht definierten jüdischen `Natur`. Insofern kann diese Flugschrift als Phänomen des historischen Übergangs gelten [155].

---

[154] „Getreue Abschriften, Todes Urtheil der Juden", ohne Verfasserangabe, o. Dt., (Sept. 1819), in: GStA, IV. Hauptabteilung, Rep. 2, Nr. 3, Bl. 12-13R. Vgl. Michael Szulc, Emanzipation in Stadt und Staat, aaO, S. 198-200. Wesentliche Teile dieser Schrift, nämlich die blutrünstigsten, hat Szulc nicht zitiert.

[155] Ähnlich wie im „Todes Urtheil" steht bei Hundt-Radowski zu lesen: „Man gebe einem Juden alle sieben Sakramente ... aber

In der Sekundärliteratur zum Thema „Hepp Hepp"- Unruhen wird oft die These vertreten, dass den antijüdischen Exzessen des Jahres 1819 primär „soziale und wirtschaftliche Motive" zugrunde gelegen hätten [156]. Auch das „Todes Urtheil" enthält wirtschaftliche Forderungen. „Doch trägt man euch nur erst zu Grabe – dann hat der Kaufmann wieder Brot". Die Juden seien „des Landes Plage – des Christen Kaufmanns Herzeleid". An „der Gurgel" müsse man die Juden erhängen, „damit in Ost Süd Nord und Westen der Handel blühe freyer auf".

Schon der Zeitgenosse Julius von Voß erkannte die Unhaltbarkeit dieser Sichtweise. „Emsiger Fleiß und Vermeidung unnützen Aufwands [bei den Juden] sind jedoch keine staatsbürgerlichen Laster, vielmehr das Gegenteil, liefern ein gutes Vorbild zum Nachahmen und gar nicht übel, wenn es deren in unserer Mitte giebt" [157].

Selbstverständlich *folgten* die gegen Juden gerichteten `ökonomischen` Fehlurteile aus anders gelagerten Ursachen. Allzu oft verwechseln heutige Historiker die Schatten mit dem Licht. Wäre erstrangig der „Handel" umstritten gewesen, hätte es genügt, den Juden die kaufmännische Tätigkeit zu verbieten. Betrachtet man die sinisteren

---

ewig wird er ein Jude bleiben". Hundt-Radowski, Judenspiegel, aaO, S. 144. Der „ewige Jude" wurde also nicht (primär) durch den religiösen Glauben erschaffen.

[156] Rohrbacher, Schmidt, Judenbilder, aaO, S. 264. Rohrbacher, Biedermeier, aaO, S. 28-30. Szulc, Emanzipation in Stadt und Staat, aaO, S. 187, S. 298.

[157] Julius von Voß, Die Hep Heps in Franken und anderen Orten, 1819, S. 15f., in: GStA, I. Hauptabteilung, Nr. 4, aaO, Bl. 141.

Mordpläne, in denen der Autor des „Todes Urtheils"
schwelgte, verliert die 'wirtschaftliche' Interpretation der
Danziger Ereignisse ohnehin jegliche Plausibilität.

Der Judenhass entstammte vor allem dem Mittelalter. Im
Laufe des 19. Jahrhunderts wurde die mittelalterliche
'Gleichung' des religiösen Antijudaismus, dem *verwelt-
lichten* Denken der Epoche gemäß, nur *umgeformt*. Eine
Metamorphose fand statt, jedoch *kein* grundsätzlicher
Wandel. In veränderter Gestalt hat das „Dritte Reich"
christlich-mittelalterliche Kontinuitäten fortgesetzt.

1821 kam es in Danzig zu neuen „Hepp Hepp" – Tumul-
ten, bei denen wieder „Aufrufe zur Juden Ermordung" um-
liefen [158]. Dabei hatten 1813 gerade wohlhabende Juden
„ihre Söhne unter die Waffen" geschickt; ihre Frauen aber
„den verwundeten und kranken Streitern Hilfe brachten
und die Spitäler täglich besuchten, worin der ansteckende
Typhus herrschte" [159]. Sie waren tüchtige Menschen und
bereicherten die deutsche Kultur.

---

[158] Bericht der Danziger Provinzialverwaltung, o. Dt., IV.
Hauptabteilung, Rep. 2, aaO, Nr. 3, Bl. 33. Vgl. Stefi Jersch-
Wenzel, Die Marktbuden der Juden in Danzig 1821/22, in:
Geschichte als Aufgabe, hrsg. von Wilhelm Treue, Festschrift
für Otto Büsch, Berlin 1988, S. 185-200. (Die hier verwendete
Akte hat Jersch-Wenzel nicht benutzt). Szulc, Emanzipation in
Stadt und Staat, aaO, S. 190-195.

[159] Julius von Voß, Die Hep Heps, aaO, S. 27. Vgl. Schoeps,
Von der Untertanenloyalität zum Bürgerpatriotismus, aaO, wie
Fußnote 56, S. 13. - Leider erfahren wir in den Akten nicht, wie
betroffene Juden die „Hepp-Hepp"-Angriffe empfanden und
deuteten. Hier existiert eine wichtige Lücke der Forschung.

9. Der Förster als „Hochverräter". Die Tatsachen im Fall Hedemann

Unbilliges erträgt kein edles Herz.
Friedrich Schiller [160]

Einem „Tollhäusler" gleiche der Oberförster Carl von Hedemann aus Schöneck bei Danzig. „Völlig wahnsinnig" sei er, geplagt von einem „zerrütteten Geist", schrieben 1821 deutsche Zeitungen [161]. Nur „excentrische Köpfe" missbrauchten die „Gährungen" in Italien und Spanien, um „an eine politische Explosion" im eigenen Land zu denken.

In einer „Proklamation" rufe Hedemann „zum Bürgerkriege" auf und wolle Preußen eine Verfassung geben. Das Königreich sei jedoch ein Rechtsstaat, regiert von einer guten Verwaltung, die den Staatshaushalt veröffentliche. Es gebe keine „despotische Willkühr"; auch gelte das Leistungsprinzip [162].

„Fluch jedem Preußen, der nach Bürgerblut lechzt, der auf gesetzlosem Wege, mit den Waffen in der Hand, seine Wünsche zu erringen strebt". Nun erwarte die Verschwö-

---

[160] Friedrich Schiller, Wilhelm Tell, 1. Aufzug, 2. Szene.
[161] Kasselsche Allgemeine Zeitung, 22. Juli 1821, in: Geheimes Staatsarchiv Preußischer Kulturbesitz, (GStA) III. HA I Ministerium der auswärtigen Angelegenheit, Nr. 8123. Am 3. Juli 1821 hatte der gleiche Artikel wörtlich in der „Augsburger Allgemeinen Zeitung" gestanden, den die „Kasselsche Allgemeine Zeitung" übernahm, ebenso die „Staats- und Gelehrten Zeitung" vom 24. Juli 1821 und die „Privilegierte Liste der Börsenhalle" vom 21. Juli 1821, in: GStA, ebd.
[162] Ebd.

rer die gerechte harte Strafe als „abschreckendes Beispiel" für „alle excentrischen Köpfe" [163].

Hedemanns geplanter Umsturz, schrieb der Staatskanzler Hardenberg, sei „ebenso verwegen" wie für Preußen „unerhört". Allerdings habe er Mittel und Chancen eines Aufstands „schlecht berechnet" [164]. Die Regierung beschuldigte den Förster der versuchten „gewaltsamen Umwälzung der Verfassung des Staats". Durch eine Konstitution sollte „die Monarchie beschränkt werden" und diese „Fundamental-Einrichtung des Preußischen Staats ihre Vernichtung erhalten" [165].

Der Fall Hedemann ist immer noch ein `weißer Flecken` auf der geschichtswissenschaftlichen Karte. H. v. Treit-

---

[163] Ebd.

[164] Staatskanzler Karl August Fürst von Hardenberg an Friedrich Wilhelm III., 19. Juni 1821, in: GStA, I. HA Rep. 89, Geheimes Zivilkabinett, Nr. 18499, Bl. 1.

[165] Geheimer Regierungsrat Gustav A. Tzschoppe, Aktenmäßige Darstellung der hochverrätherischen Pläne des Oberförsters von Hedemann und der dieserhalb veranlaßten Untersuchung, 19. 8. 1821, in: GStA, Königliche Hausverwaltung, Friedrich Wilhelm III., BPH, Rep. 49, Landesverwaltung Justiz, E III, Nr. 35a, nicht paginiert, (S. 32). Tzschoppe war einer der engagiertesten Demagogenverfolger und enger Vertrauter Hardenbergs. 1822 übernahm er die Stellvertretung des Polizeidirektors Kamptz in der „Commission gegen demagogische Umtriebe". Vgl. Wolfram Siemann, „Deutschlands Ruhe, Sicherheit und Ordnung". Die Anfänge der politischen Polizei 1806-1866, Tübingen 1985, S. 17, 182f., 187. Allgemeine Deutsche Biografie, Bd. 39, S. 66-68.

schke widmete Hedemann einen (unrichtigen) Satz [166]. Seither stagniert nahezu der Kenntnisstand [167]. Fast unausgewertet blieb das Hedemann betreffende Aktenmaterial im Geheimen Staatsarchiv Preußischer Kulturbesitz mit tausenden handgeschriebenen Seiten. Hedemanns „Proklamation" wird hier erstmals veröffentlicht.

Die Verschwörung des Carl von Hedemann berührte ein Grundproblem der deutschen Geschichte: das Verhältnis von Staat und Bürger. Warum beabsichtigte Hedemann, politische Forderungen gewaltsam durchzusetzen? In welche historischen Zusammenhänge ist er einzuordnen?

Am 30. Mai 1821 wurde Hedemann arretiert und vom 10. bis zum 21. August in der Festung Graudenz vernommen. Das hierbei geschriebene und bisher unbekannte Protokoll seiner „Polizeilichen Vernehmung" stellt die beste Quelle dar. Auf 400 Seiten schilderte Hedemann detailliert und zeitnah die Hintergründe des geplanten Aufstands.

Nicht immer sagte Hedemann, der um seinen Kopf fürchtete, die Wahrheit. Jedoch belasteten ihn die meisten

---

[166] Heinrich von Treitschke, Deutsche Geschichte im 19. Jahrhundert, Bd. 3, Leipzig 1913, S. 249.
[167] In den wenigen, noch dazu fehlerhaften Ausführungen J. Noltes zum Fall Hedemann geht es nur um die Frage, wer Hedemann denunziert habe. Den gesamten Hintergrund des Geschehens lässt Nolte unbeachtet. Jakob Nolte, Demagogen und Denunzianten. Denunziation und Verrat als Methode polizeilicher Informationserhebung bei den politischen Verfolgungen im preußischen Vormärz, Berlin 2007, S. 421, 427f., 435-437. Vgl. weiter unten die Kritik an Treitschke und Nolte.

Angaben so schwer, dass sie als Geständnis einzustufen sind.

Die effektivste Quellenkritik ist der Vergleich mit anderen Berichten. Dank der Aussagen vieler Tatbeteiligter und Zeugen liegen sie reichhaltig vor. Dazu kommen polizeiliche Erkenntnisse, die Stellungnahmen von Provinzialbeamten und der Regierung in Berlin. Nicht zu vergessen ist das einschlägige Gerichtsurteil. Im Wesentlichen bestätigen sie Hedemanns Ausführungen.

In Graudenz erzählte Hedemann seine Lebensgeschichte dem Hofrat Carl Falkenberg, Assessor der politischen Polizei, [168] welchen der Staatskanzler nach Westpreußen entsandt hatte, um Hedemann zu verhören. Falkenberg, auf den noch einzugehen sein wird, leitete die Recherchen gegen Hedemann und dessen Mitverschwörer.

Carl Friedrich Wilhelm Christian Hedemann wurde 1796 im märkischen Beeskow geboren [169]. Sein 1803 verstorbener Vater hatte als Rittmeister in einem Husarenregiment gedient, die Mutter war Tochter eines Majors der österreichischen Armee. Carls Bruder, Oberstleutnant August von Hedemann, gehörte 1821 als Adjutant des Prinzen Wilhelm dem preußischen Generalstab an. August hatte eine Tochter Wilhelms von Humboldt, Adelheid, geehelicht. Mit dem Hofmarschall von Loen war Carls Schwes-

---

[168] Wolfram Siemann, „Deutschlands Ruhe, Sicherheit und Ordnung" (wie Anmerkung 87), S. 63.
[169] Polizeiliche Vernehmung des Oberförsters von Hedemann, 10. bis 21. August 1821, in: GStA, I. HA Rep. 77, Ministerium des Innern, Tit. 27, Nr. 12, Bl. 1.

ter Albertine verheiratet [170]. Die Hedemanns standen der Krone recht nahe.

Um 1809 wohnte Hedemann, der das Schillsche Freikorps bewunderte, am Berliner „Rondeel" [171]. Oft stellte er „ Corps ... von 100 Knaben" auf, welche die Polizei verbot [172]. Im Alter von 14 Jahren trat Hedemann 1810 „durch die Gnade des Königs" in das Berliner Kadettenkorps ein. 1813 hörte er vom „Auszug" des Heinrich von Schill. Hedemanns Bemühungen, unter den Kadetten eine „Art von Corps" zu formieren, scheiterten. Er verließ die Militäranstalt und wurde in Breslau Friedrich Wilhelm III. vorgestellt [173]. Noch 1813 zum Seconde-Leutnant befördert, diente Hedemann im „Regiment Prinz Wilhelm Dragoner".

Am Ende der Kampagne in Frankreich 1815 erhielt der 19-Jährige das Eiserne Kreuz II. Klasse. Hedemann kehrte beurlaubt nach Berlin zurück und ließ sich zum Förster ausbilden. Das Examen bestand er im Mai 1819 und absolvierte bis Anfang 1820 verschiedene Forstdienste [174].

---

[170] Ebd., Bl. 1R-2.
[171] Seit 1815 Belle-Alliance-Platz, heute Mehringplatz.
[172] Polizeiliche Vernehmung (wie Anmerkung 91), Bl. 2R.
[173] Ebd., Bl. 2-3.
[174] Ebd., Bl. 3R-4. Vgl. Auszug aus den Untersuchungsakten wider den Oberförster von Hedemann und Ludwig Theodor Pfitzner, Zweiter Senat (Kriminalsenat) des Oberlandesgerichts von Westpreußen, in: GStA, I HA Rep. 89 Geheimes Zivilkabinett, Nr. 18499, Bl. 31.

Wegen eines „Fehlers im Sprachorgan" [175] hatte er 1817 die militärische Laufbahn endgültig aufgegeben [176]. Im gleichen Jahr fiel Hedemann angeblich einer Nervenkrise anheim. Der Hofwundarzt Pollau diagnostizierte eine „Gemüthskrankheit". Mehrfach habe sich Hedemann im „Zustande eines völlig Rasenden" befunden [177]. Carl gesundete wieder, schrieb August von Hedemann 1821, doch sei er „gereizt, überspannt", auch „furchtlos" und

---

[175] Polizeiliche Vernehmung, (wie Anmerkung 91), Bl. 8. Warum Hedemann, obwohl ihm dieser „organische Fehler" laut August von Hedemann angeboren war, den Militärberuf hatte ergreifen wollen, ist ungeklärt. Auch habe Carl als Kind an schweren Krankheiten gelitten. August von Hedemann an Theodor von Schön, Oberpräsident der Provinz Westpreußen, 9. 7. 1821, in: GStA, VI HA, NL Theodor von Schön I, Depositum von Brünneck, Nr. 93, Bl. 109.

[176] Geheimer Regierungsrat Gustav A. Tzschoppe, Aktenmäßige Darstellung der hochverrätherischen Pläne des Oberförsters von Hedemann, (wie Anmerkung 87), nicht paginiert, (S. 13).

[177] Schreiben des Dr. Pollau, Hofwundarzt seiner Königlichen Hoheit Prinz Wilhelm, 17.11.1821, in: GStA, I. HA, Rep. 77, Ministerium des Innern, Tit. 17, Nr. 38, Bd. 4, Bl. 360. Der Kronprinz Friedrich Wilhelm hoffte vergeblich, durch Pollaus Gutachten Hedemann zu entlasten. Kronprinz Friedrich Wilhelm an Hedemanns Mutter, 28.11.1821, ebd., Bl. 361. Ebenso erfolglos bemühte sich August von Hedemann, Carl einen „Milderungsgrund" zu verschaffen, indem er auf die „heftigen Krämpfe" hinwies, welche diesen „früher" heimgesucht hätten. August von Hedemann an Friedrich Wilhelm III., 13.6.1821, in: GStA, I HA Rep. 49, Geheimes Zivilkabinett, Nr. 18499, Bl. 8. Carl von Hedemann äußerte über eine „Gemüthserkrankung" nichts.

unentschlossen [178]. Nichts deutete bei Hedemann 1820/21 auf ernsthafte gesundheitliche Probleme hin.

In Frankreich erlag der monarchistisch gesinnte Herzog von Berry im Februar 1820 einem Attentat. Erstmals vernahm der junge Förster „Klagen" über den Staatskanzler Hardenberg [179].

Monatelang war Hedemann 1820 stellenlos und besuchte häufig Berliner Wirtshäuser. Im „Weinhaus Schultheis in der Mohrenstraße, ganz vorzüglich aber in dem Zimmermannschen Caffee Hause am Gendarmenmarkt" hätten ihm fremde Personen gegen Hardenberg und die preußische Staatsverfassung den „Geist der Unzufriedenheit einimpfen" wollen. Daraus entstanden „nach und nach seine späteren Handlungen". Jene Leute, deren Namen er nicht mehr wisse, trügen daran „die Schuld" [180].

Dass er politische Gespräche führte, stimmt wahrscheinlich. Aber dem ehrgeizigen und leidenschaftlichen Freikorps-Enthusiasten hätte man keine Meinungen „einimpfen" können. Auch interessierten Hedemann bereits vor 1820 politische Fragen. Im Graudenzer Verhör erwähnte

---

[178] August von Hedemann an Theodor von Schön, 9.7.1821, in: GStA, VI HA, NL Theodor von Schön I, Depositum von Brünneck, Nr. 93, Bl. 109f.
[179] Ausdrücklich betonte Hedemann, dass beides gleichzeitig erfolgte. Polizeiliche Vernehmung, (wie Anmerkung 91), Bl. 4f.
[180] Ebd., Bl. 6-7. Er habe wiederholt solche „Gespräche mit angehört". ebd., Bl. 6R.

er die Demagogenverfolgung des Jahres 1819 in Berlin [181] und kannte das ihm stets präsente Verfassungsversprechen Friedrich Wilhelms III. von 1813 [182].

In Berlin berichtete ihm ein „Oberamtmann", dass Hardenberg in Dänemark große Mengen Hafer gekauft habe, um den Gutsbesitzern des Landes einen Gefallen zu erweisen. Preußischer Hafer sei günstiger zu erstehen [183].

Hedemann glaubte, dass der Staatskanzler den „Haß aller Edlen verdiene", „ein vom Volk Gehaßter" sei - „Volksstimme ist Gottes Stimme!" Hardenbergs Geheimpolizei sickere in Familien ein und kontrolliere die Bürger. Ein „Hannoveraner, ein Ausländer" sei der Regierungschef, dem er habe zeigen wollen, dass es auch in Preußen jemanden gebe, „der sich nicht scheut, zu sagen, was er denkt" [184]. Die nichtpreußische Herkunft großer Reformer wie des Freiherrn vom Stein und August Neidhardt von Gneisenaus schien ihn keineswegs zu stören.

Auch erfuhr Hedemann in Berliner Cafes, dass der Staatskanzler eine Verfassung für Preußen ablehne [185].

---

[181] Hedemann verwies auf die Durchsuchung der Reimerschen Buchhandlung. ebd., Bl. 158f.

[182] Vgl. Anmerkung 124.

[183] Polizeiliche Vernehmung, (wie Anmerkung 91), Bl. 4Rf.

[184] Schreiben des Carl von Hedemann, 12.8.1821, in: GStA, I HA Rep. 77, Ministerium des Innern, Tit. 17, Nr. 38, Bd. 3, Bl. 190-191. Zur wichtigen Bedeutung Hardenbergs beim Aufbau der politischen Polizei: Vgl. Wolfram Siemann, „Deutschlands, Ruhe, Sicherheit und Ordnung", (wie Anmerkung 87), S. 69, 71.

[185] Polizeiliche Vernehmung, (wie Anmerkung 91), Bl. 13. Friedrich Wilhelm III. war es, der verhinderte, dass Preußen eine Verfassung erhielt. Vgl. Thomas Stamm-Kuhlmann, König in

Hardenberg beziehe kein festes Gehalt, sondern nähme „aus jeder Caße", soviel er wolle. Vor allem habe der Staatskanzler einen „geborenen Dänen", Christian Günther Graf von Bernstorff, zum preußischen Außenminister gemacht [186] und im Volk beliebte Minister entlassen [187].

Als Hedemann 1821 eine Rebellion plante, forderte er, dass „zuerst der Hardenberg" herunterzuwerfen sei, „weil

---

Preußens großer Zeit. Friedrich Wilhelm III. der Melancholiker auf dem Thron, Berlin 1992, S. 424 f., 434f. Zu Hardenbergs unklaren, gescheiterten Verfassungsprojekten: ebd., S. 431-434. Der Staatskanzler hatte die Einschränkung der Meinungsfreiheit mitzuverantworten. Lothar Gall, Hardenberg. Reformer und Staatsmann, München, Berlin 2016, S. 253. Reinhart Kosellek, Preußen zwischen Reform und Revolution. Allgemeines Landrecht, Verwaltung und soziale Bewegung, Stuttgart 1981, S. 416.

[186] Polizeiliche Vernehmung, (wie Anmerkung 91), Bl. 100-101R. Graf von Bernstorff, der Metternich unterstützte, war in Preußen umstritten und galt als wenig befähigt. Die Ernennung Bernstorffs zum Außenminister trug dazu bei, dass liberale Minister und Militärs 1819 ihre Ämter verloren. Vgl. Thomas Stamm-Kuhlmann, König in Preußens großer Zeit, (wie Anmerkung 107), S. 436-441. Trotz der Aversion gegen Bernstorff behauptete Hedemann, dass er eine „große Vorliebe" für Dänemark empfinde. Polizeiliche Vernehmung, (wie Anmerkung 91), Bl. 100-101R.

[187] Aussage Carl von Hedemann, 20.10.1821, in: GStA, I HA Rep.77, Ministerium des Innern, Tit. 17, Nr. 38, Bd. 4, Bl. 266. Carl Friedrich von Beyme, Wilhelm von Humboldt, August Neidhardt von Gneisenau und Carl von Grolmann meinten es „mit dem Volk gut", hätten „sich aber den Anordnungen des Herrn Fürsten Staatskanzlers widersetzt" und fielen deshalb in Ungnade. Landfremde Politiker seien an ihre Stelle getreten. Polizeiliche Vernehmung, (wie Anmerkung 91), Bl. 143R.

dieser Kerl nichts tauge" [188]. Sah Hedemann im Staatskanzler einen preußischen Herzog von Berry? Dachte er gar an die Möglichkeit eines Attentats? Seiner Ehefrau Mathilde zufolge sagte Hedemann mehrfach, dass Hardenberg „bei Seite geschafft werden" müsse [189].

Hedemann hasste den Staatskanzler, verschonte aber zunächst Friedrich Wilhelm III. Aufgrund einer Kabinettsordre des Monarchen bekam Hedemann eine Stelle als „Oberförster" in Schöneck nahe Danzig [190]. Im September 1820 trat er den Dienst an, nachdem er einen Monat zuvor die 16-jährige Mathilde von Stephani, Tochter eines ehemaligen Hauptmanns, geheiratet hatte. Dass die zänkische,

---

[188] Aussage Daniel Klatt, Oberschulze im Amt Schöneck, in: Extract des Urteils gegen Hedemann und Complicen, 29. März 1822, gezeichnet von Tettau, Gerichtspräsident des Zweiten Senats (Kriminalsenat) des Oberlandesgerichts von Westpreußen, in: GStA, I HA Rep. 87, Ministerium der Landwirtschaft, Domänen und Forsten, D Nr. 762, nicht paginiert.

[189] Aussage Mathilde von Hedemann, 25.6.1821, in: GStA, I HA Rep. 77, Ministerium des Innern, Tit. 25e, Lit. H, Nr. 2, Bl. 35R. Da die Formulierung „bei Seite" schaffen uneindeutig ist, kann die erwähnte Frage nicht beantwortet werden.

[190] Polizeiliche Vernehmung, (wie Anmerkung 91), Bl. 7R. Dennoch fühlte sich Hedemann gekränkt. Friedrich Wilhelm habe seiner Bitte um einen Abschied als Rittmeister nicht entsprochen. Hedemann ein „Wartegeld" zu erteilen, das er bis zum Antritt seiner Stelle beziehen wollte, lehnte der König ebenso ab. ebd., Bl. 8. Carls Bruder August betonte, dass der König die Familie Hedemann stets „väterlich" umsorgt habe. August von Hedemann an Friedrich Wilhelm III., 13.6.1821, in: GStA, I HA Rep. 89, Geheimes Zivilkabinett, Nr. 18499, Bl. 8.

intrigante Mutter der Mathilde, Friderike von Stephani, [191] bei den Hedemanns wohnte, verhieß nichts Gutes.

Hedemann bemerkte das Elend westpreußischer Bauern. Viele waren nicht imstande, die im Mai 1820 eingeführte Klassensteuer [192] zu entrichten. Oft trieben die Behörden auch bei armen Leuten Abgaben „mit beispielloser Strenge" ein [193] und vollzogen Pfändungen [194].

---

[191] Polizeiliche Vernehmung, (wie Anmerkung 91), Bl. 8R-10. Zuletzt hatte Friderike von Stephani als „Gesellschafterin" bei einem jüdischen Bankier in der Berliner Friedrichstraße gearbeitet. Aussage Friderike von Stephani, 23.6.1821, in: GStA, I HA Rep. 77, Tit. 17, Ministerium des Innern, Nr. 38, Bd. 2, Bl. 150f.

[192] Gesetz zur Einführung der Klassensteuer vom 30.5.1820, in: Gesetzsammlung für die Königlichen Preußischen Staaten, Berlin 1820, S. 140-143. Vgl. Rosemarie Siegert, Steuerpolitik und Gesellschaft. Vergleichende Untersuchungen zu Preußen und Baden 1815-1848, Berlin 2001, S. 134-157.

[193] Aussage Ludwig Ferdinand Günther, ein Mitstreiter Hedemanns, 20.10.1821, in: GStA, I HA Rep. 77, Ministerium des Innern, Tit. 17, Nr. 38, Bd. 4. Bl. 309. Besonders hart ging der Amtmann Heidfeld gegen arme Bauern vor. Heidfeld ordnete an, dass die Waldweide 1821 erst dann zu verpachten sei, wenn die Bauern ihre Steuerschulden beglichen hätten. Aussage Hedemann, 16.7.1821, in: GStA, I HA Rep. 77, Ministerium des Innern, Tit. 17, Nr. 38, Bd. 3, Bl. 91. In der Vorbereitungsphase des Aufstands versprach Hedemann den Bauern, dass sie die Waldweide „frei" nutzen könnten. Extract des Urteils gegen Hedemann und Complicen, 29. 3. 1822, gez. von Tettau, Gerichtspräsident, in: GStA, I HA Rep. 87, Ministerium für Landwirtschaft, Domänen und Forsten, D Nr. 762, nicht paginiert.

[194] Die Danziger Provinzialregierung stellte fest, dass bei den Erhebungen der Klassensteuer „Exekutionen und

Allerorten wurde Hardenberg verflucht; im schlesischen Loeben gab es bereits Unruhen. Hedemanns Amtsvorgänger hatte Leute misshandelt, die in den Wäldern Holz suchten. Doch der junge Förster gewann das Vertrauen der Bauern, [195] deren Not so groß war, dass manche erwogen, „nach Rußland auszuwandern ... Es ist doch hart, daß ... die Bauern gezwungen werden, ein Land zu verlaßen, für deßen Freiheit wir gekämpft haben und in welchem die Gebeine unserer Väter ruhen" [196]. Damit formulierte Hedemann ein sehr wichtiges Motiv der Verschwörung.

Anfang März 1821 besuchte Hedemann den Oberpräsidenten der Provinz Westpreußen, Theodor von Schön, in Danzig und schilderte ihm die Lage. Ungerechte Steuergesetze könnten „leicht einmal eine Revolution" verursachen. Schön wiegelte ab und instruierte Hedemann, jeglicher Missgunst „durch Belehrung" entgegenzuwirken [197].

Auch Theodor von Schön berichtete über dieses Gespräch. Er habe Hedemann versichert, dass „jeder Un-

---

Auspfändungen" vorgekommen seien. Geh. Regierungsrat Tzschoppe, Aktenmäßige Darstellung der hochverrätherischen Pläne des Oberförsters von Hedemann, (wie Anmerkung 87), nicht paginiert, (S. 17).

[195] Polizeiliche Vernehmung, (wie Anmerkung 91), Bl. 11-12.

[196] Ebd., Bl. 96R-97. Eine Liste mit den Beschwerden der Bauern wollte Hedemann dem Kronprinzen Friedrich Wilhelm übergeben, der im Frühjahr 1821 Westpreußen bereiste. ebd., Bl. 96.

[197] Ebd., Bl. 12R-13. Legendär ist der preußische Innenminister Gustav A. von Rochow, der 1838 erklärte, dass der beschränkte Verstand des Untertanen die Maßregeln der Obrigkeit nicht zu kritisieren habe. Vgl. Heinrich von Treitschke, Deutsche Geschichte im 19. Jahrhundert, Bd. 4, Leipzig 1897, S. 664.

terthan", wenn er mit der Regierung unzufrieden sei, dies dem König mitteilen dürfe „und der König das nicht ungnädig aufnehme". Neben der Klassensteuer hätten auch niedrige Getreidepreise, die „kein Mensch ändern" könne, die Verarmung der Bauern hervorgerufen [198]. Erlaubt sei dem Untertanen nur die mit „Ehrfurcht" formulierte Beschwerde an den König [199].

Ohnehin hielt Schön eine Rebellion in Westpreußen für unwahrscheinlich. „Die Entfernung, [= Gegensatz] welche der Katholizismus und der Protestantismus, der Germanismus und der Polonismus unter die Menschen" bringe, verhindere deren „Einheit". Nur selten gebe es „Klagen und Murren". In den Reihen jener „Klasse", die weder Zeitungen noch Flugblätter lese, herrsche allerdings die Not [200].

---

[198] Theodor von Schön an den Staatskanzler Hardenberg, 3.6.1821, in: GStA, VI HA NL Theodor von Schön I, Depositum von Brünneck, Nr. 93, Bl. 45-46R. Wegen der Angst der Völker vor dem „Brodmangel" sei zu viel Getreide angebaut worden. ebd., Bl. 46Rf. Mit der Klassensteuer als solcher hatte jedoch der Getreidepreis nichts zu tun.

[199] Theodor von Schön an den Staatskanzler Hardenberg, 15.10.1821, in. GStA, Königliches Hausarchiv, Friedrich Wilhelm III., Landesverwaltung Justiz, BPH Rep. 49, E III, Nr. 35a, nicht paginiert, (S. 46).

[200] Theodor von Schön an den Staatskanzler Hardenberg, 5.6.1821, in: GStA, I HA Rep. 77, Ministerium des Innern, Tit. 17, Nr. 38, Bd. 1, Bl. 83. Der Oberpräsident charakterisierte Hedemann wie folgt: „Sein Gesicht und sein Auftreten ist offen und klar, mehr guthmütig und weich, als entschlossen oder gar verwegen. Er spricht weder in kräftigen Ausdrücken noch kühnen Redensarten, er ist klein und hager und hat einen Fehler

Wenn aber Bittschreiben nichts änderten? Hedemann beabsichtigte zwar, Friedrich Wilhelm III. einen Brief zu senden, in dem er die Abgabenlast der Bauern darlegen und eine „Remedur" des Steuersystems verlangen wollte. Dann hörte er, dass zwei Bewohner der Provinz Westpreußen nach Berlin gereist waren, um dem König Beschwerden vorzutragen, aber „zurückgewiesen" wurden. „Das Klagen ... hilft nichts, dadurch wird es nicht beßer", glaubte er nun zu wissen [201].

Mehr und mehr verließ Hedemann den schmalen Pfad der Legalität, studierte Zeitungsberichte, die Verfassungskämpfe und Flugschriften in Italien betrafen. Friedrich Wilhelm III., erinnerte sich Hedemann, hatte den Preußen 1813 eine Konstitution versprochen [202]. Die Verfassungsversprechen des Königs von 1815 und 1820 erwähnte Hedemann nie, sondern verknüpfte das Verfassungsproblem mit den Befreiungskriegen. Schön wies darauf hin, dass die Frage der Konstitution „den empfindlichsten Punkt berührt, den unser Volk jetzt hat" [203].

Offiziere des Königreichs beider Sizilien, die der General Guglielmo Pepe unterstützte, organisierten 1820 einen Marsch der Bauern, Bürgermilizen und Teile regulärer

---

in den Sprachorganen, so daß er durch sein Auftreten keine Parthey machen [= nicht beeindrucken] kann". ebd., Bl. 81.
[201] Polizeiliche Vernehmung, (wie Anmerkung 91), Bl. 61, Bl. 138.
[202] Ebd., Bl. 13. Hedemann dachte vermutlich an den Kalischer „Aufruf" des Königs vom 25. März 1813.
[203] Theodor von Schön an den Staatskanzler Hardenberg, 15.10.1821, in: GStA, Königliches Hausarchiv, Friedrich Wilhelm III., BPH Rep. 49, E III, Nr. 35a, (wie Anmerkung 121), nicht paginiert, (S. 55).

Truppen. Daraufhin wollte Ferdinand I. eine Verfassung gewähren. Anfang März 1821 warfen österreichische Truppen Pepe nieder, bald auch die Revolution in Piemont [204].

Der Aufstand in Süditalien stellte die Blaupause der Strategie Hedemanns dar. Noch im März 1821 verfasste er eine Proklamation, die „an das Volk" und die „Soldaten" gerichtet war [205] (vgl. den unten abgedruckten Text).

Die Flugschrift klang weder „guthmütig" noch „weich"; es wurde konsequent zur Gewalt aufgerufen, welche die „Tyrannei" stürzen möge. „Der König kennt eure Noth nicht", zumal „falsche Räthe" die Bürger plagen. Alle in den Befreiungskriegen erbrachten Opfer seien vergebens; „drückende Steuern" zwängen die Preußen, ihr Land zu verlassen. Den Kampfgeist von 1813 möge das Volk nach innen richten, lautete eine Forderung, die auch andernorts verbreitet wurde [206].

Das Verfassungsversprechen Friedrich Wilhelms III. erwähnte Hedemann bloß indirekt; dem Beispiel der Spanier und Italiener sei zu folgen. Welche Art der Verfassung

---

[204] Vgl. John A. Davis, Naples and Napoleon. Southern Italy and the European Revolutions (1780-1860), Oxford, New York 2006, S. 296-315.
[205] Polizeiliche Vernehmung, (wie Anmerkung 91), Bl. 13R.
[206] Vgl. Klaus Malettke, Zur politischen Bedeutung des Wartburgfestes im Frühliberalismus, in: 175 Jahre Wartburgfest 18. Oktober 1817-18. Oktober 1992, hrsg von Klaus Malettke, Heidelberg 1992, S. 14. Gerd Fesser, „ ... ein Haufen verwilderter Professoren und verführter Studenten". Das Wartburgfest der deutschen Studentenschaft 1817, Jena, Quedlinburg 2017, S. 26f.

Hedemann bevorzugte, sagte er nicht [207]. Möglicherweise glaubte er, dass die Bauern eine Konstitution nur interessiere, sofern sie bezwecke, die Steuerlast zu senken. Im direkten Gespräch wollte er den Bauern erklären, dass es vorteilhaft sei, die Macht des Königs zu beschränken, weil dieser ohne Zustimmung der „Landstände" keine Abgaben erheben dürfe [208].

Unter dem „Volk" verstand der Autor lediglich die Preußen; der Begriff „deutsch" fehlte. Alle Nichtpreußen wie Hardenberg galten ihm als Fremde. Der zweite Teil der Proklamation war den „Soldaten" gewidmet, die „nicht das Blut" ihrer Landsleute vergießen sollten. „In unseren Reihen ist euer angeborener Platz".

Der „Brausekopf" Hedemann [209] stammte aus jener Alterskohorte, die in den Befreiungskriegen gekämpft hatte. Voller Hoffnungen zurückgekehrt, wurde sie bitter enttäuscht. Hedemann stand in einer Kontinuität, zu der das Wartburgfest 1817, Karl Sand und die Karlsbader Be-

---

[207] In Spanien gab es 1820/21 Kämpfe um die Durchsetzung der liberalen Verfassung von Cadiz (1812). Der Außenminister Graf von Bernstorff behauptete, dass Hedemann für Preußen eine Verfassung wie die von Cadiz angestrebt habe. Außenminister Bernstorff an den preußischen Gesandten Krusemark in Wien, 12.7.1821, in: GStA, I HA Rep. 81, Gesandtschaft Wien nach 1807, I Nr. 124, nicht paginiert.
[208] Polizeiliche Vernehmung, (wie Anmerkung 91), Bl. 77R. Vgl. Auszug aus den Acten in der Untersuchungssache wider den Oberförster von Hedemann und Mitschuldige, in: GStA, I HA Rep. 84 a, Justizministerium, Nr. 50227, Bl. 43.
[209] Theodor von Schön an den Staatskanzler Hardenberg, 3.6.1821, in: GStA, VI HA NL Theodor von Schön I, Depositum von Brünneck, Nr. 93, Bl. 47.

schlüsse gehörten. Der preußische König verortete Hedemann in der gleichen Linie wie Friedrich Ludwig „Jahn
und Consorten"[210].

Anfangs wusste Hedemann nicht, wie mit der Proklamation zu verfahren sei. Er las sie dem Mennoniten Gerhard
Willems aus Schöneck vor. „Jedermann", glaubte Willems, „würde einem solchen Aufruf folgen". Hedemann,
in seiner „Eitelkeit" geschmeichelt, gründete einen
„Bund", der dem Ziel diente, Preußen eine Konstitution zu
geben. Auch Ludwig Theodor Pfitzner trat bei und hoffte,
neue Mitglieder anzuwerben[211].

Doch jetzt nahmen die Dinge eine fatale Wendung. Hedemann verlor den Schlüssel zu seinem Schreibtisch und
konnte ihn nicht mehr verriegeln. Frau von Stephani, welche die Ehe ihrer Tochter ablehnte,[212] stahl die Proklama-

---

[210] Friedrich Wilhelm III. an den Justizminister Friedrich
Leopold von Kircheisen, 7.3. 1822, in GStA, I HA Rep. 84 a,
Justizministerium, Nr. 50227, Bl. 38. Der Oberpräsident Schön
vermute, notierte Tzschoppe, dass Falkenberg einen Zusammenhang zwischen der „Sandschen Angelegenheit" und
Hedemann entdeckt habe. Geh. Regierungsrat Gustav A.
Tzschoppe, Aktenmäßige Darstellung der hochverrätherischen
Pläne des Oberförsters von Hedemann, (wie Anmerkung 87),
nicht paginiert, (S. 27).
[211] Polizeiliche Vernehmung, (wie Anmerkung 91), Bl. 15f. An
der linken Rockklappe trugen die Mitglieder des Bundes einen
Knopf als „Erkennungszeichen". ebd., Bl. 15R , Bl. 59R. Vgl.
zu Pfitzner und anderen Mitverschwörern Anmerkung 146.
[212] Protokoll des Geheimen Regierungsrates von Flottwell,
3.4.1821, in: GStA, I HA Rep. 77, Ministerium des Innern, Tit.
17, Nr. 38, Bd. 1, Bl. 21R. Vgl. Aussage Friderike von Stephani,

tion [213]. Der Tat beschuldigt, entgegnete die Schwiegermutter: „Wie können Sie, Hedemännchen, so etwas glauben?" [214]

Eilends zeigte Frau von Stephani die Flugschrift dem Bürgermeister von Schöneck namens Röpke, der als „Unterthan seines Königs" der „heiligen Pflicht" genügte, das „böse Blatt" Theodor von Schön zu senden [215]. Dem Oberpräsidenten musste der Förster nun Rede und Antwort stehen. Hedemann sagte, dass er den Text verfasst habe, um die Bosheit der Schwiegermutter auf „die Probe" zu stellen. Falls sie ihn wegen des Flugblatts anzeige, wollte er sie des Hauses verweisen. Schön beauftragte den Regierungspräsidenten Flottwell, die Angelegenheit strengstens zu untersuchen [216] .

23.6.1821, in: GStA, I HA Rep. 77, Tit. 17, Ministerium des Innern, Bd. 2, Bl. 151.
[213] Polizeiliche Vernehmung, (wie Anmerkung 91), Bl. 17R - Bl. 20. Eine Hausdienerin beobachtete den Diebstahl. „Voller Freude" habe Frau von Stephani die Flugschrift gelesen und „einen Punsch" bestellt. Dann ging sie „sehr fröhlich" zu Bett. ebd., Bl. 55.
[214] Ebd., Bl. 22R.
[215] Bürgermeister Röpke an Theodor von Schön, 26.3.1821, in: GStA, VI HA, NL Theodor von Schön I, Depositum von Brünneck, Nr. 93, Bl. 1. Vgl. Extract des Urteils gegen Hedemann und Complicen vom 29. 3. 1822, gez. von Tettau, Gerichtspräsident, in: GStA, I HA Ministerium für Landwirtschaft, Domänen und Forsten, D Nr. 762, nicht paginiert.
[216] Polizeiliche Vernehmung, (wie Anmerkung 91), Bl. 42R – Bl. 45. Das Vernehmungsprotokoll widerlegt J. Noltes These, dass Hedemann noch im Prozess dabei geblieben sei, zu behaupten, die Flugschrift nur wegen der Schwiegermutter

327

Der Oberpräsident, dem später vorgeworfen wurde, dass er Hedemann nicht sogleich verhaftete, ließ ihn „einstweilen" gehen. Schön wollte Hardenberg über die „Unbesonnenheit" des Försters informieren. Da der Staatskanzler aber in Rom weilte, richtete Schön die Mitteilung an Hardenbergs Stellvertreter Kabinettsrat von Albrecht. Zugleich instruierte er den Landrat Schulz, Hedemann „aufmerksam" zu beobachten. Der Danziger Polizeipräsident Vegesack und zwei Generäle hatten eine etwaige Verbreitung der Proklamation zu verhindern [217].

Noch hoffte Hedemann, der Gefahr zu entrinnen. Aber dann sagte ihm der Regierungspräsident Nicolovius, dass Friedrich Wilhelm über die Proklamation Bescheid wisse. Nun geriet der Förster in die „größte Bestürzung". Sollte er für italienische Rebellen „fechten" oder nach Amerika auswandern? [218] Doch er fasste den Entschluss, zu ver-

---

verfasst zu haben. Jakob Nolte, Demagogen und Denunzianten, (wie Anmerkung 89), S. 437. Nach Hedemanns eigenen Worten gegenüber Falkenberg hatte die Abfassung der Proklamation rein politische Gründe.

[217] Theodor von Schön an den Geheimen Cabinettsrath Albrecht, 30.3.1821, in: GStA, I HA, Ministerium des Innern, Tit. 17, Nr. 38, Bd. 1, Bl. 1-3. Der Streit zwischen Hedemann und der Schwiegermutter eskalierte. Zwei Leute hinderten ihn daran, mit einem Messer auf sie loszugehen. „Er oder ich muß sterben!", rief Frau von Stephani und verließ alsbald das Haus. Polizeiliche Vernehmung, (wie Anmerkung 91), Bl. 29f.

[218] Ebd., Bl. 68R-71f. Einem seiner Gefährten sagte Hedemann, dass ihn die Proklamation sein „junges Leben" kosten oder lebenslängliche Haft einbringen könne. Dem wolle er sich nicht unterwerfen, sondern mit dem „Degen in der Faust" kämpfen. Aussage August Kämmerer, 25.6.1821, in: GStA, I HA Rep. 77, Ministerium des Innern, Tit. 25e Lit. H Nr. 2, Bd. 1, Bl. 53.

wirklichen, was er bei der Anfertigung der Proklamation nur „dunkel und verworren" reflektiert habe. Eine auf die Bauern der Umgebung gestützte Rebellion wollte er vorbereiten [219] und ein „Frei-Corps" gründen [220].

Drei Motive bedingten diese `Flucht nach vorn`. Hedemann empfand „Haß" gegen Hardenberg, der die „Bedrückungen" der „Preußischen Unterthanen" zu verantworten habe. Die lange ersehnte Konstitution war einzuführen [221] und das bäuerliche Elend zu beseitigen.

Auch wegen persönlicher Enttäuschungen und Sorgen brach Hedemann alle Brücken ab. Hohe Schulden versetzten ihn in eine „desparate Stimmung" [222]. Wahrscheinlich missfiel dem ehemaligen Offizier auch der Försterberuf [223].

---

[219] Polizeiliche Vernehmung, (wie Anmerkung 91), Bl. 71Rf. Das Gericht hat diese Angaben bestätigt. Vgl. Auszug aus den Acten in der Untersuchungssache wider den Oberförster von Hedemann und Mitschuldige, in: GStA, I HA, Rep. 84a, Justizministerium, Nr. 50227, Bl. 43.
[220] Geh. Regierungsrat Gustav A. Tzschoppe, Aktenmäßige Darstellung der hochverrätherischen Pläne des Oberförsters von Hedemann, (wie Anmerkung 87), nicht paginiert, (S. 16).
[221] Polizeiliche Vernehmung, (wie Anmerkung 91), Bl. 70R-71R.
[222] Ebd., Bl. 64f. Außerdem wurde er durch seine ehemalige Mätresse finanziell erpresst, die ihm drohte, falls er nicht zahlen wolle, Hedemanns Schwiegermutter aufzusuchen. ebd., Bl. 65.
[223] Theodor von Schön an den Staatskanzler Hardenberg, 5.6.1821, in: GStA, I HA, Ministerium des Innern, Tit. 17, Nr. 38, Bd. 1, 81R.

In und bei Schöneck rekrutierte Hedemann etwa 14 Personen, welche den Volksaufstand organisieren sollten. Die meisten Gruppenmitglieder hatten das dritte Lebensjahrzehnt erreicht und an den Befreiungskriegen teilgenommen. Vorwiegend arbeiteten sie in mittelständischen Berufen; daneben gab es drei Bauern und einen Berufssoldaten [224]. Der Verschwörerkreis wollte „die bestehende Regierungs-Verfaßung mit den Waffen in der Hand umwerfen und eine Constitution ... mit Gewalt einführen" [225].

Um den Bund der Getreuen enger zu schmieden, entwarf Hedemann diese Eidesformel: „Ich schwöre zu Gott dem Allmächtigen, daß ich dem Vaterlande der neuen Constitution treu und ehrlich diene, die Befehle der Oberen

---

[224] Die jüngsten waren 18 Jahre, der älteste 41 Jahre alt. Der Verschwörerkreis umfasste folgende Personen: Ludwig Theodor Pfitzner, Baltendeutscher, ehemaliger Unteroffizier, nun Wirtschaftsverwalter, 28 Jahre. Gerhard Willems, Mennonit, 20 Jahre. Gottlieb Engler, Zinsbauer, 41 Jahre. August Ludwig Neuendorff, ursprünglich Müller, nun Pächter einer Scharfrichterei, 33 Jahre. Maximilian von Pruski, Unteroffizier der Landwehr, als Bauer tätig, 22 Jahre. August Kämmerer, Handlungsdiener, 18 Jahre. Friedrich Schröder, Gerichtsschreiber, 18 Jahre. Johann Carl Nitykowski, Erbpächter, 25 Jahre.
Friedrich von Puttkammer, ehemaliger Fähnrich, nun Förster, 25 Jahre. Ludwig Ferdinand Günther, Feldmesser, 23 Jahre. Heinrich Eichel, Wirtschaftsschreiber, 19 Jahre. Christlieb Borski, ehemaliger Militär, nun Forstverwalter, 30 Jahre. Ferdinand von Pannewitz, Unteroffizier, 36 Jahre. Der Bauzeichner Schönlein, Alter nicht genannt. Geh. Regierungsrat Gustav A. Tzschoppe, Aktenmäßige Darstellung der hochverrätherischen Pläne des Oberförsters von Hedemann, (wie Anmerkung 87), nicht paginiert, (S. 13-15).
[225] Polizeiliche Vernehmung, (wie Anmerkung 91), Bl. 75R.

[=Hedemann] pünktlich vollziehe, und überhaupt alles dasjenige thue, was mir befohlen wird. So wahr mir Gott helfe, durch Jesum Christum seinen eigenen Sohn. Amen". Engler, Pruski und Neuendorff leisteten den Eid [226].

Die Erhebung sollte damit beginnen, dass Hedemann auf einem Schönecker Tanzball ausrief: „Es sei ein Volksaufstand in der Stadt und in der Umgebung, das Volk, welches mich schon als seinen Freund kenne, verlange mich mit Gewalt zu seinem Anführer" [227].

Der Aufstandsplan sah vor, vier westpreußische Städte zu besetzen: Schöneck, Stargard, Dirschau und Marienwerder. Zur Nachtzeit wollten die Rebellen Stargard überfallen, das „Pulver-Magazin" und ein Depot der Landwehr sichern, eigene Leute bewaffnen und die Stargarder Husaren in ihren Quartieren gefangen nehmen. Am Tag des Angriffs würde ein Mitverschwörer, der Unteroffizier von Pannewitz, das Kommando der Stadtwache innehaben [228]. Einige hundert Bauern sollten die Aktion durchführen [229].

Hedemann glaubte, dass die Stargarder Landwehr großenteils den Freischärlern folgen werde. Als nächstes

---

[226] Aussage August Kämmerer, 25.6.1821, in: GStA, I HA Rep. 77, Ministerium des Innern, Tit. 25e Lit. H Nr. 2, Bd. 1, Bl. 58R.
[227] Polizeiliche Vernehmung, (wie Anmerkung 91), Bl. 79f.
[228] Ebd., Bl. 79-82R.
[229] Allein Gottlieb Engler hatte Hedemann 200 Bauern zur Verfügung stellen wollen. Verhörprotokoll, 4.6.1821, in: GStA, I HA, Ministerium des Innern, Tit. 17, Nr. 38, Bd. 1, Bl. 248. 40 Mann wollte Heinrich Eichel beisteuern. Auszug aus den Acten in der Untersuchungssache wider den Oberförster von Hedemann und Mitschuldige, in: GStA, I HA Rep. 84a, Justizministerium, Nr. 50227, Bl. 43.

seien Dirschau und Marienwerder einzunehmen. Die Bürger der Stadt Marienwerder litten besonders unter der Klassensteuer. Dann wollte Hedemann Theodor Schön darum bitten, Friedrich Wilhelm III. zu ersuchen, „die Einführung einer Constitution möglichst zu beschleunigen". Zum Schluss hätte Hedemann die alleinige Verantwortung getragen und jedes Urteil des Königs akzeptiert [230].

Alle Soldaten, die Hedemann unterstützten, sollten „nach Maßgabe ihrer Fähigkeiten befördert werden" und eine lebenslange Pension erhalten Im Fall ihres Todes wollte man deren Angehörige versorgen [231]. Ein „„Circulare" war an die Guts- und Hausbesitzer der Schönecker Gegend abzusenden, die keine Rechte jener Familien schmälern sollten, deren Männer für die Konstitution kämpften [232].

L. F. Günther berichtete, dass Hedemann, falls es gelungen wäre, Marienwerder zu besetzen, auch Danzig erstürmt hätte. Mit dem nächsten Schritt sollte „die Reise nach Berlin gehen" [233]. Erwog Hedemann einen `Marsch auf Berlin`? Der Danziger Polizeipräsident Vegesack hielt Günthers Behauptung für unglaubwürdig [234]. Auch Kämmerer äußerte, dass Hedemann daran gedacht habe, Dan-

---

[230] Polizeiliche Vernehmung, (wie Anmerkung 91), Bl. 83-85R. Hedemanns Gefährten hatte der König zu amnestieren. ebd., Bl. 85R.
[231] Ebd., Bl. 90R.
[232] Ebd., Bl. 91R.
[233] Schreiben Ludwig Ferdinand Günther, 8.6.1821, in: GStA, I HA Rep. 77, Ministerium des Innern, Nr. 38, Bd. 2, Bl. 29f.
[234] Schreiben Vegesack, 22.6.1821, ebd., Bl. 30f.

zig zu besetzen [235] . Nichts dergleichen erwähnte Hedemann.

Theodor von Schön zufolge hatten Teilnehmer der Verschwörung in zwei Landkreisen das Gerücht ausgestreut,
„daß die Katholiken von den Evangelischen umgebracht"
werden sollten [236] . Auch hierfür gibt es keine Beweise; im
späteren Gerichtsurteil wurde ein solcher Sachverhalt
nicht festgestellt.

Hedemann verfasste eine zweite, nicht erhaltene Variante
der Proklamation. Darin forderte er die „Bewohner der
Provinzen Schlesien, Pommern und der Marken" auf, den
Kampf der Westpreußen zu unterstützen. Allen Bürgern,
die man erreichen konnte, war die Flugschrift zu verlesen
[237] .

Auf eine Kurzformel gebracht, wollte Hedemann vier
Städte besetzen, damit Friedrich Wilhelm gedrängt werden konnte, eine Verfassung zu erlassen. Im letzten Akt
hätte der Schönecker sein Haupt freiwillig zur Aburteilung
auf des Königs Richtertisch gelegt. Welch kühner, aber
auch welch naiver Plan! Die Stargarder Aktion konnte
vielleicht gelingen. Spätestens danach wäre das Militär
eingeschritten. Der Plan war zum Scheitern verurteilt, wie

---

[235] Aussage August Kämmerer, 25.6.1821, in: ebd., Bl. 93R.
[236] Theodor von Schön an den Staatskanzler Hardenberg,
14.8.1821, in: GStA, I HA Rep. 77, Ministerium des Innern, Nr.
38, Bd. 2, Bl. 87b.
[237] Ebd., Bl. 75R, Bl. 80f., Bl. 90.

letztlich auch Hedemann begriff, der ihn „chimärisch" nannte [238].

Seine realitätsfernen Ideen entlehnte Hedemann italienischen und spanischen Zuständen; deren andersartige historische Voraussetzungen beachtete er nicht. Auch imitierte Hedemann vermutlich Ferdinand von Schill, der quer durch die Lande gezogen war [239]. Preußen/Deutschland war politisch rückständig, die Opposition schwach und zersplittert, untertäniges Denken weit verbreitet. Ausgerechnet ein Bauer hat Hedemann verraten, [240] der auch an seiner völligen politischen Isoliertheit scheiterte.

---

[238] Geh. Regierungsrat Gustav A. Tzschoppe, Aktenmäßige Darstellung der hochverrätherischen Pläne des Oberförsters von Hedemann, (wie Anmerkung 87), nicht paginiert, (S. 30). J. Nolte schildert die Stargard betreffende Planung in mehrfacher Hinsicht falsch. Hedemann habe „versucht", die „Hauptwache in Stargard" zu überfallen, um eine „Revolution auszulösen". Ein solcher Versuch fand gerade nicht statt. Hedemann hat die nur geplante Aktion abgesagt (vgl. Fließtext zu den Fußnoten 167-172). Auch war keineswegs daran gedacht, die Stadtwächter anzugreifen, die der Mitverschwörer Pannewitz geleitet hätte, sondern die Stargarder Husaren sollten gefangen genommen werden. Der Begriff „Revolution" ist ungenau und inhaltsleer. Hedemanns konkrete Ziele und Absichten erwähnt Nolte nicht. Jakob Nolte, Demagogen und Denunzianten, (wie Anmerkung 89), S. 421. Ebenso widerlegt ist damit Treitschkes Behauptung, dass Hedemann „einen Aufstandsversuch" unternommen habe. Heinrich von Treitschke, Deutsche Geschichte im 19. Jahrhundert, Leipzig 1913, Bd. 3, S. 249.
[239] Helmut Bock, Ferdinand von Schill. Buchreihe Preußische Köpfe. Militär, Berlin 1998, S. 149.
[240] Vgl. Fließtext zu Anmerkung 173.

Häufig wurde die „Anhänglichkeit" von Bürgern an den König betont. Hedemanns Standpunkte würden abgelehnt [241]. Die Westpreußen seien ihrem König „zu treu ergeben", als dass sie sich dem „Verführer" Hedemann hätten ausliefern wollen [242]. Manche Treuebekundungen mochten übertrieben sein, aber die Tendenz der Aussagen stimmte vermutlich.

Indes existierte nicht nur der Maßstab des *äußeren* Erfolges. Sogar eine gescheiterte Rebellion hätte den Nimbus des preußischen ‵Ordnungsstaates‵ bedrohen, wichtige Probleme ins allgemeine Bewusstsein heben, andere Personen mobilisieren können. Angesichts der Not der Bauern, meinte Theodor von Schön, sei es nicht „unwahrscheinlich", dass Hedemann hätte Anhänger gewinnen und etwas bewirken können, wäre sein Plan nicht aufge-

---

[241] Schreiben des Marienwerder Polizeidirektors Jahn an das Regierungspräsidium in Marienwerder, 13.6.1821, in: GStA, VI HA, NL Theodor von Schön I, Depositum von Brünneck, Nr. 93, Bl. 124.

[242] Geh. Regierungsrat Gustav A. Tzschoppe, Aktenmäßige Darstellung der hochverrätherischen Pläne des Oberförsters von Hedemann, (wie Anmerkung 87), nicht paginiert, (S. 19). Ebenso betonte Schön die „Ergebenheit" des Volkes, das die Behörden als des Königs Stellvertreter betrachte. Theodor von Schön an den Staatskanzler Hardenberg, 15.10.1821, in: Königliches Hausarchiv, Friedrich Wilhelm III., BPH Rep. 49, E III, Nr. 35a, (wie Anmerkung 121), nicht paginiert, (S. 46). „Gottlob!" sei der „Gedanke der Möglichkeit einer Rebellion ... in den Köpfen der großen Menschen-Masse" nicht vorhanden. ebd., (S. 51).

deckt worden [243]. Tzschoppe war davon überzeugt, dass ein Aufstand die „öffentliche Ruhe" gestört, „Leben und Eigenthum der Bewohner" der Region gefährdete [244]. Allerdings hätte dann Hedemann einem Kohlhaas oder Schill folgen und sich opfern müssen.

Je näher der Tag des Angriffs auf Stargard heranrückte, der am 8. Mai 1821 [245] erfolgen sollte, desto mehr beschlichen Hedemann Furcht und Skrupel. Die Verschwörer gossen bereits Kugeln aus Blei [246]. Mittlerweile hatten auch Hedemanns Bruder August und Carls Schwager, der Leutnant von Falkenhausen, von der Proklamation gehört. Falkenhausen schrieb Hedemann einen Brief, in dem er ihm vorwarf, sich am „göttlichen König" vergangen zu haben. Hedemann machte dieser Vorwurf „stutzig"; [247] offenbar traf er ihn in seinem tiefsten Innern.

Mathilde erinnerte Carl an die Wohltaten, die ihm Friedrich Wilhelm III. erwiesen habe. Hedemann schwankte und glaubte, dass er Mathilde „grenzenlos unglücklich" machen werde [248]. Bald sagte er das Unternehmen vorläufig und am 12. Mai endgültig ab. Die Mehrheit seiner Ge-

---

[243] Theodor von Schön an den Staatskanzler Hardenberg, in: GStA, I HA Rep. 77, Ministerium des Innern, Nr. 38, Bd. 3, Bl. 87b.

[244] Schreiben des Geh. Regierungsrates Tzschoppe, 18.9.1821, in: GStA, I HA Rep. 77, Ministerium des Innern, Nr. 38, Bd. 4, Bl. 217R.

[245] Aussage August Kämmerer, 9.7.1821, in: GStA, I Rep. 77, Ministerium des Innern, Tit. 25e, Lit. H, Nr. 1, Bd. 2, Bl. 93R.

[246] Polizeiliche Vernehmung, (wie Anmerkung 91), Bl. 123.

[247] Ebd., Bl. 134Rf.

[248] Aussage Mathilde von Hedemann, 25.6.1821, in: I HA Rep. 77, Ministerium des Innern, Tit. 25e, Lit. H, Bl. 32R.

fährten stimmte erfreut zu [249]. Alle Spuren der Verschwörung wurden beseitigt, die Proklamation verbrannt. Eben
noch hatte Hedemann mit dem „Degen in der Hand"
kämpfen wollen. Als nur Asche von der Proklamation geblieben war, verfiel er der Melancholie: „Wie dies alles
nun so klein da liegt, was so groß werden sollte" [250].

Erneut hoffte Hedemann, dass er unbeschadet davon
käme. Am 20. Mai jedoch sagte ihm Pannewitz, dass ein
Bauer dem Amtmann Heidfeld die Verschwörung angezeigt habe. „Im höchsten Grade bestürzt", entschloss sich
Hedemann, nun doch den Aufstand durchzuführen, denn
er wollte sich keinesfalls „arretiren" lassen! [251] Aber Mathilde „weinte und wehklagte" [252], sodass er am 24. Mai [253]

---

[249] Polizeiliche Vernehmung, (wie Anmerkung 91), Bl. 147R-
150f. Nun beteuerte Hedemann, dass er nie „etwas gegen den
König hatte unternehmen wollen", ebd., Bl. 147R.
[250] Ebd., Bl. 150R. Günther und Pfitzner tadelten Hedemann
wegen des Abbruchs der Planung. Günther behauptete, dass
Hedemann ihm gegenüber angedeutet habe, mit
Persönlichkeiten wie Gneisenau und Wilhelm von Humboldt als
deren „Werkzeug" zusammenzuarbeiten. Solche Kontakte
bestritt Hedemann. ebd., Bl. 160 f. Beweise, dass es sie gab,
liegen nicht vor. Vgl. Aussage Ludwig Ferdinand Günther,
24.7.1821, in: GStA, I HA Rep. 77, Ministerium des Innern, Nr.
38, Bd. 3, Bl. 106R. Falsche Andeutungen dieser Art könnte
Hedemann gemacht haben, um seine Autorität bei den
Mitverschwörern zu verbessern.
[251] Polizeiliche Vernehmung, (wie Anmerkung 91), Bl. 170-
170R.
[252] Ebd., Bl. 176R.
[253] Friedrich Wilhelm III. an den Justizminister Kircheisen, 7.3.
1822, in: GStA, I HA, Rep. 84a, Justizministerium, Nr. 50227,
Bl. 45 (vgl. Anmerkung 132).

den Umsturzplan definitiv aufgab. Um nicht jegliches Ansehen bei den Mitverschwörern zu verlieren, präsentierte er einen fingierten Brief, in dem zu lesen stand, dass ihnen die Festnahme drohe [254]. In der Auflösungsphase der Gruppe wechselten Lügen und Drohungen, sich gegenseitig anzuzeigen oder gar Kugeln in die Köpfe zu schießen, einander ab [255].

Am 30. Mai 1821 wurde Carl von Hedemann um 5 Uhr morgens durch zwei Vertreter der Obrigkeit, Amtmann Heidfeld und Landrat Schulz, verhaftet. Das gleiche Schicksal traf seine Gefährten [256]. „Die Ruhe ist in Westpreußen", notierte Hardenberg, „keinen Augenblick gestört" worden [257]. Niedrige Getreidepreise hätten die dortige Unzufriedenheit verursacht [258]. Mehr als die Verschwörer hart zu bestrafen, kam ihm nicht in den Sinn.

Die Staatsführung in Berlin leitete und kontrollierte die nun folgende kriminalistische Untersuchung. Da Hardenberg der Danziger Regierung nicht traute, sandte er den Hofrat Carl Falkenberg als „besonderen Kommissarius" nach Westpreußen, der die Beschuldigten vernehmen

---

[254] Polizeiliche Vernehmung, (wie Anmerkung 91), Bl. 176-179R.
[255] Aussage Mathilde von Hedemann, 25.6.1821, in: GStA, I HA Rep. 77, Ministerium des Innern, Tit. 25e, Lit. H, Nr. 2, Bl. 38Rf. Polizeiliche Vernehmung, (wie Anmerkung 91), Bl. 180Rf.
[256] Ebd., Bl. 195R-196R.
[257] Staatskanzler Hardenberg an Friedrich Wilhelm III. 19.6.1821, in: GStA, I HA Rep. 89, Geheimes Zivilkabinett, Nr. 18499, Bl. 3.
[258] Ebd., Bl. 1R.

sollte. Falkenberg begann am 20. Juni 1821 zu ermitteln [259].

Das Eingreifen des Emissärs lehnten die Danziger vehement ab. Hardenberg und der Justizminister Kircheisen wiederum empfanden „lebhaften Unwillen", weil das Oberlandesgericht in Marienwerder die Untersuchungen zu früh beendet habe. Ihnen fehlte eine polizeiliche Nachforschung, wie sie das „Verbrechen" des Hedemann, das „zu den schwersten gehöre", erfordere [260].

Der Danziger Oberpräsident war laut Hedemann ein „alter Demagoge", der zeitweise unter polizeilicher Aufsicht stand [261]. In Berlin wurde Schön vorgeworfen, dass er

---

[259] Geh. Regierungsrat Gustav A. Tzschoppe, Aktenmäßige Darstellung der hochverrätherischen Pläne des Oberförsters von Hedemann, (wie Anmerkung 87), nicht paginiert, (S. 22). Falkenberg stieß bei der Danziger Provinzialverwaltung auf „Mißmuth und Widerwillen". Theodor von Schön an den Staatskanzler Hardenberg, 15.10. 1821, in: GStA, Königliches Hausarchiv, Friedrich Wilhelm III., BPH Rep. 49 E III, Nr. 35a, (wie Anmerkung 121), nicht paginiert, (S. 53). Dem Oberpräsidenten warf Falkenberg vor, dass Hedemann wichtige Beweisstücke habe beseitigen können. Hofrat Falkenberg an den Staatskanzler Hardenberg, 21.6.1821, in: GStA, I HA Rep. 77, Ministerium des Innern, Nr. 38, Bd. 1, Bl. 158R.

[260] Geh. Regierungsrat Gustav A. Tzschoppe, Aktenmäßige Darstellung der hochverrätherischen Pläne des Oberförsters von Hedemann, (wie Anmerkung 87), nicht paginiert, (S. 23).

[261] Polizeiliche Vernehmung, (wie Anmerkung 91), Bl 112R. Schön widersprach Hedemann. Theodor von Schön an den Staatskanzler Hardenberg, 15.10. 1821, in: GStA, Königliche Hausverwaltung, Friedrich Wilhelm III., BPH Rep. 49 E III, Nr. 35a, (wie Anmerkung 121), nicht paginiert, (S. 45f.). Zu Schöns politischen Vorstellungen vgl. Werner Arnold, „Ein Vorbild

Hedemann nicht wegen der Proklamation festgenommen und den Innenminister Schuckmann nicht informiert habe [262]. Als er die Staatsregierung in Kenntnis setzte, entgegnete Schön, wahrte er den vorgeschriebenen Rechtsweg. Auch sei eine Festnahme Hedemanns nach dem damaligen Wissensstand rechtswidrig gewesen und hätte die Öffentlichkeit verärgert [263].

Angesichts der „Erbärmlichkeit" des Hedemann, behauptete der in die Enge getriebene Schön, wäre ihm ohnehin niemand gefolgt. Hedemann sei ein „geistig und gemüthlich verkrüppelter Mensch", der nur einige „Mörder", „Vagabunden" und „Knaben" um sich geschart habe [264].

---

unscheinbarer Pflichtmäßigkeit und Größe". Theodor von Schöns Urteil über die preußischen Reformer, in: Theodor von Schön, Untersuchungen zu Biographie und Historiographie, hrsg. von Bernd Sösemann, Köln, Weimar, Wien 1996, S. 63-73.

[262] Theodor von Schön an den Staatskanzler Hardenberg, 15.10.1821, in: GStA, Königliche Hausverwaltung, Friedrich Wilhelm III., BPH Rep. 49 E III, Nr. 35a, (wie Anmerkung 121), nicht paginiert, (S. 41, 49).

[263] Ebd., (S. 40, 49, 54). In Berlin sei es üblich, einen Verdächtigen auch ohne Beweise zu verhaften. ebd., (S. 54). Vgl. Theodor von Schön, Persönliche Schriften, Bd. 1, Die autobiographischen Fragmente, hrsg. von Bernd Sösemann, Köln, Weimar, Wien, S. 621-623.

[264] Theodor von Schön an den Staatskanzler Hardenberg, 15.10. 1821, in: GStA, Königliche Hausverwaltung, Friedrich Wilhelm III., BPH Rep. 49 E III, Nr. 35a, (wie Anmerkung 121), nicht paginiert, (S. 44, 49, 53). Diese Einschätzung stand im völligen Widerspruch zu Schöns oben zitierter Ansicht (vgl. Anmerkung 122). Hedemann als Person zu entwerten, war die offizielle Richtschnur der preußischen Staatsführung. Außenminister Graf von Bernstorff instruierte den preußischen Gesandten in Wien,

Hedemann wurde laut Schön zu seinen Taten ermutigt, weil jemand wie Friedrich Ludwig Jahn, der „gefährlichste und größte Verbrecher", nicht auf das „Blutgerüst" gekommen sei! [265] Auch Schön vertrat massiv das Staatsinteresse, gedachte aber im Fall Hedemann den Rechtsrahmen zu wahren.

Freilich missverstand er, worauf die Regierung abzielte, denn in Berlin fürchtete man die Gefahr der Nachahmung. Hedemann sei hart zu bestrafen, meinte Carl Falkenberg, um andere davor „zurückzuschrecken", die Wege des Försters aus Schöneck zu betreten [266]. Obwohl Hedemann nur „Worte" gemacht hatte, wie Theodor von Schön richtig erkannte, [267] forderte Tzschoppe für Hedemann die

---

Krusemark, wie er Hedemann darzustellen habe. Der Förster sei „d` inquietude d` esprit". Außenminister Bernstorff an den preußischen Gesandten Krusemark in Wien, in: GStA, I HA Rep. 81, Gesandtschaft Wien nach 1807, I Nr. 124, nicht paginiert. Eine Warschauer Zeitung hatte die erste öffentliche Nachricht über den Fall Hedemann verbreitet. Mitteilung des General Postamtes, 20.6.1821, in: GStA, I HA Rep. 77, Ministerium des Innern, Nr. 38, Bd. 1, Bl. 182f.

[265] Theodor von Schön an den Staatskanzler Hardenberg, 15.10.1821, in: GStA, Königliche Hausverwaltung, Friedrich Wilhelm III., BPH Rep. 49 E III, Nr. 35a, (wie Anmerkung 121), nicht paginiert, (S. 55). Demnach versuchte Schön, Hardenbergs Anschuldigungen gleichsam umzudrehen. Wollte Schön den „Turnvater" hingerichtet sehen? Falls ja, wäre Schön neu zu beurteilen.

[266] Hofrat Falkenberg an den Staatskanzler Hardenberg, 25.6.1821, In: GStA, I HA Rep. 77, Ministerium des Innern, Nr. 38, Bd. 2, Bl. 63f.

[267] Theodor von Schön an den Staatskanzler Hardenberg, 5.6.1821, in: GStA, I HA Rep. 77, Ministerium des Innern, , Nr. 38, Bd. 1, Bl. 83R.

„härteste Leibes und Lebensstrafe": das „Viertheilen". Bereits die geringste umstürzlerische Tendenz habe juristisch als Hochverrat zu gelten [268].

Derb attackierte der Innen- und Polizeiminister Schuckmann den Danziger Regierungschef. Er warf ihm eine „oberflächliche Untersuchung" vor, die Schön als „absurde Ausrede" benutze. Das Allgemeine Landrecht sehe für jeden eine zehnjährige bis lebenslängliche Haftstrafe vor, der sein Wissen über einen beabsichtigten Hochverrat nicht bald möglichst der Obrigkeit mitteile [269].

Der Monarch persönlich tadelte den Oberpräsidenten dafür, dass er die Hedemannsche Proklamation nicht sofort dem Innenminister zugesandt hatte [270]. Schöns taktisch

---

[268] Geh. Regierungsrat Gustav A. Tzschoppe, Aktenmäßige Darstellung der hochverrätherischen Pläne des Oberförsters Hedemann, (wie Anmerkung 87), nicht paginiert, (S. 32). 1797 sei in Danzig ein 18-jähriger Gymnasiast namens Bartholdi zum Tod durch das Schwert verurteilt worden, weil er gefordert hatte, Preußen in eine Republik umzuwandeln. Erst auf dem Richtplatz erfuhr Bartholdi, dass er zu lebenslanger Festungshaft begnadigt war. 1802 wurde er freigelassen. ebd., (S. 33). Tatsächlich sah das Allgemeine Preußische Landrecht vor, dass Hochverräter „mit der härtesten und schreckhaftesten Leibes- und Lebensstrafe hingerichtet werden". Allgemeines Landrecht für die Preußischen Staaten, Berlin 1817, 2. Teil, 2. Band, 20. Titel, 2. Abschnitt, § 93.

[269] Innenminister Friedrich von Schuckmann an Theodor von Schön, 5.6.1821, in: GStA, I HA Rep. 77, Ministerium des Innern, Nr. 38, Bd. 4, Bl. 189.

[270] Friedrich Wilhelm III. an Theodor von Schön, 7.11. 1821, in: GStA, VI. HA, NL Theodor von Schön I, Depositum von Brünneck, Nr. 93, Bl. 176.

versierte Verteidigung bewahrte ihn nicht davor, dass ihn Hardenberg und Innenminister Schuckmann „ernstlich" rügten [271].

Wenn Schön nicht vor Gericht gestellt wurde, dann wohl nur deshalb, weil man großes Aufsehen vermeiden wollte. Die Angriffe gegen Schön zeigten, mit welcher Härte die Krone jegliche Bedrohung des Staates verfolgt sehen wollte.

Abgesehen von August Kämmerer, [272] betonten anfänglich fast alle Mitverschwörer, Hedemanns Pläne nicht gekannt zu haben [273]. Der emsige Falkenberg verhörte aber

---

[271] Geh. Regierungsrat Gustav A. Tzschoppe, Aktenmäßige Darstellung der hochverräterischen Pläne des Oberförsters Hedemann, (wie Anmerkung 87), nicht paginiert, (S. 17).

[272] Bericht des August Kämmerer, 25.6.1821, in: GStA, I HA Rep. 77, Ministerium des Innern, Nr. 38, Bd. 2, Bl. 92-99. Kämmerers Darstellung stimmte mit Hedemanns Aussagen im Vernehmungsprotokoll fast durchweg überein. Vgl. Hofrat Falkenberg an den Staatskanzler Hardenberg, 30.6. 1821, in: ebd., Bl. 110f. Ebenso widerspiegelt die Urteilsbegründung des Marienwerderschen Kriminalsenats die Angaben Hedemanns und seiner Mitverschwörer: Auszug aus den Untersuchungsakten wider den Oberförster von Hedemann und Ludwig Theodor Pfitzner, Zweiter Senat (Kriminalsenat) des Oberlandesgerichts von Westpreußen, in: GStA, I HA Rep. 89 Geheimes Zivilkabinett, Nr. 18499, Bl. 31f. Vgl. Auszug aus den Acten in der Untersuchungsakte wider den Oberförster von Hedemann und Mitschuldige, in: GStA, I HA Rep. 84a, Justizministerium, Nr. 50227, Bl. 43-45.

[273] Maximilian von Pruski erklärte zunächst, dass er Hedemann nur deshalb die Treue schwor, weil er geglaubt habe, dass dieser den Freiheitskampf der Griechen unterstützen wollte. Aussage

die Verhafteten so lange, bis sie ihre Beteiligung oder Mitwisserschaft an dem „Complott" gestanden [274].

Bevor das Gerichtsurteil erging, geschah ein sonderbarer Zwischenfall. Aus der Kanzlei des Kriminalgerichts gelangten Abschriften der Hedemannschen Proklamation in die Hände von Beamten der Provinzialverwaltung in Marienwerder [275]. Hardenberg beklagte, dass „junge Beamte" Hedemanns „aufrührerische Umtriebe" in „ihrem Grundsatz und ihrer Tendenz rechtfertigen". Diesem „unwürdigen Benehmen" müsse ein Ende gesetzt werden, die betreffenden Beamten seien vom Dienst zu suspendieren und ihm zu melden [276].

Am 29. März 1822 verurteilte der Kriminalsenat in Marienwerder Hedemann und Pfitzner zu lebenslanger Festungshaft und Konfiskation ihres Vermögens. Hedemann

---

Maximilian von Pruski, 4.6.1821, in: GStA, I HA Rep. 77, Ministerium des Innern, Nr. 38, Bd. 1, Bl. 227R.

[274] Geh. Regierungsrat Gustav A. Tzschoppe, Aktenmäßige Darstellung der hochverrätherischen Pläne des Oberförsters von Hedemann, (wie Anmerkung 87), nicht paginiert, (S. 29, S. 18-21,). Falkenberg, schrieb der Staatskanzler, seien die „freimüthigen Bekenntnisse" der Beschuldigten zu verdanken. Staatskanzler Hardenberg an den Justizminister Friedrich Leopold von Kircheisen, 18. Juli 1821, in: GStA, I HA Rep. 84a, Justizministerium, Nr. 50227, Bl. 31. Vgl. die Aussagen von Hedemanns Mitverschwörern, in: GStA, I HA Rep. 77, Ministerium des Innern, Nr. 38, Bd. 3, Bl. 89-132, 209-232.

[275] Schreiben des Gerichtspräsidenten von Tettau, 19.6.1821, in: GStA, NL Theodor von Schön I, Depositum von Brünneck, Nr. 93, Bl. 66.

[276] Staatskanzler Hardenberg an das Regierungspräsidium in Marienwerder, 28.6.1821, ebd., Bl. 130.

verlor außerdem sein Amt als Oberförster und durfte nicht mehr die Nationalkokarde tragen [277].

Das Urteil gegen Hedemann erfolgte wesentlich auf Basis der Paragraphen 92 und 61 im Allgemeinen Landrecht [278]. Als Hochverrat galt laut § 92 ein Unternehmen, das auf „eine gewaltsame Umwälzung der Verfassung des Staats ... abzielt". Eine „vollbrachte Tat" gemäß § 61, deren Wirkung Hedemann verhindert habe und deshalb `nur` zu lebenslanger Haft verurteilt wurde, lag jedoch nicht vor. Hedemann hatte den Umsturzplan aufgegeben, bevor man ihn festnahm. Nicht berücksichtigt hat das Gericht den tatsächlich für Hedemann zutreffenden § 43: „Wer aus eigener Bewegung von der Ausführung des Verbrechens absieht ... kann auf Begnadigung Anspruch machen" [279].

---

[277] Auszug aus den Akten in der Untersuchungssache wider den Oberförster von Hedemann und Mitschuldige durch den Criminal Senat des Ober Landes Gerichts von Westpreußen, 29.3.1822, in: GStA, I HA Rep. 77, Ministerium des Innern, Nr. 38, Bd. 5, Bl. 23f. Hedemanns zivile Mitverschwörer wurden zu Festungshaftstrafen zwischen 3 Jahren und 20 Jahren verurteilt. Justizminister Kircheisen an Friedrich Wilhelm III., 17.11.1822, in: ebd., Bl. 37-38. Den Unteroffizier Pannewitz verurteilte ein Militärgericht zu lebenslänglicher Festungshaft. Schreiben Friedrich Wilhelms III., 17.7.1828, in: GStA, I HA, Rep. 89, Geheimes Zivilkabinett, Nr. 18499, nicht paginiert.
[278] Auszug aus den Akten in der Untersuchungssache wider den Oberförster von Hedemann und Mitschuldige, in: GStA, I HA Rep. 77, Ministerium des Innern, Nr. 38, Bd. 5, Bl. .23f. Vgl. Allgemeines Landrecht für die preußischen Staaten, Berlin 1817, 2. Teil, 2. Band, 20. Titel, 2. Abschnitt, §§ 92 u. 61.
[279] § 43 des ALR, in: ebd.

An dem rechtsbeugerischen Urteil des Oberlandesgerichts dürfte der Staatskanzler nicht unbeteiligt gewesen sein. Hardenberg hatte dem Justizminister Kircheisen geschrieben, dass der Kriminalsenat den Fall Hedemann nicht mit dem notwendigen Ernst betrachte. Angesichts der vermeintlichen „Unvernunft und Lächerlichkeit" des Hedemann ignoriere das Gericht „die Schwere des darin liegenden Verbrechens". Deshalb sollte Kircheisen bei dem Gerichtspräsidenten Tettau eine besonders gründliche Vorgehensweise anmahnen [280]. Die Justiz war und blieb die schärfste Waffe der Obrigkeit.

Hedemann saß die Haftzeit in der Festung Graudenz ab. Mathilde blieb an seiner Seite und gebar ihm zwei Kinder [281]. Im Laufe der späten 1820er-Jahre begannen die ersten Begnadigungen durch Friedrich Wilhelm III. [282] Ende 1831 begnadigte der König auch Hedemann, Pfitzner sowie die zu 20 und 15 Jahren Haft verurteilten Günther und

---

[280] Staatskanzler Hardenberg an den Justizminister Kircheisen, 18.7.1821, in: GStA, I HA, Justizministerium, Rep. 84a, Nr. 50227, Bl. 11.

[281] Mathilde von Hedemann an den preußischen Innenminister von Schuckmann, 24.9.1828, in: GStA, III HA, Ministerium der auswärtigen (!) Angelegenheiten I, Nr. 8123, nicht paginiert. Seit 7 Jahren teile sie das Los des im Graudenzer „Kerker" befindlichen Ehegatten. Ihre beiden Kinder, „hier geboren", seien das „einzige Glück in unserem Leiden". ebd. In welcher Weise die beiden zusammenlebten, geht aus den Akten nicht hervor. Nach Hedemanns Entlassung 1832 bekam das Paar weitere Kinder. 1839 wurde die Ehe geschieden. Schreiben des Finanzministers Robert von Patow, 9.2.1859, in: GStA, I HA, Rep. 89, Geheimes Zivilkabinett, Nr. 18499, nicht paginiert.

[282] Begnadigungsschreiben Friedrich Wilhelms III., 25.1. 1827, in: GStA, I HA Rep. 77, aaO, Nr. 38, Bd. 5, Bl. 81.

Puttkammer. Wie sehr man den ehemaligen Verschwörern misstraute, ist daran abzulesen, dass ihre Freilassung erst erfolgen sollte, wenn die zuvor nach Preußen gekommenen polnischen Insurgenten das Königreich wieder verließen [283].

Dabei hatte Hedemann längst einen erstaunlichen Wandel vollzogen. 1830 rebellierten in den Niederlanden zahlreiche Bürger gegen den autoritären Kurs Wilhelms I. Nun beantragte Hedemann bei Friedrich Wilhelm III. eine Art `Hafturlaub`. In den Nachbarstaaten, schrieb der Gefangene, rege sich der „Geist der Empörung". Gleichzeitig erstrahlt „die Liebe des treuen Preußen Volks zum König im hellsten Licht". Falls Preußen zugunsten Wilhelms I. militärisch interveniere, wollte Hedemann am Feldzug teilnehmen und danach in die Festung Graudenz zurückkehren! Als `Sicherheit` würde Hedemanns Familie während seiner Abwesenheit in Graudenz bleiben [284]. Der gleiche Hedemann hatte einst daran gedacht, die Opposition in Süditalien zu unterstützen.

Nach elf Jahren Haft wurde Hedemann am 3. August 1832 entlassen [285]. Seit Anfang 1834 war er als Schreib-

[283] Schreiben des Justizministeriums, 24.12.1831, in: ebd., Bl. 94. Schreiben des Justizministers Heinrich G. Mühler, 5.3. 1832, in: GStA, I HA, Rep. 89, Geheimes Zivilkabinett, Nr. 18499, nicht paginiert. Treitschke irrte also, wenn er glaubte, dass „am Hofe der Schrecken [über Hedemann] nicht lange anhielt". Heinrich von Treitschke, Deutsche Geschichte im 19. Jahrhundert, Bd. 3, Leipzig 1913, S. 249.
[284] Carl von Hedemann an Friedrich Wilhelm III., 17.10.1830, ebd., nicht paginiert.
[285] Der Berliner Polizeipräsident Karl von Gerlach an den Innen- und Polizeiminister Gustav von Brenn, 28.1.1833, in: GStA, I

kraft bei der Regierung in Liegnitz auf Widerruf beschäftigt [286]. Erst zweieinhalb Jahre später genehmigte der König Hedemanns definitive Einstellung. Ab dem Juli 1837 arbeitete er im Regierungsbezirk Oppeln wieder in seinem angestammten Beruf als Oberförster [287].

Schon Jahre vorher hatte Hedemann seiner `Bekehrung` zur Staatsfrömmigkeit die Dornenkrone aufgesetzt. Dem preußischen Innenministerium gegenüber betonte er, dass ihn sein einstiges „Verbrechen" bis ans Lebensende mit „tiefer Reue" erfülle. Nun empfinde er „Haß" gegen die Feinde des Königs. Es gäbe „geheime Verbindungen", welche die „öffentliche Sicherheit gefährden". Die „Machinationen dieser Ränkeschmiede" seien zu bekämpfen; er bot an, die politische Polizei zu unterstützen, um Verbrecher aufzuspüren, „welche die glückliche Ruhe der Völker zu stürzen drohen" [288]. 1821 hatte Hedemann den

---

HA Rep. 77, Ministerium des Innern, Nr. 38, Bd. 5, Bl. 106. 1833 erhielt Hedemann die Nationalkokarde zurück. Schreiben des Justizministers Mühler, 18.4.1833, in: GStA, I HA, Rep. 89, Geheimes Zivilkabinett, Nr. 18499, nicht paginiert.

[286] Schreiben des Regierungspräsidenten Stolberg-Wernigerode, 26.2.1835, in: GStA, I HA Rep. 87. Ministerium für Landwirtschaft, Domänen und Forsten, D Nr. 762, nicht paginiert.

[287] Carl von Hedemann an Friedrich Wilhelm III., 9.11.1838, in: Geheimes Zivilkabinett, Nr. 18449, nicht paginiert. Zuletzt wohnte Hedemann in der Stadt Neiße. Vgl. Königlich-Preußischer Staatskalender, 1859, S. 463. Als unrichtig erweist sich daher auch die Behauptung J. Noltes, dass Hedemann den Försterberuf nicht mehr habe ausüben dürfen. Jakob Nolte, Demagogen und Denunzianten, (wie Anmerkung 89), S. 437.

[288] Carl von Hedemann an den Innen- und Polizeiminister Gustav A. von Rochow, 30.5.1834, in: GStA, I HA Rep. 77,

Staatskanzler Hardenberg auch wegen der Geheimpolizei kritisiert und verabscheut. Nun hoffte er, eben dieser Polizei beizutreten!

Das charakterliche Debakel Hedemanns war erschütternd und der Triumpf der Obrigkeit vollständig. Liegt hierin eine sehr deutsche Tragödie begründet? Hedemann mutierte vom `hochverräterischen` Freiheitskämpfer zum verhinderten Polizeispitzel. Durch *Brechen* und *Abschrecken* wurde in Preußen/Deutschland der `Untertan` geformt. Vor allem hat er sich brechen *lassen*.

Das Schicksal Hedemanns stellte klar, dass jeder missliebige Gedanke schlimmste Konsequenzen hervorbringen konnte. Der geduckte Bürger durfte allenfalls `ehrerbietige` Bettelbriefe schreiben. Am Ende hat die preußische Obrigkeit Hedemann geistig zerstört.

Doch alle Anbiederung nützte Hedemann in einem Punkt, der ihn besonders quälte, nichts. Das ihm 1822 aberkannte Eiserne Kreuz II. Klasse erhielt er bis zu seinem Tod 1863 trotz vieler Bittschreiben nicht zurück [289].

Ministerium des Innern, Nr. 38, Bd. 5, Bl. 109-110. Hedemann empfing Lob für den Wandel der Gesinnung; das Angebot wurde abgelehnt. Innenminister Rochow an Carl von Hedemann, 4.6.1834, in: ebd., Bl. 111.

[289] Hedemanns Gesuch, ihm das EK II. wieder auszuhändigen, blieb erfolglos. Finanzminister Robert von Patow an Carl von Hedemann, 21.2.1861, in: GStA, I HA Rep. 87, Ministerium für Landwirtschaft, Domänen und Forsten, D Nr. 762, nicht paginiert.

Carl von Hedemann war eine labile, problematische Natur voller Widersprüche. Er revoltierte gegen den Staat und wankte doch vor dem „göttlichen König". Sein unausgereiftes Denken setzte das süditalienische Königreich mit Preußen gleich und erklärte Hannover zum Ausland. Bei Hedemann sind Sprunghaftigkeit und mangelnder Realismus festzustellen.

Trotzdem wäre es ungerecht, ihn auf Schwächen und Irrtümer zu reduzieren, denn er besaß ein waches Gemüt, das „Unbilliges" in den Verhältnissen erkannte. Als Carl von Hedemann am 30. Mai 1821 aus Schöneck abtransportiert wurde, sagte er zu seinem Bewacher, dem Major von Valtier, dass er „Stolz" empfinde, „etwas Großes versucht zu haben" [290].

Man soll die Macht der Menschen nicht fürchten und das Recht mit eigener Hand erstreiten [291]. Gegen einen autoritären Staat, der die Bürger „belehrte" und tiefste Not verursachte, gewaltsam vorgehen zu wollen, das machte den jungen Hedemann zur historischen Figur.

Auch wenn Hedemann keinesfalls zu den großen Freiheitskämpfern gehört, hinterließ die Proklamation vom März 1821 einen wichtigen Gedanken: den Kampf um die *äußere* Freiheit des Landes im *Inneren* fortzusetzen.

An das Volk!

---

[290] Theodor von Schön an den Staatskanzler Hardenberg, 5.6.1821, in: GStA, I HA Rep. 77, Ministerium des Innern, Nr. 38, Bd. 1, Bl. 82R.
[291] Friedrich Schiller, Wilhelm Tell, 2. Aufzug, 2. Szene u. 5. Aufzug, 1. Szene.

Der lang ersehnte Augenblick ist gekommen, eine drückende Noth zu endigen, die Tyrannei zu stürzen und die Sklavenfesseln zu zerbrechen. Auf! verlaßt den friedlichen Herd, ergreift die gewohnten Waffen, vor denen die Feinde des Vaterlandes gezittert und versammelt euch unter meinem Panier. Zu lange schon habt ihr die Schmach geduldet, die selbst der Feind, den ihr kühn vertrieben, nicht wagte, euch aufzulegen. Der König kennt eure Noth nicht. Falsche Räthe, Ausländer, saugen das Mark des Landes. Duldet es nicht. Ergreift die Waffen. Gott, der Allmächtige, zu dem wir in unserer höchsten Noth rufen, wird uns den Sieg verleihen und die Tyrannei stürzen.

Wo sind die heiligen Versprechungen geblieben, die man noch machte, als ihr im Jahre 1813 Gut und Blut freudig daran setztet, den König und das Vaterland zu befreien! Eine schöne Zeit glaubtet ihr auch erkämpft zu haben, die auch der glorreiche Friede von 1815 – blutig errungen – gewähren sollte, aber leider! sind alle großen Opfer umsonst gewesen. Ausländer regieren das Land und drückende Steuern stürzen euch in unendliches Elend. Wollt ihr erwarten, bis man euch alles genommen? wollt ihr als Bettler euer Vaterland verlaßen und mit Weib und Kindern in fremden Gegenden ein kummervolles Leben beschließen? Nein! ihr seyd noch die alten Preußen, vor denen die halbe Welt gezittert; freudig werdet ihr herbeieilen, die Schmach von euch zu wälzen, mit euerm Blute eure Weiber und Kinder vertheidigen.

Folgt dem Beispiele der Spanier, der Italiener, welche sich frey machen von dem Joche der Sklaverey. Folgt diesem Aufgebot und säumt nicht. Vereint trotzen wir den Tyrannen. Die anderen Provinzen werden euch folgen.

Wir werden siegen. – Es lebe die Freiheit! Nieder mit den Tyrannen!

Soldaten!

Das Volk steht auf, kühn die Freiheit zu erkämpfen. Folgt seinem Beispiel, vereinigt euch mit uns, erniedrigt euch nicht zu feigen Miethlingen, gegen eure Brüder das Schwerdt zu ziehen. Die höchste Noth der Verzweiflung zwingt uns, die Waffen zu ergreifen. Unsere Losung ist: zu siegen oder zu sterben. Ihr seyd, wie wir, Söhne des Vaterlandes; nicht gegen uns werdet ihr fechten, nicht das Blut eurer Verwandten vergießen. In unseren Reihen ist euer angeborener Platz" [292].

---

[292] Proklamation, März 1821, in: GStA, I HA Rep. 77, Ministerium des Innern, Tit. 17, Nr. 38, Bd. 1, Bl. 17-18.

10. Einheit, Freiheit, Militärreform. Der preußische Heeres- und Verfassungskonflikt

Überhaupt, in der Politik muss
man nur das Erreichbare wünschen.

Heinrich Heine [293]

„Freiheit geht vor Einheit", lautete die törichte Parole, mit der Adenauer seine geschichtsfremde Staatsräson verteidigte. Jeder Ostdeutsche lebte, weil das Land geteilt wurde, völlig unfrei, während Adenauers Rheinbund, den die Westalliierten ins enge Korsett der Vormundschaft sperrten, einer Halbkolonie ähnelte, deren Grundgesetz weniger demokratische Rechte fixierte, als es die Weimarer Verfassung getan hatte.

Das schwierige Verhältnis von Freiheit und Einheit prägte auch die deutsche Geschichte des 19. Jahrhunderts. Staatlich subventionierte Historiker betrachteten sie nach 1945 durch Adenauersche Brillengläser. Oft erklangen Lieder der neuen Herren; die Reichsgründung widersprach dem Zeitgeist. Lothar Gall, Chefideologe des deutschen Liberalismus, sah in Bismarcks Werk „eines der kurzlebigsten Gebilde der Geschichte", das nicht zurückkehre [294].

---

[293] Heinrich Heine, Französische Zustände, Könemann Verlag, Köln 1995, S. 151.

[294] Henning Köhler, Der 8. Mai - das historische Ereignis und die politische Wirkungsgeschichte, in: Die Politische Meinung, Nr. 426, 2005, S. 33. Vgl. Lothar Gall, Bismarck. Der weiße Revolutionär, Frankfurt/Main 1980, S. 725; Hans-Peter

West- und ostdeutsche Historiker erkoren nun die taten-
arme, früh missglückte „Revolution" von 1848 zum
Staatsevangelium. In einer Ausstellung des Bundestages
beansprucht „1848" genauso viel Platz wie das Kaiserreich.

Das römisch-katholisch verwurzelte Österreich und zahlreiche Fürsten blockierten den Weg zum deutschen Nationalstaat. Allein Preußens starkes Militär war imstande,
dieses Hindernis zu beseitigen. Nur die sogenannte kleindeutsche Lösung gewährleistete innere und äußere Stabilität.

Maßgeblich scheiterte die Revolution von 1848 an der
territorialen Zersplitterung Deutschlands [295]. Oppositionelle Kräfte zu koordinieren, eine handlungsfähige politische Öffentlichkeit aufzubauen, erforderte den Nationalstaat. Da er 1848 nicht existierte, betrat die revolutionäre
Bewegung, der jegliche Machtmittel fehlten, politisches
Niemandsland. In jedem Fürstentum konnte der vom
Habsburgerreich kontrollierte Deutsche Bund eingreifen
und Aufstände niederschlagen.

Ohne Gesamtstaat drohte auch das Damoklesschwert einer ausländischen Intervention. Viele Historiker nahmen
diese Aspekte nicht zur Kenntnis; ideologische Motive do-

Schwarz, Mit gestopften Trompeten. Die Wiedervereinigung
Deutschlands aus der Sicht deutscher Historiker, in: Geschichte
in Wissenschaft und Unterricht, Heft 11, 1993, S. 683-704.

[295] Friedrich Meinecke, 1848 - eine Säkularbetrachtung, in: Die
Deutsche Revolution von 1848/49, hrsg. von Dieter Langewiesche, Darmstadt 1983, S. 39-58.

minierten die Wissenschaft. An Rhein und Spree triumphierte der Geist der Teilung.

Ähnlich missverstanden west/östliche Romantiker den preußischen Verfassungsstreit. 1862 brach er aus und endete vier Jahre später. Liberale Apologeten bekränzten und illuminierten jenes Ereignis leidenschaftlich. Preußen war kein Nationalstaat, ebenso Adenauers BRD, die das Grundgesetz feierte, und daher glaubten zahlreiche Hofchronisten, die Konfliktszeit in einen positiven Mythos umdichten zu sollen, der die westdeutsche Republik quasi vorwegnahm. Hatte lange der siebenjährige Krieg als historische Legitimation hergehalten, wechselte man nun das Kostüm. Eilfertig propagierten flexible deutsche Historiker die veränderte Generallinie. - Ehe weitere Kritik folgt, widme ich mich der „Neuen Ära" von 1858 bis 1862.

Friedrich Wilhelm IV. erkrankte 1858 schwer. Sein Bruder Wilhelm übernahm die Regentschaft und verfasste das „Novemberprogramm". Innenpolitische Reformen kündigte er an, die er wenig spezifizierte. Preußen sollte in Deutschland „moralische Eroberungen" tätigen [296]. Gleichwohl verfolgte Wilhelm keine bestimmten außenpolitischen Ziele und lehnte es ab, antiösterreichische Maßnahmen zu ergreifen [297].

---

[296] Kaiser Wilhelms des Großen Briefe, Reden und Schriften, Bd. 1, Berlin 1906, S. 449.
[297] Wilhelm an den Kronprinzen Friedrich, 2.8.1861, in: Geheimes Staatsarchiv Preußischer Kulturbesitz Berlin, (früher ZStA Merseburg), NL Wilhelm I., Rep. 51 J, Nr. 518, Bl. 8R.

Mehr noch verhieß das Risorgimento 1859 eine neue Ära, [298] zumal der Nationalverein, kleindeutsch und preußisch orientiert, die Bühne betrat [299].

Den italienischen Rückenwind nutzte der preußische Landtag und bewilligte geschlossen einen Kredit von 30 Millionen Talern, der es Preußen erlaubte, die Armee zu mobilisieren, solange Italien gegen Österreich Krieg führte. Beispielsweise hoffte Eduard Simson, liberaler Abgeordneter, dass Preußen nach „links" und „rechts" gleichzeitig kämpfen und Deutschland einigen werde [300].

Jedoch verkündete Preußen nur eine „bewaffnete Neutralität" und blieb außenpolitisch inaktiv. Damit enttäuschte der Regent alle Erwartungen. Diesen Hintergrund gilt es zu beachten, wenn jetzt die Heeresreform in den Blick gerät.

Anfang 1860 legte die preußische Regierung dem Landtag einen Gesetzentwurf vor, der drei Hauptgesichtspunkte enthielt. 1) Die Zahl der jährlich eingezogenen Rekruten wurde von 40.000 auf 63.000 Mann erhöht. 2) Die vier jüngeren Jahrgänge der Landwehr des ersten Aufgebots traten in die Reserve des stehenden Heeres über. 3) Die Verlängerung der Dienstzeit von zwei auf drei Jahre, eingeführt seit 1854/56, sollte gesetzlich festgelegt werden.

---

[298] Vgl. Die nationalpolitische Publizistik Deutschlands, hrsg. von Hans Rosenberg, Bd. 1, München 1935.

[299] Shlomo Na´aman, Der Deutsche Nationalverein. Die politische Konstituierung des deutschen Bürgertums 1859-1867, Düsseldorf 1987, S. 41ff.

[300] Stenografische Berichte des Hauses der Abgeordneten, Bd. 2, Berlin 1859, 12.5.1859, S. 1108.

Pro anno betrugen die Kosten der Reorganisation neun Millionen Taler [301] .

Dank dieser Maßnahmen steigerte der Kriegsminister Albrecht von Roon die Schlagkraft der preußischen Armee wesentlich [302]. Notwendig erschien vor allem die Moder-

---

[301] Gordon Craig, Die preußisch-deutsche Armee 1640-1945, Düsseldorf 1960, S. 163ff.; Gerhard Ritter, Staatskunst und Kriegshandwerk. Das Problem des Militarismus in Deutschland, Bd.1, München 1954, S. 148-158; Manfred Messerschmidt, Die Armee in Staat und Gesellschaft – Die Bismarckzeit, in: Das kaiserliche Deutschland. Politik und Gesellschaft 1870-1918, hrsg. von Michael Stürmer, Düsseldorf 1970, S. 89-94; Handbuch zur deutschen Militärgeschichte 1648-1939, hrsg. vom Militärgeschichtlichen Forschungsamt, Bd. IV, 1, München 1975, S. 182 ff.; Dennis E. Showalter, The Prusso-German RMA, 1840-1871, in: The Dynamics of Military Revolution 1300-2050, hrsg. von MacGregor Knox und Williamson Murray, Cambridge 2001, S. 92-113.

[302] Unplausibel ist die widerspruchsvolle These von Dierk Walter, der Roons Neuerungen als bloßen „Mythos" und „konstruierte Zäsur" falsch interpretiert. Dass Teilreformen seiner Reorganisation vorausgingen, mindert nicht ihre große Bedeutung. Erst die quantitative Verstärkung der Truppen, auch das effektivere Reservesystem, befähigten Preußen, Kriege zu gewinnen. Außerdem sei die Landwehrreform, behauptet Walter, zumindest ursprünglich nicht mit antibürgerlichen Zielen verknüpft gewesen. Offenbar hat er vergessen, wichtige Denkschriften Roons und des Königs zu lesen, die schon vor 1860 beklagten, dass die Landwehr politische Gefahren berge. Deutlich fällt Walter hinter den bereits erreichten Forschungsstand zurück. Dierk Walter, Preußische Heeresreformen 1807-1870. Militärische Innovation und der Mythos der „Roonschen Reform", Paderborn 2003, S. 43, S. 394. (Vgl. meine Besprechung der Walterschen Studie, in:

nisierung der milizartigen Landwehr. 1813 entstanden, war sie längst veraltet. Und demographische Wachstumsraten rechtfertigten es, die Zahl der Rekruten zu erhöhen.

Allerdings verfolgten Roon, Wilhelm, und der Chef des Militärkabinetts, Edwin von Manteuffel, noch ganz andere Ziele. Die Landwehr galt als Bastion des liberalen Bürgertums; im Fall innenpolitischer Krisen hielten sie adelige Offiziere für unzuverlässig und wankelmütig. Auch hoffte Roon, mittels der dreijährigen Dienstzeit preußische Soldaten dem zivilen Leben zu entfremden, mechanischen Gehorsam einzuschleifen.

Viele Liberale ignorierten die Doppelbödigkeit der Heeresvorlage und wollten das traditionelle Milizsystem konservieren. Statt die Reform der Landwehr zu bejahen, gleichzeitig den Offiziersnachwuchs demokratischer zu gestalten, versäumten sie es, das stehende Heer zu infiltrieren. Wenige Liberale begriffen, dass nicht die „Organisation", sondern der „Geist" Soldaten formt [303].

Österreichische Militärische Zeitschrift, Heft 2, 2006, S. 259 f.). Zu den politischen Hintergründen der Landwehrreform auch: Wolfgang Petter, Die Roonsche Heeresreorganisation und das Ende der Landwehr, in: Die Preußische Armee. Zwischen Ancien Regime und Reichsgründung, hrsg. von Peter Baumgart, Bernhard R. Kroener und Heinz Stübig, Paderborn u.a. 2008, S. 223f.

[303] Vossische Zeitung, 19.2.1860, Nr. 43, S. 2; Detlef Vogel, Militarismus - unzeitgemäßer Begriff oder modernes historisches Hilfsmittel? Zur Militarismuskritik im 19. und 20. Jahrhundert in Deutschland, in: Militärgeschichtliche Mitteilungen, Bd. 39, Heft 1, 1986, S. 9-35; Ute Frevert, Die kasernierte Nation. Militärdienst und Zivilgesellschaft in Deutschland, München 2001, S. 95; Frank Becker, Bilder von

Preußen repräsentierte keineswegs nur militärtechnisch die Spitze des Fortschritts. Gegen bourgeoise Opposition erzwang Bismarck 1866/67 das gleiche Wahlrecht[304].

Da liberale Abgeordnete Roons Ideen nicht billigten, empfahl ihnen die Krone, neun Millionen Taler bereitzustellen, um die Heeresvorlage ein Jahr lang „provisorisch" zu realisieren. Obwohl der verantwortliche Ausschuss des Parlamentes erkannte, dass die „zur Aufrechterhaltung der Kriegsbereitschaft getroffenen Maßnahmen zum Teil auf Prinzipien" basieren, welche er kategorisch ablehne, nämlich die „beabsichtigte Eliminierung der Landwehr" und die dreijährige Dienstzeit, akzeptierte das gleiche Gremium den Militärgesetzentwurf „einstweilig"![305]

Nie lösten deutsche Historiker das Rätsel, warum es 1862 zum Bruch zwischen Regierung und Parlament kam, *nachdem* die Liberalen 1860 eben jene Heeresreform, die sie später befehdeten, zunächst fast einstimmig genehmigt hatten. *Wenn* preußische Liberale, wie viele Historiker glauben, wegen der Militärreform einen Verfassungs-

---

Krieg und Nation. Die Einigungskriege in der bürgerlichen Öffentlichkeit Deutschlands 1864-1913, München 2001, S. 77-108. Ders., Strammstehen vor der Obrigkeit? Bürgerliche Wahrnehmung der Einigungskriege und der Militarismus im Deutschen Kaiserreich, in: Historische Zeitschrift, Bd. 277, 2003, S. 87-113.

[304] Vgl. Walter Gagel, Die Wahlrechtsfrage in der Geschichte der deutschen liberalen Parteien 1848-1918, Düsseldorf 1958, S. 25f.

[305] Sammlung sämtlicher Drucksachen des Hauses der Abgeordneten, Bd. 6, Berlin 1860, Nr. 230, S.3.

kampf führten, [306] weshalb haben sie die Heeresvorlage dann nicht sofort und konsequent zurückgewiesen?

---

[306] Typisch: Wolfgang Neugebauer, Die Hohenzollern. Dynastie im säkularen Wandel von 1740 bis in das 20. Jahrhundert, Bd. 2, Stuttgart 2003, S. 154. Bezeichnenderweise verschweigt Neugebauer die „provisorische" Bewilligung der Heeresreorganisation. Ebd., S. 152f. Diesen Fehler begeht auch R. Pröve, der Irrtümern des Dierk Walter, Preußische Heeresreformen, erliegt. Ralf Pröve, Militär, Staat und Gesellschaft im 19. Jahrhundert, (=Enzyklopädie Deutscher Geschichte, Bd. 77), München 2006, S. 28, S. 65f. Desgleichen: Manfred Messerschmidt, Das preußische Militärwesen, in: Handbuch der preußischen Geschichte, Bd. 3, hrsg. von Wolfgang Neugebauer, Berlin, New York, 2001, S. 391. Genauso wenig kümmern R. Paetau fundamentale außenpolitische Hintergründe der „Neuen Ära". Das Verhältnis von äußerer und innerer Politik wird ignoriert. Ohne neue Erkenntnisse zu bieten, behandelt er lediglich die preußische Innenpolitik und fragt nicht, ob das Parlament die machtvolle Krongewalt zurückdrängen *konnte*. Musste zuvor Deutschland geeint werden? Für Preußen existierte kein „Weg in die politische Moderne"; seine historische Rolle endete 1871. Paetaus schwache Analyse glänzt durch Ideenlosigkeit. Rainer Paetau, Die regierenden Altliberalen und der „Ausbau" der Verfassung Preußens in der Neuen Ära (1858-1862). Reformpotential – Handlungsspielraum – Blockade, in: Preußens Weg in die politische Moderne. Verfassung – Verwaltung – politische Kultur zwischen Reform und Reformblockade, hrsg. von Bärbel Schultz und Hartwin Spenkuch, Berlin 2001, S. 169-191. Auch schreckt Paetau nicht davor zurück, die Thesen anderer Historiker in bewusst unrichtiger und verzerrter Form wiederzugeben. Vgl. Acta Borussica, NF, Protokolle des Preußischen Staatsministeriums, Bd. 5, bearbeitet von R. Paetau, Hildesheim u.a. 2001, S. 75. Die gleichen Mängel, wie sie in Paetaus kritisiertem Aufsatz festzustellen sind, enthält G. Grünthals unhistorische, eindimensionale, fast nur staatsrechtlich orientierte Betrachtung der Konfliktsjahre. Günther Grünthal, Verfassung und Verfas-

Das „Provisorium" wurzelte in außenpolitischen Hoffnungen. Wie bei der Bewilligung der 30 Millionen Taler während des italienischen Krieges erwarteten die Liberalen auch 1860 eine nationaldeutsche Aktion. Erstens drängten sie die Regierung, das Fürstentum Hessen-Kassel zu okkupieren und notfalls gegen Österreich und seine Verbündeten, welche die liberale kurhessische Verfassung außer Kraft gesetzt hatten, das Schwert zu ergreifen [307].

Zweitens dachten die Liberalen an Schleswig-Holstein. Beide Herzogtümer sollten vereint werden und künftig zu Deutschland gehören[308]. Dieses leidenschaftliche Begehren hätte Krieg gegen Dänemark und weitere internationale Streitigkeiten verursachen können. Georg von Vincke, der Sprecher der Konstitutionellen, sagte, dass die preußische Ehre in Schleswig-Holstein „verpfändet" liege, und kein Deutscher verstehe es, wenn die jetzige „Kriegsbereitschaft einem Zustande des tiefsten Friedens Raum geben sollte" [309]. Preußen müsse in Schleswig-Holstein und Kurhessen deutsches Recht wahren und „den letzten Hauch von Roß und Mann in die Waagschale" legen! Demgemäß stelle die Bewilligung des Provisoriums ein „Vertrauensvotum" für die Regierung dar [310].

---

sungskonflikt. Die Lücke als Freiheit des Monarchen, in: Günther Grünthal, Verfassung und Verfassungswandel, hrsg. von Frank-Lothar Kroll, Joachim Stemmler und Hendrik Thoß, Berlin 2003, S. 208-223.

[307] Sammlung sämtlicher Drucksachen, aaO, Bd. 6, 1860, Nr. 230, S. 3.

[308] Ebd., S. 2.

[309] Ebd.

[310] Stenografische Berichte des Hauses der Abgeordneten, Bd. 2, Berlin 1860, 15.5.1860, S. 1126f.

Hielten Bismarcks Gegner die Friedenstaube in der Hand? Schon lange kultiviert das liberale westdeutsche Bürgertum seinen Pazifismus und zaubert dieses Selbstporträt ins 19. Jahrhundert.

Nun ist geklärt, welches Motiv die Volksvertreter bewog, verhasste Militärreformen zu unterstützen. „Provisorisch" hieß allerdings, dass liberale Politiker fest entschlossen waren, die neue Heeresreorganisation später zurückzunehmen. Abschaffen wollte man sie, wenn der Nationalstaat gegründet sei, doch logischerweise erst recht annulieren, falls Preußen außenpolitisch untätig bleibe. Vincke tadelte jene wenigen Abgeordneten, die dem Versprechen der Krone, wonach das Reformgesetz nur befristet gelte, nicht trauten [311].

In der Tat kalkulierte Vincke denkbar falsch, naiv, realitätsfern. Das Parlament, schrieb Wilhelm an seine Minister, wolle die Reorganisation nur unter Berücksichtigung von „Verhältnissen der auswärtigen Politik" durchführen und, sobald es die außenpolitische Lage erlaube, wieder „rückgängig" machen. Wilhelm interpretierte die scheinbar provisorische Regelung völlig anders. Er hielt es für „klar", dass die Reorganisation dauerhaft bestehe. Nur dürfe kein Minister diese „prinzipielle Verschiedenheit" der Auslegung öffentlich hervorheben, weil sonst der Landtag den Gesetzentwurf blockiere [312].

Die große Mehrheit der Liberalen fiel Wunschträumen zum Opfer. Man muss sich vor Augen halten, was es be-

---

[311] Ebd., S. 1122f.
[312] Der Regent an das Staatsministerium, 14.5.1860, in: GStA Berlin, NL Rudolf von Auerswald, Rep. 92 II, Nr. 16., Bl. 1.

deutet hätte, die Heeresreform nach Ablauf eines – oder gar zweier – Jahre ungeschehen zu machen. Dutzende gerade neu aufgestellter Regimenter hätte man auflösen, hunderte Offiziere, die sich erst wenige Monate im Dienst befanden, vor die Tür setzen müssen. Schwer fiel ebenso der finanzielle Aspekt ins Gewicht. Jene neun Millionen Taler, die der preußische Landtag „provisorisch" bewilligt hatte, wären unwiederbringlich verloren gewesen. Manche Zeitgenossen befürchteten, dass die Abgeordneten Gefahr liefen, neun Millionen Taler „in den Brunnen" zu werfen [313]. Die Militärdoktrin der Liberalen mutet schon wenig durchdacht an. Aber ihre sonderbare Politik des Jahres 1860 kann man wohl nur als dilettantisch kritisieren.

Friedrich Wilhelm Harkort, Mitglied des Landtages, äußerte 1860, dass ein „Held" kommen möge, der Preußen leitet und Deutschland vereinigt [314]. Warum zerfiel dann aber der anfängliche Konsens zwischen Regierung und Parlament? Ist es nicht ein Bismarck gewesen, den die Liberalen erwartet hatten? Niemand hat diese *Kernfrage* gestellt.

Das erste „Provisorium" lief im Mai 1861 aus, und der preußische Landtag bewilligte weitere fünf Millionen Taler, welche es ermöglichten, die Dauer der „provisorischen" Reorganisation bis Ende 1861 zu verlängern. Nur eine knappe Mehrzahl der Abgeordneten war damit einverstanden [315] und geriet bald in die Minderheit.

---

[313] Nationalzeitung, Morgenausgabe, 19.5.1861.
[314] Stenografische Berichte, aaO, Bd. 2, 1860, S. 805.
[315] Stenografische Berichte, aaO, Bd. 3, 1861, S. 1516.

Denn der preußische Außenminister enttäuschte die Hoffnungen der Liberalen. Sie hätten die Militärreform abgelehnt, wäre ihnen bekannt gewesen, welche Ziele Alexander von Schleinitz vorschwebten, der ein enges Bündnis mit Österreich plante, dem auch Russland beitreten sollte. Garibaldis Unternehmen in Süditalien wünschte er ein „Ende mit Schrecken" [316]. Preußische Liberale, meinte der Außenminister, erlägen nur „albernsten Vorurtheilen", wenn sie antiösterreichische Parolen kundtaten [317]. Schleinitz löste die Krise aus, insofern er dem „Provisorium" die Grundlage entzog.

Auch innenpolitisch herrschte Stagnation. Politiker der im Juni 1861 gegründeten Fortschrittspartei verlangten, die Kreisordnung zu reformieren und juristische Ministerverantwortlichkeit einzuführen [318]. Aber Wilhelm, seine konservativen Minister und Militärs, die das Gespenst des Parlamentarismus fürchteten, bekämpften solche Forderungen [319].

Im September 1862 genehmigte das Parlament mehrheitlich die Kosten der Reorganisation für das gleiche Jahr

---

[316] Alexander von Schleinitz an den preußischen Botschafter in Wien, Freiherrn von Werther, 29.6.1861, in: GStA Berlin, NL Werther, Rep. 92, Bl. 5.

[317] Alexander von Schleinitz an Werther, aaO, 1.5.1860, Bl. 2.

[318] Die deutschen Parteiprogramme, hrsg. von Felix Salomon, Bd. 1, Leipzig 1932, S. 115f.

[319] Wilhelm I. an das Staatsministerium, 11.3.1862, in: GStA Berlin, (früher ZStA Merseburg), NL von der Heydt, Rep. 92, Nr. 25, Bl. 3R. Im Fall einer definitiven Bewilligung der Heeresreorganisation 1860 hätte Wilhelm innenpolitische Reformen vermutlich eher hingenommen.

nicht [320]. Somit war die gesamte Armeereform rückgängig zu machen! Allerdings beanspruchte Bismarck, eine vermeintliche „Lücke" [321] in der Verfassung nutzen zu dürfen. Fortan existierte in Preußen kein bewilligtes Heeresbudget. Ein Erfolg der Liberalen hätte das Militär geschwächt und die nationale Einheit unerreichbar weit entrückt.

Wie interpretieren deutsche Historiker den Verfassungskonflikt? Die west/östliche, sprich liberale und marxistische Orthodoxie, behauptet, dass preußische Liberale der Heeresreform entgegentraten, weil sie gleichsam aus dem Nichts einen prinzipiellen Macht- und Verfassungskonflikt beginnen wollten.

Heinrich Heffter gemäß zielte „der Kampf der Opposition auf eine Parlamentsherrschaft englischen Stils" [322].

---

[320] Stenografische Berichte des Hauses der Abgeordneten, aaO, Bd. 4, 1862, S. 1869.

[321] Hans-Christof Kraus, Ursprung und Genese der „Lückentheorie" im preußischen Verfassungskonflikt, in: Der Staat. Zeitschrift für Staatslehre, Öffentliches Recht und Verfassungsgeschichte, 29. Band, 1990, S. 209–234.

[322] Heinrich Heffter, Die deutsche Selbstverwaltung im 19. Jahrhundert, Stuttgart 1950, S. 421. Fast genauso: Ernst-Rudolf Huber, Deutsche Verfassungsgeschichte seit 1789, Bd. 3, 3. Aufl., Stuttgart 1988, S.298f.; Leo Haupts, Die liberale Regierung in Preußen in der Zeit der „Neuen Ära". Zur Geschichte des preußischen Konstitutionalismus, in: Historische Zeitschrift, Bd. 227, 1978, S. 45-85; Thomas Nipperdey, Deutsche Geschichte 1800-1866. Bürgertum und starker Staat, München 1983, S. 753f. Unverändert repetiert die gleiche These Friedrich Lenger. Auch er beachtet nicht die Hintergründe des „Provisoriums" von 1860. Friedrich Lenger, Industrielle Revolution und

Einen Streit zwischen „Junkertum und Bourgeoisie um die politische und soziale Kräfteverteilung" in Preußen will Karl-Heinz Börner erkennen [323]. Der liberale Historiker Friedrich Sell diagnostiziert ebenso „einen Kampf der Stände", des „Bürgertums gegen das Junkertum" [324]. Laut Adalbert Hess ging es in dem Konflikt „letztlich um die Macht" zwischen Krone und Parlament [325]. „Das Parlament, das Bismarck widerstrebte", heißt sein Buch, das schon im Titel wie ein Manifest des liberalen westdeutschen Bürgertums klingt. Die außenpolitischen Hintergründe der Konfliktsära blieben verborgen. Auch Michael Geyer wiederholt eine seit Jahrzehnten verkündete Standardthese. „Das deutsche Bürgertum" habe im preußischen Verfassungskonflikt die „politische Freiheit zugunsten der deutschen Einigung" geopfert [326].

Nationalstaatsgründung, (= Gebhardt, Handbuch der deutschen Geschichte, 10. Aufl., Bd. 15), Stuttgart 2003, S. 283. Nicht viel anders: Christopher Clark, Preußen. Aufstieg und Niedergang. 1600-1947, München 2007, S. 589f.

[323] Karl-Heinz Börner, Die Krise der preußischen Monarchie von 1858 bis 1862, Berlin 1976, S.5.

[324] Friedrich C. Sell, Die Tragödie des deutschen Liberalismus, Stuttgart 1953, S. 195.

[325] Adalbert Hess, Das Parlament, das Bismarck widerstrebte. Zur Politik und sozialen Zusammensetzung des preußischen Abgeordnetenhauses der Konfliktszeit, Köln, Opladen 1964, S. 29.

[326] Michael Geyer, Deutsche Rüstungspolitik 1860-1980, Frankfurt/Main 1984, S. 26. Bereits 30 Jahre zuvor vertrat die gleiche Anschauung: Eugen N. Anderson, The social and political conflict in Prussia 1858-1864, Lincoln 1954, S. 278-283. H. A. Winkler lässt das Provisorium ebenso unerwähnt. Heinrich August Winkler, Preußischer Liberalismus und deutscher Nationalstaat. Studien zur Geschichte der Deutschen Fortschrittspar-

Häufig wird das damalige Preußen sehr oberflächlich mit der englischen Stuartzeit verglichen. Symptomatisch ist J. Frölich, der behauptet, dass preußische Liberale 1862 den glorreichen „Whigs" nacheiferten [327]. Auch diese These verdient Kritik. Im England des 17. Jahrhunderts gab es weder ein stehendes Heer noch eine machtvolle Bürokratie, wie sie Preußen hervorbrachte. Seit dem Mittelalter kontrollierte das traditionsreiche Parlament die Könige wirksam.

Insbesondere ruhte England auf soliden nationalstaatlichen Grundlagen. Noch während des 16. Jahrhunderts hatten Krone und Parlament an *einem* Strang gezogen. Sowohl die Reformation als auch die Abwehr der spanischen Gefahr verdankte England der gemeinsamen Anstrengung

---

tei 1861-1866, Tübingen 1964, S. 1-10. Seicht und polemisch ist es, wenn A. Biefang den Reichsgründer als „reaktionär" abqualifiziert und ihm „großpreußischen Annexionismus" unterstellt. In seiner wirklichkeitsfernen Darlegung, die keine neuen Gesichtspunkte aufweist, verkennt Biefang die selbstzerstörerische Opposition und das Scheitern der Liberalen. Andreas Biefang, Politisches Bürgertum in Deutschland 1857-1868. Nationale Organisationen und Eliten, Düsseldorf 1994, S. 204, S. 432. Die These des Jan Markert, dass die deutsche Einheit Wilhelm I. mehr als Bismarck zu verdanken sei, erscheint unglaubwürdig. Jan Markert, Wilhelm I. Vom „Kartätschenprinz" zum Reichsgründer, Berlin/Boston 2025, S. 721.

[327] Jürgen Frölich, Die Berliner „Volks-Zeitung" 1853 bis 1867. Preußischer Linksliberalismus zwischen „Reaktion" und „Revolution von oben", Frankfurt/Main 1990, S. 256. Ebenso verfehlt: Hans-Ulrich Wehler, Deutsche Gesellschaftsgeschichte, Bd. 3, Von der „Deutschen Doppelrevolution" bis zum Beginn des Ersten Weltkrieges 1849-1914, München 1995, S. 263.

von König *und* Landesvertretung. Erst *nachdem* die englische Nation gesichert war, rebellierten parlamentarische Frondeure gegen den Monarchen. Karl I. führte in Schottland und Irland keine *nationalen* Kriege, sondern agierte im eigenen Interesse, und so hat es das Parlament auch verstanden.

Englischer Staatsräson hätte es entsprochen, Bismarck zu unterstützen, der ein *nationales* Problem löste. Westdeutsche Ideologen, die unhistorisch und realitätsfern denken, konstruieren falsche Parallelen.

Der Konflikt des Jahres 1862 entstand nicht deshalb, weil preußische Liberale ein parlamentarisches System erstrebten. Vielmehr begingen sie den grotesken Fehler, das Schicksal der Heeresreform von der jeweils aktuellen Politik der Regierung abhängig zu machen. Sie unterstellten der preußischen Regierung, keine „revolutionäre" Außenpolitik initiieren zu wollen. Die Heeresreform sei unnötig und müsse rückgängig gemacht werden.

Werner von Siemens schrieb über die Haltung der Liberalen: „Der Glaube an den historischen Beruf des preußischen Staates zur Vereinigung Deutschlands war zu tief gesunken. Auch die eifrigsten Schwärmer für Deutschlands Einheit hielten es deshalb mit ihrer Pflicht nicht für vereinbar, Preußen diese neue Militärlast aufzubürden. Die Volksvertretung verwarf, zum großen Teil mit schwerem Herzen, den Reorganisationsentwurf der Regierung"[328].

---

[328] Werner von Siemens, Lebenserinnerungen, Berlin 1922, S. 140.

Gäbe Bismarck den „Impuls zu einer kühnen, fortwirkenden Tat in der deutschen Frage", notierte Konstantin Rößler im November 1862, werde die Opposition gegen die Heeresvorlage sofort enden [329]. Hermann Baumgarten argwöhnte, dass Bismarck die „deutsche Frage [wegwerfe] und die Freundschaft Österreichs um jeden Preis" erkaufen werde [330].

Laut Heinrich von Sybel hatte die preußische Regierung seit 1815 ihren „Degen einrosten lassen", und diese „Rostflecken" verliehen der Heeresreform „in den Augen des Volkes ein übles Ansehen" [331]. Auch Bismarck unterstrich, wie sehr außenpolitische Trägheit die „bürgerliche Abneigung gegen militärische Vorlagen und Ausgaben" verursacht habe [332]. Zu spät erkannten die meisten Liberalen, dass sie „traurigen Missverständnissen" zum Opfer gefallen waren [333].

Folglich wäre es *nicht* zum Konflikt gekommen, hätten die Liberalen gewusst, welche außenpolitischen Ziele Bismarck anstrebte. Dann nämlich „würde kein preußischer

---

[329] Konstantin Rößler, Preußen nach dem Landtag von 1862, Berlin 1862, in: Die nationalpolitische Publizistik, aaO, Bd. 2, Nr. 634, S. 503.

[330] Hermann Baumgarten an Heinrich von Sybel, 30.4.1863, in: Deutscher Liberalismus im Zeitalter Bismarcks. Eine politische Briefsammlung, hrsg. von Julius Heyderhoff, Bd. 1, Bonn und Leipzig 1925, Nr. 102, S. 147f.

[331] Stenografische Berichte des Hauses der Abgeordneten, aaO, Bd. 3, 1862, S. 1571.

[332] Otto von Bismarck, Gedanken und Erinnerungen, Bd. 1, Berlin 1924, S. 270.

[333] Martin Philippson, Max von Forckenbeck, Dresden 1889, S. 62.

Landtag die Gelder zu diesem Zweck verweigert haben",
hieß es 1866 in den Preußischen Jahrbüchern [334].

1862 hätten sich die Liberalen sagen können, wenn nicht
müssen, dass jede andere Regierung, die wiederum eine
aktive Außenpolitik forcierte, der Heeresverstärkung erneut bedurfte. Man konnte nicht innerhalb kurzer Zeit-
räume, je nach der außenpolitischen Lage, eine gewaltige
Heeresreform einführen und/oder abschaffen! Kurzatmig
nur den Tageshorizont zu beachten, kennzeichnete die Re-
alitätsflüchtigkeit liberaler Politiker.

Im September 1862, als die entscheidende Debatte über
den Militäretat erfolgte, war die Heeresreform größtenteils
realisiert. 18 Millionen Taler, für diesen Zweck veraus-
gabt, standen nicht mehr zur Disposition; davon hatten die
Liberalen 14,1 Millionen Taler freiwillig bereitgestellt.
Mithin scheiterten die liberalen Abgeordneten auch deshalb, weil sie Millionen Taler bewilligt hatten, um eine Reorganisation zu verwirklichen, die sie Jahre später zurücknehmen wollten.

---

[334] Viktor Böhmert, Deutschlands wirtschaftliche Umgestal-
tung, in: Preußische Jahrbücher, Bd. 18, 1866, S. 270. Ludwig
Dehios gegenteilige Interpretation steht im Widerspruch zu allen
Tatsachen. Die meisten Liberalen hätten geglaubt, dass Bismarck Deutschland einigen wollte, aber Preußen den Krieg um
die Einheit verlieren und wie 1806 zusammenbrechen werde.
Dann konnte das Parlament, so habe man vermutet, die Regierung übernehmen. Weder belegte Dehio seine These noch hat
er den Verfassungskonflikt insgesamt analysiert. Vgl. Ludwig
Dehio, Die Taktik der Opposition während des Konflikts, in:
Historische Zeitschrift, Bd. 140, 1929, S. 279-347.

Der Opposition fehlte jegliche tragfähige Strategie. Benedikt Waldeck, linksliberaler Wortführer, betonte noch im September 1862, dass ein Konflikt zwischen Regierung und Landtag unwahrscheinlich sei. Käme es dennoch zum Bruch, akzeptiere er ihn [335]. Statt nüchtern zu kalkulieren, spielte die Mehrheit Vabanque.

Erfolglos warnte Karl Twesten vor dem realitätsfernen Versuch, die Heeresreform ungeschehen zu machen. Die Liberalen verlangten „Unausführbares" und missachteten die „constitutionelle Moral". Sogar ein mächtigeres Parlament als das preußische könne einen solchen Kampf nicht gewinnen [336].

Etliche Historiker behaupten, dass die dreijährige Dienstzeit den Streit wesentlich verursacht habe [337]. Bei den provisorischen Bewilligungen der Heeresvorlage war jedoch die dreijährige Dienstzeit mit eingeschlossen, stellte also nicht das entscheidende Problem dar. Abgesehen davon wäre es unklug gewesen, wegen der sekundären Dienstzeitfrage einen Konflikt zu riskieren, den die Liberalen, angesichts der Machtverhältnisse in Preußen, bloß verlieren konnten. Im Zweifelsfall musste man die dreijährige Dienstzeit hinnehmen. Nur härtester Realismus mündete

---

[335] Stenografische Berichte, aaO, Bd. 3, 1862, S. 1577. Schon in der preußischen Nationalversammlung von 1848 hatte Waldeck staatsmännisch versagt. Aufgrund seiner überzogenen Forderungen verhinderte er die gebotene Einigung mit der Krone und reduzierte die Chancen der Opposition (vgl. Otto Hintze, Die Hohenzollern und ihr Werk, Berlin 1915, S. 537f.).

[336] Stenografische Berichte, aaO, Bd. 3, 1862, S. 1703f.

[337] Dierk Walter, Preußische Heeresreformen, S. 460; Thomas Nipperdey, Deutsche Geschichte 1800-1866, S. 753f.

in Erfolge, zumal der deutschen Einigung unbedingte Priorität gebührte. Dienstzeitgesetze waren immer änderbar; selten bot sich die Chance der nationalen Einheit.

Die liberale Geschichtsschreibung will das Versagen des Bürgertums in Preußen bemänteln und präsentiert noch ein anderes Feigenblatt. Gemeint sind tatsächliche oder vermeintliche Abdankungsgedanken, die Wilhelm I. kurzzeitig hegte, bevor Bismarck zum Ministerpräsidenten ernannt wurde [338]. Allein der König entschied, ob er den Thron behaupten wollte oder nicht. Die Opposition konnte ihn zu nichts zwingen. Niemand im Parlament ahnte auch nur, was sich (möglicherweise) hinter den Kulissen abspielte.

Nur *eine* Tatsache fällt ins Gewicht. Wilhelm I. hat *nicht* abgedankt. Alle Konjunktive nützen rein gar nichts. Es ist müßig, über Eventualitäten zu spekulieren. Schon 1929 stellte Ludwig Dehio fest, dass, hätte Wilhelm der Krone entsagt, den Liberalen ein bloßer „Zufallstreffer" gelungen wäre [339]. Solche „Zufälle" gibt es fast nie.

---

[338] Charakteristisch: Lothar Gall, Europa auf dem Weg in die Moderne 1850-1890. 4. Aufl., (= Oldenbourg, Grundriss der Geschichte, Bd. 14), München 2004, S. 60.

[339] Ludwig Dehio, Die Taktik der Opposition während des Konflikts, wie Anmerkung 42, S. 301. (Hier lag er richtig). W. Treue vertritt sogar die These, dass Wilhelm nicht ernsthaft abdanken wollte. Wilhelm Treue, Wollte König Wilhelm I. zurücktreten?, in: Forschungen zur Brandenburgischen und Preußischen Geschichte, Bd. 51, hrsg. von J. Schultze, Berlin 1939, S. 293, S. 297f. Der Kronprinz hielt am Gottesgnadentum fest und war gegen eine Abdankung Wilhelms I. Hans-Christof Kraus, Militärreform oder Verfassungswandel? Kronprinz Friedrich von Preußen und die „deutschen Whigs" in der Krise

Glaubt man der bisherigen Sichtweise, dann führte das preußische Parlament einen prinzipiellen Macht- und Verfassungskonflikt gegen die Krone. Das Provisorium von 1860, die nationale Frage, der Landwehrkomplex, nicht mehr verfügbare Gelder - dies alles wird unterschätzt. Eine verfassungspolitische Dimension erhielt der Konflikt, weil die preußische Regierung nicht bewilligte Gelder verausgabte. Das Ringen um die Befugnisse des Parlamentes resultierte mehr als Folge denn als Ursache aus anders gelagerten Problemen, so wie sie hier geschildert worden sind. Selbst der wichtige militärpolitische Aspekt und innere Reformen kamen an zweiter Stelle.

Die These vom Heeres- und Verfassungskampf ist zu korrigieren, weil die große Mehrheit der Liberalen zwischen 1862 und 1866 ständig ihren Willen bekundete, alle Streitigkeiten sofort abzubrechen, wenn man nur glauben könne, dass Bismarck eine offensive Außenpolitik betreibe, die ihm jedoch fast niemand zutraute. Bismarck galt als der letzte und „schärfste Bolzen der Reaktion von Gottes Gnaden" [340].

Sollte etwa dieser „reaktionäre Bolzen" die deutsche Einigung ins Werk setzen? Der Abgeordnete Rudolf Vir-

---

von 1862/63, in: Heinz Reif (Hrsg.), Adel und Bürgertum in Deutschland, Bd. 1, Entwicklungslinien und Wendepunkte im 19. Jahrhundert, Berlin 2000, S. 216.

[340] Zit. nach Otto Nirnheim, Das erste Jahr des Ministeriums Bismarck und die öffentliche Meinung, Heidelberg 1908, S. 70. Meine Interpretation des Verfassungskonflikts übernimmt völlig: Harald Biermann, Ideologie statt Realpolitik. Kleindeutsche Liberale und auswärtige Politik vor der Reichsgründung, Düsseldorf 2006, S. 130-156, S. 166-201, S. 280f.

chow betonte, Bismarck habe „auch gar keine Ahnung von einer nationalen Politik" [341]. Hermann Schulze-Delitzsch, Abgeordneter des preußischen Landtages, glaubte, dass ein innenpolitisch konservatives Regime keine revolutionäre Außenpolitik treiben werde. „Ein solches Ausderhautfahren wäre politisch wie physisch einfach ein Selbstmord der Regierung", meinte er [342].

Sogar der Einmarsch preußischer Truppen 1864 in Dänemark täuschte die Liberalen. Sie vermuteten, dass sich Bismarck in der Schleswig-Holstein-Frage mit Dänemark arrangiere. Zum Beispiel erklärte der Abgeordnete Leopold von Hoverbeck im Februar 1864, bald werde „der Verrath an dem armen Schleswig-Holstein vollbracht sein und wieder die alte Fäulnis in den deutschen Zuständen (eintreten), an die sich unsere Körperkonstitution nun einmal gewöhnt hat" [343].

Bismarcks taktisches Verwirrspiel, das er in der Schleswig-Holstein-Frage mit dem Ziel anwandte, auswärtige Mächte nicht vorzeitig misstrauisch zu stimmen, durchschauten letztere ebenso wenig wie die Liberalen des preußischen Abgeordnetenhauses. Johann Jacoby meinte, dass der Landtag keine Gelder für die Heeresreorganisation bewilligen dürfe, weil sonst die Gefahr bestehe, dass die preußische Regierung diese Mittel für ihre antinationale Politik verwende! [344] Preußen, argwöhnten viele Oppositionelle, stütze den Deutschen Bund.

---

[341] Stenografische Berichte, aaO, Bd. 1, 1864, S. 505.

[342] Ebd., S. 248.

[343] Ludolf Parisius, Leopold Freiherr von Hoverbeck, Bd. 2, 2, Berlin 1897, S. 2.

[344] Stenografische Berichte, aaO, Bd. 1, 1864, S. 242.

Auch seit Dänemarks Verzicht auf Schleswig-Holstein blieb die liberale Majorität unverändert in alten Irrtümern gefangen. Bismarck kette Preußen an das habsburgische „Schlepptau" [345] und sei „kein zweiter Cavour" [346]. Darum weigerten sich 1865 die meisten Parlamentarier, zwei Gesetzesvorlagen anzunehmen, welche die Bewilligung der 1864 entstandenen Kriegskosten betrafen [347].

Dass Preußens deutsche Politik stagnierte, hatte den Konflikt ausgelöst, und Bismarcks Kalkül offenbarte erst der Krieg von 1866. Seine Widersacher, mit Blindheit geschlagen, erkannten ihre fatalen Irrtümer viel zu spät. Gegen den erfolgreichen Bismarck, der soeben das Ziel erreichte, welches die Liberalen angestrebt hatten, eine verquere Opposition fortzusetzen, war politisch und psychologisch keinesfalls durchzuhalten.

Deswegen erteilte die große Mehrheit der Liberalen eine Indemnität für schon verausgabte Gelder. Den Niederbruch der Liberalen besiegelten die Landtagswahlen vom 3. Juli 1866, welche das konservative Lager klar gewann.

---

[345] Stenografische Berichte, aaO, Bd. 3, 1865, S. 2129.

[346] National-Zeitung, Abendausgabe, 15.6.1865.

[347] Stenografische Berichte, aaO, Bd. 3, 1865, S. 1844-1847, S. 2109. Gleichzeitig erkannten viele liberale Abgeordnete, dass nur eine Inkorporation Schleswig-Holsteins durch Preußen dem deutschen Nationalinteresse entsprach. Vgl. Stenografische Berichte, aaO, Bd. 3, 1865, S. 2113, S. 2125f. Denn die Einsetzung des Augustenburgers Friedrich hätte ein neues Fürstentum konstituiert und das antinationale Lager, Österreich und den Deutschen Bund, wesentlich gestärkt. Jedoch wäre es nie zum Konflikt gekommen, mit oder ohne Inkorporation Schleswig-Holsteins, hätten die preußischen Liberalen Bismarcks Reichsgründung vorausgesehen.

Eklatant unterlag die Opposition, weil sie taktisch nicht differenziert vorgegangen war. Jahrelang hatte man Bismarck scharf bekämpft, dadurch die nationale Einigung gefährdet und der politischen Rechten überlassen. Letzteres bedeutete eine historische Weichenstellung.

Viele Historiker sehen in der Indemnitätsvorlage einen „Kompromiss" [348]. Diese oberflächliche These ist abzulehnen. Den Liberalen gelang nur die - noch dazu fragwürdige - Wiederherstellung des formalen Rechts. Der gute Staatsmann Bismarck wollte die Liberalen nicht *völlig* demütigen, da er sie benötigte, um seine Herrschaft künftig zu stabilisieren. Innenpolitisch handhabe Bismarck die gleiche kluge Mäßigung wie gegenüber den besiegten Österreichern. Gemäß der Maxime „suaviter in modo, fortiter

---

[348] Dierk Walter, Preußische Heeresformen, glaubt, dass die Bewilligung der Indemnität seitens der Liberalen „in Wirklichkeit ein Kompromiss" darstellte, S. 467. Im gleichen Atemzug schreibt er, das preußische „Heerkönigtum" sei als Sieger aus dem Konflikt hervorgegangen, ebd. S. 469. Also doch kein Kompromiss? Ähnlich: Heinrich August Winkler, Der lange Weg nach Westen, Bd. 1, Deutsche Geschichte vom Ende des alten Reiches bis zum Untergang der Weimarer Republik, München 2000, S. 192. Vgl. ders., 1866 und 1878: Der Machtverzicht des Bürgertums, in: Wendepunkte deutscher Geschichte 1848-1945, hrsg. von Carola Stern und Heinrich August Winkler, Frankfurt/Main 1979, S. 37-60; Klaus Schwabe, Das Indemnitätsgesetz vom 3. September 1866 - eine Niederlage des deutschen Liberalismus?, in: Preußen, Deutschland und der Westen. Auseinandersetzungen und Beziehungen seit 1789, hrsg. von Heinrich Bodensieck, Göttingen 1980, S. 83-102. Mark Willock, Die politische Rolle der Liberalen im preußischen Verfassungskonflikt, in: Jahrbuch der Hambach-Gesellschaft, Bd. 8, 2000, S. 132f.

in re" hatte Bismarck die Vormacht der Krone, besonders in Militärfragen, *politisch* siegreich verteidigt.

Die schwere Niederlage, welche die Liberalen belastete, rührte nicht nur daher, dass sie der größeren Macht unmöglich widerstehen konnten. Hermann Baumgarten schrieb 1866 in der „Selbstkritik" des Liberalismus, dass die preußischen Liberalen töricht opponiert hätten, während Bismarck staatsmännische Kunst demonstriert habe [349]. Das Debakel der Liberalen schwächte sie vor allem psychologisch; ihr Selbstbewusstsein erlitt dauerhafte Schäden.

Um 1860 verfügte die Regierungs- und Militärpartei in Preußen über weit effektivere Machtmittel als die liberale Opposition. Wegen der ungelösten nationalen Frage war die Revolution von 1848 gescheitert. Innerhalb eines politisch vereinten und industrialisierten Deutschland, nach 1871 also, lagen die Voraussetzungen für einen Sieg des bürgerlichen Liberalismus sehr viel günstiger als *vor* 1871 [350]. Ohne geschulte Diplomaten und Militärs war die deut-

---

[349] Hermann Baumgarten, Der deutsche Liberalismus. Eine Selbstkritik, abgedruckt in: Der deutsche Liberalismus, hrsg. von Adolf M. Birke, Frankfurt/Main 1974, ab S. 23. Vgl. Thomas Nipperdey, Deutsche Geschichte 1866-1918, Bd. 2, München 1992, S. 314-316.

[350] Völlig falsch ist die Annahme des Lothar Gall, dass die Liberalen in vorindustrieller Zeit bessere Erfolgschancen hatten. Die Industrie minderte das wirtschaftliche Gewicht des adeligen Grundbesitzes. In Frankreich und Dänemark wurden in der hochindustriellen Phase parlamentarische Regierungssysteme eingeführt oder konsolidiert. Das eigentliche Problem wurzelte in dem Unwillen deutscher Liberaler, mit der Arbeiterschaft des Kaiserreiches zu kooperieren. Lothar Gall, Liberalismus und

sche Einigung nicht zu vollbringen. Erst musste Bismarck seine historische Rolle ausgespielt haben, ehe die Liberalen das System, welches er repräsentierte, wirksam zu bekämpfen vermochten.

Die wahre Strategie erfordert es, im richtigen Augenblick an der geeigneten Stelle zu attackieren. Von beidem taten die preußischen Liberalen der 1860er-Jahre das genaue Gegenteil. Mitten in einer außenpolitischen Umbruchphase opponierten sie, also zum denkbar ungünstigsten Zeitpunkt. Auch vergeudeten sie Kraft am falschen Ort, insofern das ideenlose Konzept, die alte Landwehr zu erhalten, den preußischen Militärstaat niemals überwand. Aber gerade nach 1871, als die Liberalen hätten erfolgreich aufbegehren *können*, kapitulierten sie mehr oder minder vor dem obrigkeitlichen Regiment [351].

Politisch und staatsmännisch *richtig* wäre es gewesen, Bismarck in der Gründungsphase des Nationalstaates vorbehaltlos beizustehen. Sobald Deutschland den sicheren Hafen der Einheit erreicht hatte, war die Möglichkeit der konsequenten innen- und militärpolitischen Reform gekommen. Besonders zwischen 1890 (Entlassung Bismarcks) und 1908 (Daily-Telegraph-Affäre) öffnete sich das Tor zur Macht. Außerdem hätte man der gesamtdeut-

---

„bürgerliche Gesellschaft". Zu Charakter und Entwicklung der liberalen Bewegung in Deutschland, in: Historische Zeitschrift, Band 220, 1975, S. 324-356.

[351] Dieter Langewiesche, German Liberalism in the Second Empire, 1871-1918, in: In Search of a Liberal Germany. Studies in the History of German Liberalism from 1789 to the Present, ed.: Konrad H. Jarausch, Larry E. Jones, Oxford 1990, S. 217-235.

schen und demokratischen Staatsräson genügen, das heißt Preußen auflösen müssen, statt seine anachronistische Existenz künstlich zu verlängern. Doch nun beugte der Liberalismus das Haupt vor der Obrigkeit und scheiterte auch bei der *inneren* Gründung des Nationalstaats.

Warum versagten die Liberalen? Zunächst fehlte ihnen die notwendige politische Erfahrung. Erst seit 1848 gab es ein Parlament in Preußen. Mit Bismarck wiederum trat den liberalen Anfängern ein *äußerst* versierter Kontrahent entgegen. Bei alledem ist zu bedenken, dass Deutschland und namentlich Preußen das klassische Land des aufgeklärten Absolutismus war. In Preußen/Deutschland existierte nicht, wie im Frankreich des späten 18. Jahrhunderts, ein feudal erstarrtes, reformunfähiges Ancien Regime. Preußen adaptierte immer wieder moderne Grundsätze; daraus folgte die Notwendigkeit einer *differenzierten* Opposition.

Für die Konfliktszeit bedeutete dies: Flexibilität und Entgegenkommen bei der Heeresreform schloss ein kluges und begrenztes Opponieren hinsichtlich der Regelung des Offiziersnachwuchses und innenpolitischer Reformen nicht aus. Beides konnte das schwache Parlament nur im Einvernehmen mit der Regierung durchsetzen. Mehr war in den 1860er-Jahren nicht zu erreichen. Vor allem durfte man die Unterstützung der nationalen Einigungspolitik Bismarcks nicht gefährden. Wollten die Liberalen in abgestufter Weise agieren, bedurften sie eines entwickelten historischen Bewusstseins, das den meisten fehlte. Missachtet wurde die elementare Funktion der deutschen Einheit als Basis politischer Freiheit.

Der Hauptgrund des Debakels war unrealistisches Denken. Dieses Manko zerrüttete auch das Verhältnis der Liberalen zum Staat. Vor 1871, im Verfassungskonflikt, endete mangelnder Pragmatismus in der Sackgasse falscher Opposition. Nach 1871 führten die Liberalen, denen die Staatsverantwortung fehlte, das gleiche Drama noch einmal auf - nur hatten sie diesmal die Vorzeichen umgedreht. Der Abkopplung vom Staat in der frühen Ära Bismarck folgte nun eine ebenso irregeleitete Politik der Unterwerfung. Linke wie rechte Liberale sahen im Staat eine metaphysische Größe.

Damit wird das bekannte Bild, sofern es den Verfassungskonflikt noch ausnahm, logisch erweitert und abgeschlossen. Gedacht ist an das Bild politischer Unfähigkeit des preußisch-deutschen Bürgertums. Deutschen Liberalen gelang es nicht, einen Staat zu machen.

Die Lebenslüge der Ära Adenauer, die auch viele Historiker verbreiteten, dass Freiheit vor Einheit ginge, hält wissenschaftlicher Kritik nicht stand. Einheit und Freiheit gehören untrennbar zusammen.

Weitere Publikationen des Autors zum gleichen Thema: Der preußische Liberalismus und die Heeresreform von 1860, Bonn 1989. Die Taktik preußischer Liberaler von 1858 bis 1862, in: Militärgeschichtliche Mitteilungen, Bd. 53, Heft 1, 1994.

© 2026 Rolf Helfert
Verlag: BoD · Books on Demand GmbH,
Überseering 33, 22297 Hamburg, bod@bod.de
Druck: Libri Plureos, GmbH, Friedensallee 273,
22763 Hamburg
ISBN: 978-3-7693-5358-7